高等职业教育旅游大类专业示范院校"十三五"规划教材
编委会

顾 问

马 勇　教育部高等学校旅游管理类专业教学指导委员会副主任委员
　　　　中国旅游协会教育分会副会长
　　　　中组部国家"万人计划"教学名师
　　　　湖北大学旅游发展研究院院长，教授、博士生导师

总主编

薛兵旺　湖北省职业教育旅游管理类专业教学指导委员会秘书长兼学术委员会主任
　　　　武汉商学院旅游与酒店管理学院院长，教授

委 员（排名不分先后）

张金霞	王诗龙	张耀武	余远国	郭　沙	张树坤	袁　畅
熊娟梅	鄢向荣	夏　栋	陈　静	石小平	刘　斌	马金城
石海云	刘长洪	代　莹	魏　娟	罗银舫	夏绍兵	王姣蓉
张菊芳	李建中	张　勇	吴　戈	李旭元	揭爱民	刘朝阳

高等职业教育旅游大类专业示范院校"十三五"规划教材

总主编 薛兵旺

餐饮服务与管理

Catering Service and Management

主编/陈戎 杨义菊
副主编/王素琴 王丹 孔婷

华中科技大学出版社
http://www.hustp.com
中国·武汉

内 容 提 要

本书主要包括餐饮业与产品的认知、餐饮服务技能、餐饮服务、菜单的设计与制作、厨房生产与管理、餐饮销售管理等六个项目内容,每个项目条理清晰、结构合理、知识链接丰富、注重实战。本书力求反映餐饮业发展的最新动态,内容难度适中,项目实训和案例具有时代性、应用性和针对性;编排思路清晰,内容取舍考究,编者力图使之成为目标读者群希望获取的一部好教材。

本书适合高职高专院校旅游专业、酒店管理专业、餐饮管理专业、厨政管理专业及烹饪工艺专业的广大学生使用,也适合酒店从业人员、酒店管理者培训之用,还可作为各类成人教育相关专业的教学之用。

图书在版编目(CIP)数据

餐饮服务与管理/陈戎,杨义菊主编. —武汉:华中科技大学出版社,2016.1(2023.7 重印)
高职高专旅游大类专业示范院校"十三五"规划教材
ISBN 978-7-5680-1517-2

Ⅰ.①餐… Ⅱ.①陈… ②杨… Ⅲ.①饮食业-商业服务-高等职业教育-教材 ②饮食业-商业管理-高等职业教育-教材 Ⅳ.①F719.3

中国版本图书馆 CIP 数据核字(2015)第 321898 号

餐饮服务与管理 陈　戎　杨义菊　主编
Canyin Fuwu yu Guanli

策划编辑:李　欢　周小方
责任编辑:殷　茵
封面设计:闻江文化
责任校对:曾　婷
责任监印:周治超
出版发行:华中科技大学出版社(中国·武汉)
　　　　　武昌喻家山　邮编:430074　电话:(027)81321913
录　　排:华中科技大学惠友文印中心
印　　刷:武汉科源印刷设计有限公司
开　　本:787mm×1092mm　1/16
印　　张:14.25　插页:2
字　　数:348 千字
版　　次:2023 年 7 月第 1 版第 7 次印刷
定　　价:35.00 元

本书若有印装质量问题,请向出版社营销中心调换
全国免费服务热线:400-6679-118　竭诚为您服务
版权所有　侵权必究

总序

随着中国经济的迅猛发展,旅游业已成为中国经济中发展势头最强劲、规模最大的产业之一,旅游消费已成为国民大众的常态化生活选项。从消费主体看,旅游正由少数人的旅游活动转变为国民大众的常态化生活选项;从产业内容看,旅游业正由狭义的旅游商业范畴转向广义拓展的大旅游商业领域。从酒店业到旅游住宿业,从旅行社业到旅行服务业,从旅游景区到休闲度假旅游业,从旅游购物店到形式多样的商业购物体系,从定点餐厅到目的地餐饮接待体系,从传统旅游交通到多主体、多层次的交通体系,旅游要素行业的内涵和外延不断拓展。

据世界旅游业理事会(WTTC)测算,未来10年,中国旅游产业对GDP综合贡献达到10%以上,超过教育、银行、汽车产业;而据国家旅游数据中心测算,中国旅游就业人数占总就业人数也将超过10%。在中国旅游业可持续发展的大背景下,我国的旅游高等教育也迎来了黄金发展机遇期,有80%以上的高等职业教育院校开设了旅游专业,为我国旅游业发展输送了大批的高素质的技术技能型人才。

教材建设是高等院校的一项基础性工作,是衡量学校办学水平的重要标志。目前,我国高等职业院校旅游专业的教材建设已初具规模,并取得了阶段性成效。但是,旅游管理专业教材不足以满足大旅游时代的需求,不能满足现代旅游业发展的需求。由于教材编写者专业素养不够、缺乏行业实践经验等原因,旅游管理专业教材存在选题重复、不成体系、内容脱离工作实际等问题。因此,必须把握时代的脉搏,按照高等职业教育的发展规律,开发出一套对应用型旅游教育具有引领和示范作用,既有一定理论基础,又能提升学生技术技能,同时又能满足应用型旅游管理专业人才培养需要的专业教材。

为此,我们集中了湖北省高等职业教育示范性旅游院校的学科专业带头人和骨干教师,共同编写了本套教材。

本套教材采用全新的体例,力求打破传统的编纂方法。一是注重应用性和针对性,理论知识以"必须够用"为原则,契合旅游企业实际情况,强调教材内容的针对性与适用性。二是采用最前沿资讯,融入行业、企业最新案例。三是力求条理清晰,避免层次混杂。教材每一级标题都提炼出明确的观点,再展阐释,让学生一目了然,而不是到段落中去寻找要点。

  本套教材将遵循"循岗导教"的人才培养理念,按照"产教融合,工学结合"的指导思想,设置教学目的、教学重点与难点、典型案例、教学资源包等内容,强调课堂教学与实训指导的一致性和相关性,避免内容的重复与脱节,从而准确定位和把握本套教材内容的科学性和实用性。

湖北省职业教育旅游管理类专业教学指导委员会
学术委员会主任
薛兵旺
2016 年 1 月 6 日于武汉商学院

前言

经济全球化的发展,对酒店服务与管理提出了更高的要求,餐饮行业之间的竞争越来越激烈,餐饮企业对员工的要求也越来越高。培养出在生产、建设、服务和管理一线工作的高素质技能型人才,适应行业的快速发展,是高职高专教育的首要任务。"餐饮服务与管理"就是在此背景下产生的一门新型课程。本教材根据教育部高职高专教育人才培养相关文件的精神,结合华中科技大学出版社"高等职业教育旅游大类专业示范院校'十三五'规划教材"的要求编写。本书充分吸收现代餐饮行业的最新研究成果和实践经验,简明扼要,便于掌握。内容设计上,主要以任务驱动的形式展开,共分六个项目,内容主要包括餐饮业与产品的认知、餐饮服务技能、餐饮服务、菜单的设计与制作、厨房生产与管理、餐饮销售管理,每个项目的格式体例相同、一目了然。全书以项目为切入口,每个项目又分多项任务,让学生作为工作人员身临其境,避免从理论到理论的教学模式,使学生以主人翁的姿态参与教学之中。本书的特点有如下三个方面:

1. 采用项目教学法设计教材体系

本教材采用项目教学法设计教材体系,形成了围绕餐饮部工作需求的新型讲授与训练项目,并按照酒店餐饮部实际的典型工作流程设置6个教学项目,以适应理论与实践一体化的单元式教学模式。本教材的理论知识以必需、够用为原则,在每一项目中设置必须完成的几个任务,通过任务的完成,让学生体验餐饮服务与管理的整个过程。同时展示学生独立完成的成果,并进行评价,从而提高学生分析问题和解决问题的能力。

2. 有丰富的训练案例

在典型案例的选取上,一方面力求将餐饮业发展的最新成果融入教材内容中,拓展学生视野,培养学生餐饮服务与管理的创新能力;另一方面采用贯穿餐饮服务与管理整个过程的虚拟情境案例方式,使学生在虚拟情境中的实践能力得到强化。

3. 教材结构新颖

在教材结构的安排上,每一个项目都设有项目目标(包括知识目标、能力目标、素质目标)和项目任务。每一项目内容都分解为若干个层层递进的任务,任务完成后都有项目训练,达到温故知新的效果。

本书由陈戎、杨义菊任主编,王素琴、王丹、孔婷任副主编。全书由杨义菊审校统稿,陈戎总纂定稿。编者的具体分工如下（按章节排序）：

项目一：王素琴；

项目二：王丹；

项目三：孔婷；

项目四：曹会林；

项目五：苏枫、陈戎；

项目六：杨义菊。

本书在编写的过程中借鉴了相关教材的精华，由于篇幅有限，我们未一一注明出处，敬请谅解，在此一并致谢。

本书的出版得到了华中科技大学出版社、武汉城市职业学院、长江工程职业技术学院、咸宁职业技术学院、湖北职业技术学院、武汉航海职业技术学院、湖北三峡职业技术学院、武汉船舶职业技术学院等单位领导和教师的大力支持，在此一并致谢。编者在写作过程中力求表述准确、内容完整，并反映酒店企业的最新发展变化，但由于时间仓促、水平有限，错漏之处在所难免，希望广大读者批评指正。

编者

2015 年 9 月 30 日

项目一　餐饮业与产品的认知

任务一　餐饮业及其表现形式的认知　/ 3
　一、餐饮业的含义　/ 3
　二、餐饮业发展的历史　/ 3
　三、餐饮业的发展趋势　/ 8
　四、餐饮企业的表现形式　/ 9

任务二　餐饮企业组织结构的认知　/ 13
　一、餐饮部组织机构设置的原则　/ 13
　二、餐饮企业组织结构　/ 14

任务三　餐饮产品的认知　/ 25
　一、餐饮产品的含义　/ 25
　二、餐饮产品生产的特点　/ 25
　三、餐饮产品销售的特点　/ 26
　四、餐饮服务的特点　/ 27

项目二　餐饮服务技能

任务一　餐饮服务人员基本礼仪　/ 32
　一、仪容、仪表的基础知识　/ 32
　二、仪态的基础知识　/ 34
　三、服务语言的基础知识　/ 36
　四、常用见面礼仪的基础知识　/ 38

任务二　餐饮服务基本技能　/ 40
　一、托盘　/ 40
　二、餐巾折花　/ 43
　三、中西餐摆台　/ 48
　四、斟酒　/ 52
　五、上菜　/ 57
　六、分菜　/ 61

　　　　　　　　　　　　　七、撤换餐用具 / 64
　　　　　　　　　　　　　八、结账 / 66

项目三 餐饮服务	任务一　中餐服务 / 73 　　　一、中餐简介 / 73 　　　二、中餐零点服务 / 78 　　　三、中餐宴会服务 / 83 任务二　西餐服务 / 91 　　　一、西餐简介 / 91 　　　二、西餐零点服务 / 95 　　　三、西餐宴会服务 / 99 　　　四、西餐自助餐服务 / 101 任务三　房内送餐服务 / 103 　　　一、订餐服务 / 103 　　　二、送餐服务 / 104
项目四 菜单的设计与制作	任务一　认知菜单知识 / 108 　　　一、菜单的含义与起源 / 108 　　　二、菜单的作用与特点 / 109 　　　三、菜单的种类 / 111 　　　四、菜单的内容 / 114 任务二　菜单设计的程序 / 114 　　　一、菜单设计的依据 / 114 　　　二、菜单设计的程序 / 116 任务三　菜单设计的方法 / 117 　　　一、零点菜单设计 / 117 　　　二、套餐菜单设计 / 119 　　　三、中餐宴会菜单设计 / 120 　　　四、西餐宴会菜单设计 / 125 任务四　菜单的制作与评估 / 133 　　　一、菜单的制作 / 133 　　　二、菜单的评估 / 137
项目五 厨房生产与管理	任务一　厨房设计与布局 / 141 　　　一、厨房设计原则 / 141 　　　二、厨房位置 / 142 　　　三、厨房面积 / 143 　　　四、厨房区域与部门的布局 / 144 　　　五、厨房作业区与工作岗位布局 / 147

　　　　　　　任务二　厨房生产流程管理 / 152
　　　　　　　　一、原料初加工阶段的管理 / 153
　　　　　　　　二、菜肴生产作业管理 / 154
　　　　　　　　三、生产过程质量控制 / 157
　　　　　　　　四、厨房质量检查与质量监督 / 163
　　　　　　　　五、厨房卫生与安全管理 / 169

项目六
餐饮销售管理

　　　　　　　任务一　餐饮价格管理的认知 / 183
　　　　　　　　一、餐饮产品价格的构成 / 183
　　　　　　　　二、餐饮产品定价的方法 / 184
　　　　　　　任务二　餐饮营销的认知 / 194
　　　　　　　　一、餐饮营销的概念 / 194
　　　　　　　　二、餐饮营销的意义 / 195
　　　　　　　　三、餐饮营销策略 / 195
　　　　　　　任务三　餐饮销售控制 / 210
　　　　　　　　一、餐饮销售控制方法 / 210
　　　　　　　　二、餐饮销售指标控制 / 213

参考文献 / 217

项目一　餐饮业与产品的认知

项目目标

知识目标：
(1) 了解和熟悉餐饮业发展的历史和趋势，以及餐饮组织机构的基本知识。
(2) 掌握餐饮业的含义及餐饮企业的表现形式。
(3) 掌握餐饮产品的内涵和特点。

能力目标：
通过系统的理论知识学习，培养优良的中外餐饮习俗和礼仪，并能适应餐饮企业的各种表现形式。

素质目标：
让学生掌握餐饮产品和服务的特点，从而培养较好的服务意识和职业素养。

项目任务

任务一　餐饮业及其表现形式的认知
任务二　餐饮企业组织结构的认知
任务三　餐饮产品的认知

> **案例导入**

餐饮O2O[①]案例：微信＋外婆家

"外婆家是比较时尚、会接受新鲜事物、走在行业前面的餐厅，我们想借微信支付引入移动支付体验餐厅"，外婆家信息部部长王伟表示，外婆家正在大力推广微信点餐及支付场景："当用户排队等位的时候，微信能自动推送订餐信息，然后进行支付，自动下单，顾客排到号时就可拿着入口牌，进去享用美食了，不需要进去之后再点餐。"

在线点餐与POS端[②]打通　共创线上支付新体验

据介绍，本次活动优惠券金额为6～30元不等，用户参与活动的方法也非常简单方便：关注"外婆家"微信公众账号后，微信支付1分钱，可获得优惠资格。通过该公众账号在线点餐功能点餐，微信会将点餐编号推送到店内终端上，服务员通过该编号下单。用户买单时，系统会自动发送含有支付链接的微信消息，点击即可微信支付买单，此时，优惠信息会自动减免。

此外，为了更好地吸引和留住顾客，外婆家利用微信开放的接口功能，创新了诸多移动用餐服务。如，定位查找身边的餐厅信息，通过优惠活动了解餐厅动向，如果有喜欢的菜品就可以直接在线下单，而无须到店点餐，俨然一个随时在握的掌上移动餐厅。

CRM[③]体系下的差异化服务

"很多第三方的支付平台，不能和POS结合起来形成一个好的闭环"，王伟表示，传统商家借助微信平台实现O2O落地，不仅可以提升用户的消费体验，还可为商家带来系统的用户信息管理。"外婆家希望通过微信支付，把中餐做成快餐化，让用户的移动用餐消费更加便捷、优惠。"

"微信是天然的CRM体系，O2O闭环。"王伟认为，会员系统只是对会员进行归类，CRM则包括顾客的引导、顾客的身份识别，以及对顾客的分类，而获取到顾客的信息之后，还可以进行进一步的、深层次的营销。将微信的CRM系统和企业的会员系统对接，就可以知道顾客的身份信息，对不同会员等级的顾客提供针对性的服务，这样可以更好地服务顾客、留住顾客。

通过外婆家公众号的运营解读，我们依稀能够看出外婆家地推活动的下一步走向。这是否意味着，外婆家在不久的将来或许可以实现这样一种场景：我通过微信下单后，得到一个等位牌号，快轮到我时，微信自动推送消息提醒，如果这一天是我的生日，外婆家还有可能有额外的"照顾"？

据介绍，目前外婆家会向会员推送节日关怀、生日关怀等消息，还会通过消费订单送积分，未来这类有针对性的营销将会做得更细分化，让用户体验到更高品质的差异化服务。业内人士认为，O2O不仅是一种新的营销模式，更重要的是为客户带来前所未

[①] O2O(online to offline)，即在线离线/线上到线下。
[②] 指销售终端。
[③] 即客户关系管理。

有的消费体验。只有服务差异化，才能吸引更多的消费者到实体店消费。

"餐饮业要找准餐饮行业的痛点才能做好，就像腾讯做精品一样，外婆家正是通过微信建立核心竞争力，树立品牌形象，提高知名度的代表"，微信事业群微信支付部总监刘鹏表示。

（资料来源：http://www.chinaz.com/start/2014/0530/353742.shtml。）

思考：

在信息化快速发展的今天，餐饮业有什么样的发展趋势？

"民以食为天"。饮食是人类最基本的生存活动。餐饮业是一个历史悠久的行业，中华餐饮文化更是博大精深。近年来随着我国经济的快速发展，餐饮业也发展迅猛，已经成为一个与人民群众生活密切相关的、潜力巨大的产业。随着人类生活水平的不断提高，餐饮业正朝着设备舒适、环境优美、产品风味突出、服务质量优质的方向发展。

任务一　餐饮业及其表现形式的认知

一、餐饮业的含义

餐饮业是一个历史悠久的行业，古今中外，餐饮业为客人提供饱食就餐服务的社会职能一直没有改变过。餐饮业是指利用餐饮设备、场所和餐饮原料，从事饮食烹饪加工，为社会生活服务的生产经营性服务行业。有些学者认为，餐饮业基本上应该涵盖三个组成要素：①必须要有餐食或饮料提供；②有足够令人放松精神的环境或气氛；③有固定场所，能满足顾客差异化的需求与期望，并使经营者实现特定的经营目标与利润。而提供餐饮的场所，古今中外有很多称呼，如酒店、饭店、餐馆、菜馆、饮食店、餐厅等，不一而足。英文中的 restaurant 一词，据法国百科大辞典的解释，意为使人恢复精神与气力。那么，可以帮助人们恢复精神与精力的方法，大抵与进食和休息有关，于是在西方开始有人以 restaurant 为名称，在特定场所为人们提供餐食、点心、饮料，使招徕的客人得到充分的休息以恢复精神和体力。在这样的一种方式下进行营业运作，便是西方餐饮业的雏形。

如今餐饮业主要包括以下三大类：

（1）宾馆、酒店、度假村、公寓等（即英语中所称的 hotel、motel、guesthouse）场所内部的餐饮部系统，包括各种风味的中西式餐厅、酒吧、咖啡厅和泳池茶座等。

（2）各类独立经营的餐饮服务机构，包括社会餐厅、餐馆、酒楼、餐饮店（即英语中所称的 restaurant）、快餐店、小吃店、茶馆、酒吧和咖啡屋等。

（3）企事业单位的餐厅及一些社会保障与服务部门的餐饮服务机构，包括企事业单位的食堂与餐厅、学校与幼儿园的餐厅、监狱的餐厅、医院的餐厅、军营的餐饮服务机构等。

二、餐饮业发展的历史

（一）中国餐饮业的起源与发展

我国古代地广人稀，自秦汉以来，为方便官差长途跋涉传送文件，便有了"驿站"的设置，为官差提供消除旅途劳累的休息条件，更提供住宿与餐食，好令他们翌日能够继续另一段漫长的传递工作。这其实就是中国餐饮业的雏形。

秦朝制定统一的货币政策以后，民间社会开始出现更大规模的交易现象，民以食为天的本性自然在交易现象中流露无疑——交易的本质是人们为了生活糊口，交易的性质则免不了以物易物或以钱易物。这里所谓的"物"，自然就是指一些生活用品与食物。既然食物可以从交易中获得，餐饮贩卖的交易也由此酝酿而生，具体而言，餐饮业可溯源至人类开始有交易现象之时，算来也有四千年的历史了。

1. 新石器时代的餐饮

原始社会中，人类长期处于茹毛饮血的阶段，生食草木禽兽，无餐具也无食具。于地面之上，或于树杈之间，或于河塘之畔，手抓而食，手捧而饮，表现着原始的本能。进入旧石器时代以后，人类从被动用火到主动用火，学会了火上燔肉、石上燔谷和坑凹为锅、烧石入水即石烹法来熟食的方法，但仍无真正意义上的食具与炊具。直至公元前8000年开始，古人从掘地为臼、"以火坚之"，到盘泥筑陶，制造出了最早的饮食共用器皿，才自此进入了陶器时代。到了公元前5000年的仰韶文化时期，中国的陶器已具规模，容器、食器、炊器均已出现，鼎、釜、鬲、甑、鏊、盆、盘、钵、碗等各司其职。于是，人们或饮食共器，于鼎中煮之，于鬲中熬之，然后临鼎、鬲而食，或以甑蒸制，以鏊烙制，捧盘、碗而食，实现了一个文明的飞跃。

新石器时代由于没有文字，餐饮的概况只能依靠出土文物、神话传说以及后世史籍的追记进行推断。这个时代的餐饮好似初出娘胎的婴儿，既虚弱幼小，又充满生命力，为夏商周三代饮食文明的兴盛奠定了良好的基石。

2. 夏商周时期的餐饮

夏商周是我国的奴隶社会时期，掀起了我国烹饪业发展的第一次高潮。

(1) 烹饪原料显著增加，习惯于以"五"命名。如"五谷"(一说稻、黍、稷、麦、菽，一说麻、黍、稷、麦、菽)、"五菜"(葵、藿、薤、葱、韭)、"五畜"(牛、羊、猪、犬、鸡)、"五果"(栗、桃、杏、李、枣)、"五味"(米醋、米酒、饴糖、姜、盐)之类。"五谷"有时又写成"六谷"、"百谷"。总之，原料能够以"五"命名，说明了当时食物资源已比较丰富，人工栽培的原料成了主体，这些原料是其中的佼佼者，而且人们在选料方面也积累了一些经验。

(2) 炊饮器皿革新，轻薄精巧的青铜食具登上了烹饪舞台。我国现已出土的商周青铜器物有4000余件，其中多为炊餐具。青铜食器的问世，不仅善于传热，提高了烹饪功效和菜品质量，还具有显示礼仪、装饰筵席的作用，展现出奴隶主贵族饮食文化的特殊气质。

(3) 菜品质量飞速提高，推出著名的"周代八珍"。由于原料充实和炊具改进，这时的烹调技术有了长足进步。一方面，饭、粥、糕、点等饭食品种初具雏形，肉酱制品和羹汤菜品多达百种，花色品种大大增加；另一方面，可以较好地运用烘、煨、烤、烧、煮、蒸、渍糟等10多种方法，烹出熊掌、乳猪、大龟、天鹅之类的高档菜式，创作出了影响深远的"周代八珍"。"周代八珍"又叫"珍用八物"，是专为周天子准备的宴饮美食。它由两饭六菜组成，具体名称是："淳熬"(肉酱油浇大米饭)、"淳母"(肉酱油浇黍米饭)、"炮豚"(煨烤炸炖乳猪)、"炮牂"(煨烤炸炖母羔)、"捣珍"(合烧牛、羊、鹿的里脊肉)、"渍"(酒糟牛羊肉)、"熬"(类似五香牛肉干)、"肝膋"(烧烤网油包狗肝)。"周代八珍"推出后，历代争相仿效。元朝的"迤北八珍"和"天厨八珍"，明清的"参翅八珍"和"烧烤八珍"，还有"山八珍"、"水八珍"、

"禽八珍"、"草八珍"(指名贵的食用菌)、"上八珍"、"中八珍"、"下八珍"、"素八珍"、"清真八真"、"琼林八珍"、"如意八珍"等等，都由此而来。

（4）在饮食制度等方面也有新的建树。如从夏朝起，宫中首设食官，配置御厨，迈出了食医结合的第一步，重视帝后饮食保健的制度一直延续到清末。

（5）出现了最早的筵宴。夏朝的时候，生产力得到发展，食物产品有了一定的剩余，同时，随着祭祀活动的产生，部落人常常聚集在一起，祀天神、祀地祇、祭先祖，待祭礼结束，人们就可以享用由部落首领分配的食品，这就是最早的筵席。到了商周时期，有了食制，筵席也开始按照等级分类。

此外，在民间，屠宰、酿造、炊制相结合的早期饮食业也应运而生，大梁、燕城、邯郸、咸阳、临淄、郢都等都邑的酒肆都十分兴盛。

3. 春秋战国时期的餐饮

春秋战国是我国奴隶社会向封建社会过渡的动荡时期。连年征战，群雄并立，战争造成人口频繁迁徙，刺激农业生产技术迅速发展，学术思想异常活跃，餐饮中也出现了许多新的因素，为后世所瞩目。这也是我国饮食烹饪发展的第二个高潮。

这一时期，开始使用铁质炊具。餐具品种齐全，有了冷饮制品和简单的点心，花椒、豆酱、蜂蜜、生姜、桂皮等调味品的使用也越来越多。此外，筵席比以前更加丰盛，礼仪日益隆重。

4. 秦汉魏晋南北朝时期的餐饮

秦汉魏晋南北朝自公元前221年秦始皇统一六国，至公元589年隋文帝统一南北，共810年。这一时期是我国封建社会的早期，农业、手工业、商业和城镇都有较大的发展，民族之间的沟通与对外交往也日益频繁。在专制主义中央集权的封建国家里，餐饮文化不断呈现出新的特色。这时期的后半段，战争频繁，诸侯割据，改朝换代变得越来越快，统治阶级醉生梦死、奢侈腐化，喜欢在饮食中寻求新奇的刺激。餐饮就在这种社会大变革中演化着，蓄势待变，焕发出新的生机。

汉朝以后，炊器进入铁器时代。食器在经历了短暂的漆器时期后，陶制的、漆木的、金银的、玻璃的、玉石的都有使用，总的来看，食器以漆器和青瓷为主。人们使用胡床、伏桌案，用匕、匙、箸在盘、碗、碟、池中进食。只是身份、地位不同，筵席形制不同，所用的食器餐具的材质不同。这一时期引进了黄瓜、大葱、蚕豆、刀豆、茴香等大量的外来蔬菜品种。随着佛教传入中国，吃斋逐渐盛行，素菜迅速发展，并出现了世界上最早的记载有食品加工方法的著作《齐民要术》。

5. 隋唐五代宋金元时期的餐饮

这一时期属于中国封建社会的中期，先后经历过隋、唐、五代十国、北宋、辽、西夏、南宋、金、元等20多个朝代，政局较稳定，经济发展快，饮食文化成就斐然，是中国餐饮发展史上的第三次高潮。

隋唐时期是我国历史上的鼎盛时期，此时的烹饪原料十分丰富，使这一时期的菜肴丰富多彩，酒楼、小吃店纷纷出现，同时也涌现出许多著名的烹饪大师。从唐朝起，宴会由席地而坐上升到座椅，皇宫宴会的椅子还有软垫，宴会进行时有歌舞助兴，一般的菜馆酒楼有歌舞伎献艺，再下等的则有江湖艺人卖唱。民间还流行猜拳，行酒令助兴。这一时期，清真风味兴起;北咸南甜、东辣西酸的风味基本确定,地方菜发展很快;饮食市场相当繁华,早市、夜市兴隆。

唐朝以后,食器、餐具逐渐由瓷器出任,宋朝时出现了柴、汝、官、哥、定五大名窑,中国社会进入瓷器时代。居家生活、食店脚店的食器、餐具基本为瓷器所取代。高桌低凳,用匕、匙、箸在盘、碗、碟、池中进食成为最基本的食法形制。唯有汴京的七十二家正店全部采用银制食、餐、酒器具。宫中皇室则是金、银、玉制的各类食器和餐、酒具并用,且在正式宴会上保留中国传统的一人一席、几案矮坐聚餐分食的食法与食制。炊食共器的现象虽然已非主流,却因它具有独立的进餐形式、方便的自主调味、氤氲缭绕的和谐气氛而仍然存在。

宋朝炊食共器的食法主要是以火锅、涮锅的形式存在,并具有很强的生命力,即便在气温较高的江淮仍是如此。南宋林洪的《山家清供》就对涮肉有着明确的记载。

在元朝,除已经定型的中国餐饮的食法和食器以外,其宫廷的大型正式宴会"衣宴"采取的是席地围坐、炭火烤食的方法,保留着游牧民族的旧有食法和传统。元朝营养学家忽思慧撰写了《饮膳正要》,这是我国第一部营养学专著。

6. 明清时期的餐饮

这500余年是我国封建社会晚期,饮食业持续发展,并逐步走向高峰。这一时期,各种富有民族特色的筵席盛行,如喜宴、寿宴等。以"满汉全席"为标志的超级大宴的出现,使中国饮食业结出硕大的花蕾,达到了古代社会的最高水平。

"满汉全席"是中国最著名、规模最大的古典宴席,主要由满族烧烤、茶点和汉族经典菜肴组成,菜品达100道以上,如果按照每天3餐进餐,通常要3天9餐才能吃一遍;再加上奢华的制作原料、精湛的烹饪技艺、开席时宏大的场面和隆重的礼仪,使"满汉全席"成为中国古典宴席之冠。满汉全席具有浓郁的民族色彩,其鲜明的文化特征,不仅赋予其一种独特的魅力,更使它成为中华饮食文化的瑰宝。

清朝开始,在中国的传统食法、食制被继承的同时,满席中炊食共器的火锅风靡全国,这种铜制燃炭锅使已经变为纯礼器、作为祭祀之用的青铜鬲再现风采,让人依稀见到商周的青铜之韵。清朝后期社会统治日见衰朽,统治阶级更加骄奢淫佚、贪求无厌,餐饮迅猛发展,宫廷菜和官府菜大盛。

鸦片战争以后,进入我国的西方人越来越多,西餐烹饪技术也逐渐传入我国。到光绪年间,开始出现由中国人自己开设的、以营利为目的的西餐厅(当时称为"番菜馆"),以及咖啡厅、面包房等,从此我国有了西餐业。

7. 民国时期的餐饮

20世纪以来,帝国主义列强大量向中国倾销商品,牟取暴利,如味精、果酱、咖喱、芥末、可可、咖啡、啤酒、奶油、香精等,其中还有用机械生产的新原料。这些新的食品原料引进后,逐步在食品工业和餐饮业中得到应用,使一些食品风味有所变化,质量有所提高,这在沿海大中城市更为明显。新的食品原料的引进,对传统烹调工艺产生了撞击,有些制菜规程相应也有改变。

8. 中华人民共和国时期的餐饮

新中国成立后,烹饪的发展也不是一帆风顺的。它大体上可以分为三个阶段,各有不同的特点。第一阶段是1949—1956年,属于复苏时期。由于政局稳定、经济回升,餐饮逐步恢复了历史上一些好的传统,这一阶段走的是上坡路,各方面初见成效,奠定了大发展的基础。第二阶段是1957—1976年,属于动荡时期。由于政治运动频繁和自然灾害不断,经济停滞,餐饮发展受到挫折,在20年间又跌入低谷,元气大伤。第三阶段是1977年至今,属于跃升时期。党的十一届三中全会召开后,随着改革开放的推进,经济迅速增长,"旧貌换新颜"的中国餐饮迎来了黄金之春,30年的巨大成就超过了之前历史上的100年。从目前看,它仍然处于加速运转的良好状态中,将会育出更加硕美的花蕾。

知识链接

中国烹饪厨艺业祖师爷

《论语·述而篇》:"子曰:'自行束脩以上,吾未尝无诲焉。'"这是古时拜师礼的开始,自此各行各业有了拜师学艺的古礼。

彭祖——有史料印证的祖师

最早被厨师们奉为烹饪业祖师的是彭祖。彭祖,名铿,"好和滋味,善斟雉羹,能事帝尧。"史载,彭祖因受帝尧的赏识,建立大彭氏国,封于彭城,即今日的徐州。这是彭铿被认为是烹饪行业尊祖的主要证据。

伊尹——名相兼名厨的祖师

伊尹认为,作为一个厨师,必须精通烹调的道理,才能烹制出好的菜肴来,达到久而不败、熟而不烂、甜而不过头、酸而不强烈、咸而不苦涩、辣而不刺激、清淡而不寡味、肥而不腻口的地步。伊尹这段烹调理论,就是他当时初见商汤时的谈话内容。伊尹背负炊具,以烹饪滋味说服商汤致力于王道政策,得以凭精湛的烹饪技术和治国良方,一举成为宰相,辅佐商汤伐桀灭夏。"割烹要汤"、"调和鼎鼐"、"治大国若烹小鲜"等典故,均由伊尹辅佐商汤成其大业而来。

易牙——烹饪厨艺业的祖师

易牙又名狄平,春秋时齐桓公的宠臣、在中国开私人饭馆的第一人,以擅长烹调见称于当时。孟子曾说:"至于味,天下期于易牙"。

(资料来源:http://boyacanyin.blog.163.com/blog/static/463799152007102010524 0475。)

(二)外国餐饮业的发展

1. 古埃及餐饮概况

古埃及人崇尚节制和俭朴,吃得较简单,但十分好客。如遇男客在家中用餐,则由妇女陪伴进餐。

古埃及的等级观念在餐厅的装修和家具上可以得到充分的反映。农夫与普通手工艺人只使用简单的陶器,坐在未经修饰的长条凳上,在低矮的泥屋中进餐;而富人的餐厅如同宫殿,有水池和花园环绕,室内富丽堂皇,餐桌上使用绣花织物,软垫扶手椅镶嵌着黄金或大理石,储存室内有精美的雕花木勺或象牙勺,盛器中有玻璃杯和用金、银或最珍贵的

铜做的碗。

2. 古希腊餐饮概况

古希腊人对餐饮业的主要贡献体现在两个方面：为了使餐桌的鹅足够得肥硕，喂养时用浸湿的谷物进行填食，与我们今天北京的填鸭极其相似；约在公元前3世纪，雅典人发明了冷盘手推车，厨师将大蒜、海胆、用甜葡萄酒浸过的面包片、海扇贝和鲟鱼装在盘子里，放在车上推入餐厅，供人们选择、享用。这些对今天的餐饮业仍有影响。

3. 古罗马餐饮概况

古罗马人对当今餐饮文明的最大贡献就是创造了西餐的雏形，最早的西餐起源于今日的意大利。从专业的角度看，就餐时人们使用餐巾也是由古罗马人引入餐厅的。除此之外，在餐厅的餐桌上放置玫瑰花、举行重大宴会时叫报每道菜名等做法，均由古罗马人最早在餐厅中采用。

4. 中世纪时期及之后的法国餐饮概况

中世纪时期及之后的法国对世界餐饮业发展的贡献主要表现在如下两个方面：

(1) 法国人使得西餐的发展达到顶级程度，当今法式西餐的选料、烹饪乃至于法式西餐的服务在全世界都是盖世无双的。

(2) 由于历史上路易王朝中好几位国王对西餐烹饪、服务极其重视和讲究，使得法式西餐带有王宫华贵、高雅的气度与风格。

一个国家餐饮业的发展，除了受传统影响外，也会受到社会的科学技术、经济发展的影响。20世纪以来，随着交通工具的发展，人们越来越多地往返于世界各地，各种不同的餐饮习惯相互交融。目前中餐的烹饪、调味、服务中不少行之有效的方法就是从西方社会引进的，这些都极大地促进了中餐烹饪及服务的发展。因此，了解并熟悉各国的餐饮历史和习惯，对餐饮从业人员无疑是十分有益的。

三、餐饮业的发展趋势

经历30余年的发展与市场竞争，中国餐饮行业发展已经进入了投资主体多元化、经营业态多样化、经营模式连锁化和行业发展产业化的新阶段，餐饮行业将呈现以下发展趋势：

(一) 品牌力成制胜法宝

现在的餐饮消费已进入看不见、摸不着的整体消费意识阶段，消费者离开消费场所后，在头脑中形成的整体感知回应是餐饮店的品牌文化，所以商家的独特体系已不仅仅是菜品、味道、服务、环境等，而是综合因素的整体体现。随着人们就餐要求越来越高，大品牌餐厅越做越大。餐厅档次还体现在环境上，文化成为餐饮业装潢视觉的重要元素，"吃环境"将是餐饮业发展趋势之一。定位不同，体现的文化各异，这已成为许多餐厅的一种竞争手段。餐饮市场的竞争，必将回归于品牌间的竞争，品牌力更强必定有更广阔的市场，文化餐饮将更具竞争性。

(二) 大众化餐饮成为餐饮市场的主流

在2014年商务部的重点工作中，早餐工程、厨房改造工程、绿色饭店将是财政支持的重点项目，引导更多的餐饮企业加入到早餐工程、社区餐饮、商务快餐等领域，加大大众化餐饮连锁步伐。

（三）连锁经营是发展趋势

连锁经营不仅可提高效率、降低成本，更能帮助餐饮业突破发展中的管理瓶颈。连锁经营具有成本优势、价格优势、品牌优势，应该是餐饮业经营模式的主要发展方向。目前，餐饮行业整体由单纯的价格竞争、产品质量竞争，发展到产品与企业品牌的竞争、文化品位的竞争；由单店竞争、单一业态竞争，发展到多业态、连锁化、集团化、大规模的竞争。

（四）口碑营销、网络营销被广泛应用

"导吃顾问"、"美食侦察"将为餐厅带来创新，促进改良菜品、营销餐厅。网络营销也被看重，消费者用网络搜索自己中意的餐厅、美食已是常见景象。企业应当及早充分认识到微博、微信在餐饮行业的营销中将会发挥的重要作用。

（五）菜品定位精细化，健康养生是传统餐饮立身之本，引导餐饮特色新趋势

强调口味的做法，仍是餐饮企业的宣传之道。但口味一旦被复制，特色也成了平常。关注地方风味、精细化定位、拥有特色菜肴，精细化的创新定位渐成趋势。同时，养生概念从原料的健康养生发展到全面的养生体系，即菜品原辅料养生、烹饪加工数字化养身、餐饮服务养生推介，再融汇绿色装修材料、个人养生食谱打造、养生礼品等系列产业的开发，把餐饮业真正打造成绿色养生产业。

（六）餐饮微利时代，信息化带动作用日趋明显

信息化的应用将覆盖企业预订、采购、点餐、人员绩效考核、财务管理及客户关系管理等各个环节，促进餐饮企业实现降低运营成本、提高管理效益率、优化服务流程的目标。

（七）中外餐饮企业竞争加剧

不难看出，现在餐饮市场上基本都是以国外知名品牌连锁为主，它的模式简单，可复制性强，加上其产品本土化及主题餐厅策略的推出，未来在中国的发展更有势不可挡的趋势。面对这样来势汹汹的"洋快餐入侵"，中国餐饮业将面临巨大挑战。但同时，国外餐饮企业进入中国后，对我国餐饮经营理念、服务质量、文化氛围、饮食结构、从业人员素质要求等产生深刻影响。洋餐饮让本土餐饮的视角变得更为宽广，经营创新的渠道也更为多元。洋为中用、中西合璧的趋向在餐饮行业中十分明显。

四、餐饮企业的表现形式

以中国餐饮业为例，自夏商周始逐渐成为一门独立的行业，经数千年的发展，餐饮企业的经营形式丰富多彩、各具特色，不同形式的餐饮企业的经营档次、目标市场、提供的餐饮产品等不尽相同。

（一）中国餐饮企业的表现形式

1. 高档酒楼

高档酒楼是以高端消费者为主要客户群体的就餐场所。商务宴请、私人盛宴往往在这类酒楼里进行。高档酒楼通常具有一流的硬设施，提供的餐饮产品和服务极富特色，消费标准较高。

2. 酒店餐厅

酒店餐厅是设在酒店内的用餐场所。酒店餐饮经营点的表现形式复杂,通常有咖啡厅、中西餐零点餐厅、中西餐宴会厅。酒店餐厅提供的餐饮产品和服务规范、高档、温馨,消费水准一般较高。

3. 家庭餐馆

家庭餐馆是以家庭或家族为主要经营管理主体,以家庭为主要客户对象的餐饮机构。此类餐饮机构多以中档及中档偏下的消费群体为市场目标,菜肴质量尚可,价格中规中矩,环境基本舒适、整洁。

4. 火锅店

火锅店是使燃料加温锅具内的汤汁沸腾,再放入食品原料涮一下即食用的餐饮经营场所。火锅店的经营场所面积从几十平方米至上千平方米不等,火锅的口味也千差万别,但大多数以辣为主旋律,尤以巴蜀风格的火锅店最受欢迎。火锅店经营的产品比较单一,经营管理与服务相对简单,价格也普遍能被大众所接受。火锅店发展扩张时多以连锁形式进行。

5. 快餐店

快餐店是为急于解决吃饭问题的过客提供餐饮服务的餐饮场所,通常位于交通要道,如车站、码头、机场、主要商业街区等。其提供的餐食简洁、方便,价格便宜,餐饮产品基本是预先制作的食品。

6. 食街和小吃经营场所

食街和小吃经营场所一般位于主要商业街区或闹市中心的商业大楼内。其经营特点是将某一地区乃至全国的名优小吃集于一个空间之内,使食客们能够非常方便地挑选自己中意的美食,产品的价格一般较公道。

7. 团体供餐机构

团体供餐机构也称机构性餐饮企业,是专为团体单位提供餐饮服务的餐饮场所,是由提供此种服务的餐饮企业派出经营管理及生产服务人员,进入被服务单位主持餐饮设施的运行并提供生产服务工作,也可以是提供此种服务的餐饮企业自己的生产场所将餐饮产品加工好,运送到被提供服务的单位进行服务。团体供餐是社会分工专业化在餐饮服务领域里的体现,它最早兴起于美国,发展到今天已能为学校、企业、机关、医院、监狱、军队等提供餐饮服务。这种形式的最大优点是提高了原有单位的餐饮服务质量,降低了单位的运行成本开支。

8. 西餐馆

西餐馆是主要提供西式菜肴产品的餐饮机构,主要集中于我国的大中城市。其表现形式分为酒店西餐厅和社会西餐馆两种。一般而言,国内传统西餐馆提供的西餐菜式比较落伍,而酒店西餐厅提供的西餐一般能够反映当今国际西餐的发展潮流。

9. 饮品店

饮品店是以提供咖啡、甜品、商务套餐等为基本特征的餐饮机构,如近年来比较流行的星巴克、上岛咖啡等。这是最近几年兴起的一种餐饮机构形式,多开于商业活动较发达的城市,其主要目标市场是商务客户,产品价格不菲。

10. 茶餐厅

茶餐厅与饮品店类似,也是最近几年新出现的餐饮形式,源于中国香港地区。它的主要目标市场以中低档客户为主,比快餐厅层次略高,通常可供选择的餐饮产品有几十种,价格能被一般用餐者所接受,基本做到了现点、现烹、现卖,经营地点多选择在商务办公区及中高档居民住宅区,营业时间较长。

知识链接

西餐与中国

鸦片战争后开埠通商,大批西方人涌入中国,于是中国出现了最早的西餐。先是上海,然后天津,西餐在中国渐渐扩大了影响,直到成为一种时尚,渐渐开始改变中国人的饮食习惯。

关于西餐最早的文字记载,始见于晚清徐珂编的《清稗类钞》一书,书中对西餐做了较为详尽的介绍。首先,书中对西餐做了基本界定:"国人食西式之饭,曰西餐。"这里对于西餐所做的界定非常准确,"西餐"一说,是针对"中餐"一说而确立的。

最早的时候,中国人将西餐分为三类:大餐、番菜和大菜。其中,大菜是针对小吃(便食、日本人称为鸟食)而言的。早期天津的起士林餐厅就很有名气,天津人把它里面的食物称作俄式大菜。

清末小说《文明小史》写过,几个花花公子聚众"来到江南屯要吃番菜"。这里的"番菜",就是西餐正餐。早年的中国人将一切洋人都看作是生番,中国最早的西餐厅叫番菜馆。渐渐地,来中国的西方人多了,和中国人的交往也多了,"番"字因带有歧视色彩,就被"西"字代替了。

在中国人的印象里,重要的不是西餐吃什么,而是西餐怎样吃。对此,《清稗类钞》中有详细的记载:"席具刀、叉、瓢三事,不设箸。"光绪朝,都会商埠已有之,至宣统时,尤为盛行。席之陈设,男女主人必坐于席之两端,客坐两旁,以最近女主人之右手者为最上,最近女主人左手者次之,最近男主人右手者次之,最近男主人左手者又次之,在其两旁之中间者则更次之。若仅有一主人,则最近主人右手者为首席,最近主人左手者为二座,自右而出,为三座、五座、七座、九座,自左而出,为四座、六座、八座、十座,其与主人相对居中者为末座。

这里记载着西人用餐时的座位排列顺序,正好和中国人相反。中国人用餐,设八仙桌,主人在正座,左为上,右为下,俨然有序。但一是圆,一是方,从入席规则,可看出国人和西人礼仪之间的区别。

《清稗类钞》详细记载了西餐的进餐顺序:"既入席,先进汤。及进酒,主人执杯起立,客亦执杯,相让而饮。继进肴,三肴、四肴、五肴、六肴,均可。终之以点心或米饭,点心与饭抑或同用。"

最为重要的是西餐的用餐礼仪。《清稗类钞》中说:"饮食之时,左手按盆,右手取匙。用刀者,须以右手切之,以左手执叉,叉而食之。事毕,匙仰向于盆之右面,刀在右向内放。叉在右,俯向盆右。"又说:"一品毕,以瓢或刀或叉置于盘,役人即知此品食毕,可进他品。"并特别强调:"食时,勿使食具相触作声,勿咀嚼有声,勿剔牙。"

《清稗类钞》中记载的西餐礼仪,是西方上层社会的用餐礼仪,这种礼仪的内涵是个人修养和绅士风度。通过中国人对于西餐最早的观察,可以看出中餐、西餐之间餐饮观念的差异。农业社会的餐饮观念里,对于底层民众,"民以食为天",人生的最高境界是吃饱肚子;进入上层社会,餐饮观念的最高境界是大饱口福,大饱眼福,"食不厌精",将餐饮当作精神享受。西人餐饮则依从工业社会生活习惯,更重要的是于餐饮中体现社会等级归属。这里的社会等级归属,不完全是生产关系的归属,更是精神等级的归属。

西餐进入中国,接受西人的饮食观念,使中国人改变了吃饱肚子为第一要务的传统观念。中国人接受西餐,打破了传统儒学的等级观念,打破了农业社会的尊卑观念。应该说,西餐对于推动中国人的生活进步,起到了积极作用。

时代在前进,餐馆习惯也在改变,传统的西餐礼仪更在逐渐进步。方便快餐将成为工业社会最便当的用餐方式,而正规西餐将在社会交际和商业活动中扮演重要的角色。在中国,西餐不可能代替中餐,但西餐的市场潜力绝对不可低估,发掘中国人可以接受的西餐方式,是餐饮业的一个重要课题。

(资料来源:http://news.ifeng.com/a/20140607/40630213_0.shtml)

(二) 西方国家餐饮业的表现形式

以美国为例,美国的餐饮企业可以被划分成以下形式。

1. 社会餐馆

1) 全套服务餐馆

此类餐馆的餐位数通常为75~200个。一般位于城市或乡村的交通要道,提供餐桌式服务,并以法式服务居多,菜式类别齐全,消费水平较高。

2) 主题餐馆

此类餐馆的餐位数通常为100~400个。一般位于商业中心区及次交通繁忙地区,提供餐桌式服务,消费略高于平均水平。

3) 咖啡馆

此类餐馆的餐位数通常为35~300个。一般位于交通繁忙地区,消费及服务方式为餐桌、卡座、吧台等,消费水平中档。

4) 简餐餐馆

此类餐馆的餐位数通常为100~400个。一般位于购物中心,服务较简单,通常由用餐者自己挑选食物,根据所选食物的量与质收取费用,用餐者一般为家庭及对价格较敏感的购物者。

5）快餐馆

此类餐馆的餐位数通常少于100个。一般位于交通要道并较易进出，食品有限，提供的服务不多。

2. 酒店餐厅形式

1）酒店餐厅

酒店餐厅通常位于一流（度假）酒店内，提供餐桌式（通常为法式）服务，消费水平较高。

2）酒店咖啡厅

大部分酒店都有这种餐厅。这种餐厅通常提供宽松、随意的服务，价格适中，营业时间往往是酒店所有餐厅中最长的，通常位于酒店的大堂附近。

3）宴会厅

大部分酒店都拥有宴会厅，以进行重要的餐饮活动。

4）客房用餐服务

客房用餐服务是为住在酒店中的客人提供的送餐进客房的餐饮服务。这种服务中，菜单上所列的菜式少于餐厅，收费高于餐厅消费。

3. 团体供餐机构

专为团体单位提供餐饮服务的餐饮场所。

4. 俱乐部餐厅

此类餐厅位于各种类型的俱乐部内，提供餐饮服务，但收费较高。

5. 餐饮外卖服务

餐饮外卖服务提供包括宴会在内的餐饮上门服务，收费一般较高。

任务二　餐饮企业组织结构的认知

一、餐饮部组织机构设置的原则

组织结构是为完成经营管理任务而结成集体力量，在人群分工和职能化的基础上，运用不同职位的权力和职责来协调人们的行为，发挥集体优势的一种组织形式。餐饮部的组织机构根据各餐饮企业的具体情况不尽相同，但还是有规律可循的。无论机构如何设置，均须体现组织设计的基本原则和要求。

（一）精简与效率相统一的原则

餐饮部的组织机构中，不应有任何不必要或可有可无的位置，不应因人设事，避免机构臃肿、人浮于事。组织机构要简单，指挥幅度要适当。指挥幅度是指一位管理人员所直接地、有效地指挥控制的下层员工数。合适的指挥幅度一般以指挥5～12人为宜。

（二）专业化与自动调节相结合的原则

任何酒店餐饮部的组织机构都必须根据各自的实际情况和需要来决定，使得组织中每一位置的设立有充分的理由。

（三）权力与责任相适应的原则

餐饮部组织机构的设置要做到统一指挥、分层负责、职权相当、权责分明。每个人只有一个上司，上级不能越级指挥，只能越级指导；员工不能越级汇报，但能越级申诉。

二、餐饮企业组织结构

（一）餐饮部组织机构的一般模式

以酒店为例，餐饮部的规模、大小不同，其组织机构也不尽相同。

1. 小型酒店餐饮部组织结构

小型酒店餐饮部的组织结构设计应该比较简单，分工不宜过细，其清洗主管的职能类似于大中型酒店管事部经理的职能。如图1-1所示。

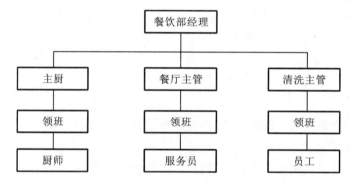

图 1-1　小型酒店餐饮部组织结构图

2. 中型酒店餐饮部组织结构

相对于小型酒店餐饮部，中型酒店餐饮部的组织结构分工更加细致，功能也较全面。如图1-2所示。

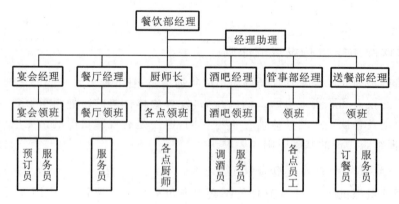

图 1-2　中型酒店餐饮部组织结构图

3. 大型酒店餐饮部组织结构

大型酒店餐饮部组织机构复杂，层次众多，分工细致。其餐饮部的采购主要是指鲜活原料、副食品的采购。如图1-3所示。

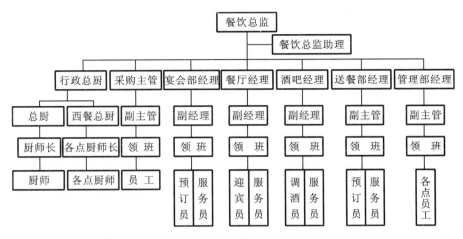

图1-3 大型酒店餐饮部组织结构图

不管是大型、中型还是小型酒店餐饮部组织机构，其结构设计均应包括纵向结构设计和横向结构设计。纵向结构设计受下属部门管理幅度制约，管理幅度和管理层次相互联系，两者成反比关系。即管理幅度越大，管理层次越少；管理幅度越小，管理层次越多。横向设计又称为部门之间的协作关系设计。餐饮经营组织的纵向设计和横向设计综合形成了完整的餐饮部组织机构。

知识链接

大型酒店餐饮部职能制的优缺点

大型酒店职能制的组织机构有利有弊。优点在于这种组织机构的设置既有利于保证集中统一的指挥，又可发挥各类职员的专业管理作用。

缺点在于：

(1) 各职能单位自成体系，往往不重视工作中的横向信息沟通，加上狭窄的隧道视野和注重局部利益的本位主义思想，可能引起组织中的各种矛盾和不协调现象，对企业生产经营和管理效率造成不利影响。

(2) 如果职能部门被授予的权力过大过宽，则容易干扰直线指挥命令系统的运行。

(3) 按职能分工的组织通常弹性不足，对环境变化反应比较迟钝。

(4) 职能工作不利于培养综合管理人才。

应该说，职能制组织机构在我国绝大多数酒店中得到了广泛采用。但是对于高星级酒店，组织机构复杂，管理层级过多，决策时需要考虑较多因素，这种组织机构的设置可能会导致决策效率下降、沟通失真等问题，必须加以注意。

(资料来源：张水芳，《餐饮服务与管理》，旅游教育出版社2012年版。)

(二) 餐饮部各部门的职能

前面按酒店的规模大小，列举了三种餐饮部组织机构。其实，不管餐饮部的规模大小如何，其基本职能都是相同或相似的，基本的组织机构模式如图1-4所示。

图1-4　餐饮部功能机构图

1. 采保部

采保部（purchasing）是餐饮部的"龙头"部门，主要负责餐饮部生产原料的采购与保管工作。目前在国内，还有不少酒店的餐饮部采用这种原料采购与保管一体化的组织机制。

2. 厨务部

厨务部（kitchen）主要负责菜式、点心的制作，并根据市场需求、大众口味的变化而开拓新菜式、特色菜式来吸引宾客，搞好本部的日常卫生清理。从过程来看，从原料的初加工到菜肴的成品菜出品，都由厨务部完成。从产品质量方面来看，厨务部依据不同的消费档次，制定并执行不同的质量标准。除此之外，厨务部还应加强对生产流程的管理，控制原料成本，减少费用的开支。

3. 各营业点

酒店餐饮部各营业点（outlets），包括各类餐厅、宴会厅、酒吧、房内用餐服务部等，是餐饮部的直接对客服务部门。这些营业点服务水平的高低、经营管理状况的好坏，直接关系到餐饮产品的质量，影响到酒店的声誉。

4. 管事部

管事部（stewarding）是餐饮运转的后勤保障部门，担负着为前后台提供物资用品，清洁餐具、厨具，负责后台环境卫生的重任。

5. 各岗位相互间的关系

各营业点要对宾客提供优质的服务，也就是对餐饮部负责；采保部要与厨务部密切联系，以了解菜肴、点心品种的供应状况；管事部是餐饮运转的重要保障。各部门既要有明确的分工，也要有密切的合作，这样酒店才能赢利并提倡主动配合，一线服务人员更要主动与有关岗位协调。

（三）餐饮部主要岗位的工作职责

1. 餐饮总监

在驻店经理的领导下，全面负责酒店餐饮的一切经营管理，了解餐饮市场的现状及发展趋势，了解对客服务状况以及餐饮产品的创新情况，改进服务及操作程序，确保产品质量标准和卫生要求，合理控制成本及毛利率，提高顾客满意度，增加经济效益。

餐饮总监主要工作职责如下：

1）计划与报告

（1）制订酒店餐饮部年度、月度经营管理计划，并确保相关人员都能对此有充分的了解。

（2）定期将餐饮部的年度、月度工作计划按要求递交酒店管理公司餐饮总监，并遵从管理公司餐饮总监的协调。

(3) 定期向酒店管理公司餐饮总监递交指定的各种餐饮报告。

(4) 审阅餐厅经理和行政总厨递交的工作计划和工作报告。

2) 制定政策、标准与流程

(1) 按照酒店管理公司组织结构设置标准,制定餐饮部所有员工的工作说明书。经酒店人力资源部的协调和酒店总经理的批准后执行。

(2) 确保酒店管理公司制定的餐饮制度及产品标准的贯彻执行。

(3) 更新改良服务流程设计、管理系统,精简运作程序,并递交酒店管理公司餐饮总监核准实施。

3) 绩效评估

(1) 监察餐厅、厨房有关服务、产品、设施等的一切运作。

(2) 制定餐厅经理、行政总厨的年度绩效评估标准,并实施考核。审批部门基层管理人员的年度绩效考核与检查的标准与方法。

4) 人力资源管理

(1) 提名餐厅经理和行政总厨的任免,递交驻店经理批准。

(2) 核准除餐厅经理和行政总厨外所有餐饮部管理人员的任免,并递交酒店人力资源部留档。

(3) 遵照集团的人力资源政策和计划,落实餐饮部的培训计划与人力资源开发计划。

(4) 根据人均效率及实际需要制定餐饮部各岗位人员的分配指引,递交驻店经理核准,同时也递交酒店管理公司餐饮总监做横向统计分析参考。

(5) 与员工保持良好的沟通,及时掌握员工的思想状态。

5) 经营管理

(1) 了解市场信息及竞争对手状况,做好市场定位,及时协同驻店经理及总经理做出决策。

(2) 参加酒店会议,主持部门会议,落实酒店会议相关内容,了解部门工作情况,布置部门工作。

(3) 督导加强防火防盗安全工作和食品卫生工作,控制食品和饮品的标准、规格要求,保证产品质量。

(4) 策划餐饮部各项重要活动,如食品节、节假日活动等。

(5) 了解餐饮市场发展状况,掌握酒店的菜肴状况,制订适合目前酒店市场的菜肴创新计划,并督导行政总厨落实执行。

(6) 督导管理人员做好服务的创新,保证较高的服务水准。

(7) 每日巡视餐厅、厨房及后台各区域,掌握服务及管理动态。

(8) 每日阅读经营日报表,了解部门及各区域经营情况,掌握经营趋势,发现问题及时做出调整。

(9) 拜访酒店餐饮的重要客户,与酒店宾客保持良好的沟通,掌握宾客的消费心理。

(10) 对整个就餐环境及设施设备进行整体协调部署。

(11) 控制原料成本,减少浪费,制定合理的定价策略,以便于有效控制毛利率。

2. 餐饮总监助理

协助餐饮总监负责餐饮服务运转与管理，负责完善和提高各营业点的服务工作，确保向宾客提供优良服务和优质产品。

餐饮总监助理主要工作职责如下：

（1）协助餐饮总监督导各营业点的日常工作，保证各营业点高质量的服务水准。

（2）编制餐饮部各种服务规范和工作程序，参与制定各营业点的工作计划、经营预算，并督促和检查员工认真贯彻执行。

（3）协助制订并监督实施餐饮部各项培训计划。

（4）负责对下属进行考核和评估。

（5）协助餐饮总监制订和实施各项餐饮部推销计划。

（6）与餐饮总监、行政总厨共同定期分析营业成本，采取有效措施，加强成本控制。

（7）参加部门例会，提出工作建议，落实餐饮总监布置的相关工作，并向总监反馈工作结果。餐饮总监不在时，代行总监职责。

（8）做好各营业点的内部协调工作及与其他相关部门的沟通合作，尤其是协调好前台服务与厨房生产的关系，确保工作效率，减少不必要的差错。

（9）开餐时，巡视各营业点运转情况，负责督导、检查服务质量，广泛征集宾客意见和建议，并组织落实改进工作。

（10）负责检查员工仪表仪容和执行规章制度的情况。

（11）督导下属对所辖范围内的设施设备进行维护保养。

3. 行政总厨

（1）在餐饮总监领导下，全面负责厨房组织和运转的指挥、管理工作，拟定各厨房人员编制，提出各厨房管理人选，组织制定厨房管理制度、工作程序，督导下属贯彻实施。通过设计和生产富有特色的菜点产品吸引宾客，并进行食品成本控制。

（2）根据餐饮部的经营目标和下达的生产任务，负责中西餐市场开发及发展计划的制订。

（3）会同餐厅经理，根据各餐厅预算和档次，研究确定零点、宴会、团队等餐饮毛利率标准，控制成本核算，报餐饮总监审批后，督导各厨房实施。

（4）负责菜单的制定，根据市场需求变化，督导各厨房管理人员及时调整与更换菜单，并审核各厨房管理人员制定的菜单，使之与餐厅市场定位相适应。

（5）负责签发原料申购单、领货单，督导各厨房每日做好鲜货原料的质量把关，发现问题，及时纠正。

（6）检查厨房物料损耗和使用情况，分析成本，做好成本及费用控制工作。

（7）每天检查各厨房的工作，督导员工按规范操作，发现问题，及时提出改进措施。

（8）协助餐饮总监做好重要接待活动（如宴会、重要宾客接待及食品节、美食节）的策划、组织和落实工作，必要时亲自烹制主要产品，保证产品质量，提高餐厅声誉。

（9）及时了解宾客反馈意见，掌握厨房菜点质量和销售情况。根据宾客反馈和市场变化，经常性推出特色菜，积极创造品牌菜。

（10）组织厨师长进行定期的业务研讨和对外交流活动，拟定培训计划，定期开展厨师技术培训，做好下属的考核和评估工作。

4. 中餐厅经理

具体负责中餐厅的日常运转和管理工作,保证以舒适的就餐环境、良好的服来吸引客源,通过提供有序、高标准的服务来获取最佳效益。

中餐厅经理主要工作职责如下:

(1) 在餐饮总监助理的领导下,负责中餐厅的日常经营管理工作。

(2) 制订中餐厅年度、月度经营管理计划,领导餐厅员工积极完成各项接待任务和经营指标,努力提高餐厅销售收入,分析和报告餐厅年度、月度经营管理情况。

(3) 参加餐饮总监(经理)主持的工作例会,提出合理化建议。全面掌握中餐厅预订和重要接待活动,主持召开中餐厅有关会议。

(4) 巡视中餐厅的营业和服务情况,检查领班的工作和餐厅的服务质量,抓好餐厅设施设备的保养和卫生、安全工作。

(5) 控制餐厅低值易耗品成本,抓好成本核算、节能控制,加强物品原材料的管理,降低费用,增加盈利。

(6) 了解中厨房的工作程序和相关知识。

(7) 发展良好的客户关系,亲自督导或参与重要接待活动,积极征求宾客意见和建议,处理宾客投诉。监督建立并完善客户档案。

(8) 与厨师长保持密切联系和合作,提出有关食品销售建议,及时将宾客需求反馈给厨师长,为食品原料的采购和厨房出菜提供依据。

(9) 做好中餐厅领班的排班工作,监督领班制定排班表,带头执行酒店各项规章制度。

(10) 负责与相关部门的工作协调,处理各类突发事件。

(11) 审核中餐厅的营业收入,做好结账控制工作,杜绝发生舞弊行为。

(12) 负责对下属员工的考勤、绩效考核和评估,组织开展餐厅培训活动,掌握员工的思想状况、工作表现和业务水平,做好餐厅人才开发和培养工作。

5. 中餐厅领班

中餐厅领班主要工作职责如下:

(1) 在中餐厅经理领导下,贯彻酒店经营方针和各项规章制度,负责所在班组的日常管理和接待工作。

(2) 根据所在餐厅的年度、月度工作计划,带领员工积极完成各项接待任务和经营指标,努力提高餐厅的销售收入,汇报每日经营接待情况。

(3) 参加部门例会,提出合理化建议,了解每日接待、预订情况并召开班前例会。

(4) 组织带领员工完成每日接待工作,及时检查物品及设施的节能状况、清洁卫生、服务质量,使之达到所要求的规范和标准,并保证高效、安全、可靠。

(5) 全面掌握本区域内宾客用餐状况,及时征询宾客意见、建议,解决出现的问题,处理宾客投诉。

(6) 合理安排员工的排班,保证各环节的衔接,使接待工作顺利完成。

(7) 每日填写工作日志,做好餐厅销售服务统计和客户档案的建立工作。

(8) 定期对本班组员工进行考勤和绩效评估,组织、实施相关的培训活动,及时掌握员工的思想状况、工作表现和业务水平,做好餐厅人才开发和培养工作。

6. 中餐厅迎宾员

中餐厅迎宾员主要工作职责如下：

（1）服从领班安排，按照工作程序与标准做好引位工作。

（2）全面掌握预订信息，在开餐期间接受和安排宾客预订，登记并通知服务人员。主动热情地迎送宾客，适时向宾客介绍餐厅或酒店设施，回答宾客询问，保持良好的服务形象。

（3）及时准确地为就餐宾客选择并引领至宾客满意的餐位，安排宾客就餐并递上菜单、酒水单。处理好没有餐位时的客户关系。

（4）负责保管菜单和酒水单，发现破损及时更换，使之保持良好状态。

（5）适时征询宾客的意见、建议，记录宾客的相关信息，做好客户档案的信息收集工作，及时与服务人员沟通，提高顾客满意度。

（6）调换并保管餐厅布草，保证其正常使用量，及时向领班报告不足和损耗情况。

（7）当班结束后，与下一班做好交接工作。营业结束，搞好所管辖区域卫生，做好收尾工作。

7. 中餐厅服务员

中餐厅服务员主要工作职责如下：

（1）服从领班安排，与传菜员密切合作，按照工作程序与标准为宾客提供高效、优质的点菜、上菜、酒水服务、结账等环节的餐饮服务，保持良好的服务形象。

（2）认真做好餐前检查工作，并按标准摆台，准备开餐的各类用品和用具。负责区域设施、设备的清洁保养工作，保证提供优雅、清洁、安全的就餐环境。

（3）熟悉菜单和酒水单，向宾客进行积极且有技巧的推销，按规格填好宾客的点菜单和酒水单。

（4）及时征询宾客意见和建议，尽量帮助宾客解决就餐过程中的各类问题，必要时将宾客意见填写在质量信息卡上并反映给领班。

（5）做好区域餐具、布草、杂项的补充替换工作。

（6）当班结束后，与下一班做好交接工作，检查环境设施，做好收尾工作，杜绝能耗浪费。

8. 中餐厅调酒员

中餐厅调酒员主要工作职责如下：

（1）服从领班分配，按工作程序和标准为餐厅服务人员提供宾客所点的酒水饮料。

（2）负责酒水、饮料、香烟的领用和保管工作，每日开餐前领足当餐要用的酒水、饮料，并在每天营业结束后进行清点和整理。

（3）熟悉各种酒水名称和特性，对提供的酒品进行初步的质量把关。

（4）每天开餐结束后，负责填写酒水销售盘点日报表，做到报表和酒水库存数量相等，销售数和账台所收金额相等。

（5）定期检查酒水、饮料的保质期，如快到期要及时通知领班，以便及时处理。

（6）负责所属区域的卫生工作。

9. 西餐厅经理

负责西餐厅和咖啡厅、酒吧及房内用膳的日常运转与管理工作，组织下属员工向宾客提供优质高效的餐饮,树立优良的餐厅形象,提高收益。

西餐厅经理主要工作职责如下:

(1) 制订所在餐厅的年度、月度工作计划,带领领班、员工积极完成各项接待任务和经营指标,努力提高餐厅的销售收入。

(2) 参加餐饮总监(经理)主持的工作例会,提出合理化建议。全面掌握西餐厅预订和重要接待活动,主持召开西餐厅有关会议。

(3) 制定西餐厅的各项规章制度并督导实施。

(4) 做好西餐厅领班的排班工作,监督领班制定员工排班表,保证餐厅对客服务的正常运转。

(5) 组织领班、员工完成每日接待工作,及时检查物品及设施的节能状况、清洁卫生、服务质量,使之达到所要求的规范和标准。

(6) 参加迎送重要宾客,主动征求宾客的意见,及时解决出现的问题,处理宾客投诉。

(7) 了解西厨房的工作程序和相关知识。

(8) 负责对下属员工进行考勤、绩效考核和评估。

(9) 协调与其他部门的工作联系,使宾客得到满意的餐饮产品和良好的服务。

(10) 负责制订员工培训计划,对下属员工进行业务培训,做好餐厅人才开发和培养工作。

(11) 建立物资管理制度,负责对餐厅设备、物资、用具等实行严格管理。督促下属员工做好安全工作。

(12) 审核西餐厅的营业收入,做好结账控制工作,杜绝发生舞弊行为。

10. 宴会部经理

在餐饮总监助理的领导下,具体负责宴会部的日常运转和管理工作,保证以舒适的就餐环境、优质的食品和良好的服务来吸引客源,通过向宾客提供优质的服务,树立良好的形象,提高效益。

宴会部经理主要工作职责如下:

(1) 制订宴会部的市场推销计划,确保经营预算和目标的实现。

(2) 制定宴会部的各项规章制度并督导实施。

(3) 负责大型宴会的洽谈、设计、组织与安排工作,并参与大型活动的接待工作。

(4) 负责与相关部门的工作协调,处理各种突发事件。

(5) 与厨师长保持良好的合作关系,及时将宾客对菜肴的建议和意见转告厨房。

(6) 每日检查本区域卫生及设施设备状况,保证接待工作的正常运行。

(7) 控制宴会部的经营情况,在宴会期间,负责对整个宴会厅的督导、巡查工作。

(8) 督导员工正确使用宴会厅的各项设备和用品,做好清洁保养,控制餐具损耗。

(9) 参加餐饮总监(经理)主持的工作例会,提出合理化建议。主持宴会部内部会议,分析宴会业务情况,积极开展各种宴会促销活动。

(10) 负责对下属员工的考勤、绩效考核和评估,组织开展培训活动。

(11) 审核宴会厅的营业收入,做好结账控制工作,杜绝发生舞弊行为。

11. 宴会部服务员

宴会部服务员主要工作职责如下:

(1) 负责宴会厅的清洁卫生工作,以满足宾客对就餐环境的需求。

(2) 负责宴会的开餐准备工作,按规格布置餐厅和餐台及补充各种物品。

(3) 礼貌待客,按程序为宾客提供就餐服务。

(4) 熟悉各种服务方式,密切注视宾客的各种需求,尽量使宾客满意。

(5) 按程序结账并负责宴会结束后的清洁整理工作。

12. 调酒员

调酒员主要工作职责如下:

(1) 精通业务,熟悉各种酒水的特性及饮用方式。

(2) 按照酒店标准和宾客要求,向宾客提供各式酒水和饮品。

(3) 负责按程序补充大堂吧酒水。

(4) 负责饮品的领取、保管和销售工作,每日进行一次清点和整理。

(5) 负责未售出酒水的保存和管理。

(6) 为宾客调制鸡尾酒,并负责管理大堂吧各种器具。

(7) 负责填报酒水销售盘点日报表,做到报表和吧台库存实数相符,销售数和账台收入金额相符。

(8) 负责工作区域的卫生,包括设备、用具的卫生。

(9) 必要时,协助服务员工作。

13. 管事部领班

管事部领班主要工作职责如下:

(1) 在行政总厨的领导下全面负责餐饮原料的初步加工供应,以及餐具、盛器和其他物料的保管工作。

(2) 检查厨房、洗碗间的清洁卫生是否达到标准,督导员工做好责任区域的卫生。

(3) 督导下属按照规范清洗各种器皿和保管各类物资,做好洗碗间的餐具破损率和消毒液、电灯、物料消耗的控制工作。

(4) 定期盘点,报告损坏、短缺器皿的情况,做好记录。及时申领所需的清洁用品。

(5) 督导保管员做好贵重餐具的保养工作,研究并使用科学有效的方法进行保养。

(6) 检查粗加工的出品质量,在确保符合厨房使用标准的基础上提高净料率。

(7) 督导水产养护员妥善看护各类河鲜、海鲜,提高存活率。

(8) 定期参加部门例会及厨房例会,提出合理化建议。召开班组例会,负责本班组员工的排班和考勤工作,制订并落实相关培训计划。

(四) 餐饮从业人员素质要求

随着竞争的日趋激烈和消费者自我保护意识的增强,宾客对餐饮服务质量的要求越来越高。而餐饮服务质量的提高有赖于高素质的员工。因此,餐饮从业人员应树立正确的观念与意识,改善服务态度,更新本职工作所需的知识,提高管理与服务能力,从而提高餐饮服务质量。餐饮从业人员的素质要求主要有以下几个方面:

1. 思想政治要求

(1) 政治上坚定。餐饮从业人员应确立正确的政治立场,即应坚持党的基本路线,在服务工作中,严格遵守外事纪律,讲原则、讲团结、识大体、顾大局,不做有损国格、人格的事。

(2)思想上敬业。餐饮从业人员必须树立牢固的专业思想,充分认识到餐饮服务对提高服务质量的重要作用,热爱本职工作,在工作中不断努力学习,奋发向上,开拓创新;自觉遵守文明礼貌、助人为乐、爱护公物、保护环境、遵纪守法的社会公德;倡导爱岗敬业、诚实守信、办事公道、服务群众、奉献社会的职业道德,并养成良好的行为习惯,培养自己的优良品德。

2. 服务态度要求

服务态度是指餐饮从业人员在对客服务过程中体现出来的主观意向和心理状态,其好坏直接影响到宾客的心理感受。服务态度取决于员工的主动性、创造性、积极性、责任感和素质的高低。其具体要求是:

(1)主动。餐饮从业人员应牢固树立"宾客至上、服务第一"的专业意识,在服务工作中应时时处处为宾客着想,表现出一种主动、积极的情绪,凡是宾客需要,不分分内、分外,发现后即应主动、及时地予以解决,做到眼勤、口勤、手勤、脚勤、心勤,把服务工作做在宾客开口之前。

(2)热情。餐饮从业人员在服务工作中应热爱本职工作,热爱自己的服务对象,像对待亲友一样为宾客服务,做到面带微笑、端庄稳重、语言亲切、精神饱满、诚恳待人,具有助人为乐的精神,处处热情待客。

(3)耐心。餐饮从业人员在为各种不同类型的宾客服务时,应有耐性,不急躁、不厌烦,态度和蔼。服务人员应善于揣摩宾客的消费心理,对于他们提出的所有问题,都应耐心解答,百问不厌,并能虚心听取宾客的意见和建议,对事情不推诿。与宾客发生矛盾时,应尊重宾客,并有较强的自律能力,做到心平气和、耐心说服。

(4)周到。餐饮从业人员应将服务工作做得细致入微、面面俱到、周密妥帖。在服务前,服务人员应做好充分的准备工作,对服务工作做出细致、周到的计划;在服务时,应仔细观察,及时发现并满足宾客的需求;在服务结束时,应认真征求宾客的意见或建议,并及时反馈,以将服务工作做得更好。

3. 服务知识要求

餐饮从业人员应具有较广的知识面,具体内容有:

(1)基础知识。主要有员工守则、服务意识、礼貌礼节、职业道德、外事纪律、酒店安全与卫生、服务心理学、外语等知识。

(2)专业知识。主要有岗位职责、工作程序、运转表单、管理制度、设施设备的使用与保养、酒店的服务项目及营业时间、沟通技巧等知识。

(3)相关知识。主要有宗教、哲学、美学、文学、艺术、法律,各国的历史地理、习俗和礼仪、民俗,本地和周边地区的旅游景点及交通等知识。

4. 能力要求

(1)语言能力。语言是人与人沟通、交流的工具,餐厅的优质服务需要运用语言来表达。因此,餐饮从业人员应具有较好的语言能力。2010年《旅游饭店星级的划分与评定》

对饭店服务人员的语言要求为:语言文明、简洁、清晰,符合礼仪规范;以协调适宜的自然语言和身体语言对客服务,使宾客感到尊重舒适;对宾客提出的问题,应予以耐心解释,不推诿和应付。此外,服务人员还应掌握一定的外语。

(2) 应变能力。由于餐饮服务工作大都由员工通过手工劳动完成,而且宾客的需求多变,所以,在服务过程中难免会出现一些突发事件,如宾客投诉、员工操作不当、宾客醉酒闹事、停电等。这就要求餐饮从业人员必须具有灵活的应变能力,遇事冷静、及时应变、妥善处理,充分体现酒店"宾客至上"的服务宗旨,尽量满足宾客的需求。

(3) 推销能力。餐饮产品的生产、销售及宾客消费几乎是同步进行的,且具有无形性的特点,所以要求餐饮从业人员必须根据宾客的爱好、习惯及消费能力灵活推销,以尽力提高宾客的消费水平,从而提高餐饮部的经济效益。

(4) 技术能力。餐饮服务既是一门科学,又是一门艺术。技术能力是指餐饮从业人员在提供服务时显现的技巧和能力,它不仅能提高工作效率,保证餐饮服务的规格标准,更可给宾客带来赏心悦目的感受。因此,要想做好餐饮服务工作,就必须掌握娴熟的服务技能,并灵活、自如地加以运用。

(5) 观察能力。餐饮服务质量的好坏取决于宾客在享受服务后的生理、心理感受,即宾客需求的满足程度。这就要求服务人员在对客服务时应具备敏锐的观察能力,随时关注宾客的需求并给予及时满足。

(6) 记忆能力。餐饮从业人员通过观察了解到的有关宾客需求的信息,除了应及时给予满足之外,还应加以记忆。当宾客下次光临时,服务人员即可提供有针对性的个性化服务,这无疑会提高宾客的满意程度。

(7) 自律能力。自律能力是指餐饮从业人员在工作过程中的自我控制能力。服务人员应遵守酒店的员工守则等管理制度,明确知道在何时、何地能够做什么,不能够做什么。

(8) 服从与协作能力。服从是下属对上级的应尽责任。餐饮从业人员应具有以服从上司命令为天职的组织纪律观念,对直接上司的指令应无条件服从并切实执行。与此同时,服务人员还必须服从宾客,对宾客提出的要求应给予满足,但应服从有度,即满足宾客符合传统道德观念和社会主义精神文明的合理需求。

5. 身体素质要求

(1) 身体健康。餐饮从业人员必须身体健康,定期体检,取得卫生防疫部门核发的健康证。如患有不适宜从事餐厅服务工作的疾病,应调离岗位。

(2) 体格健壮。餐饮服务工作的劳动强度较大,餐厅服务人员的站立、行走及餐厅服务等必须具有一定的腿力、臂力和腰力等,因此,餐饮从业人员必须要有健壮的体格才能胜任工作。

此外,餐厅服务工作需要团队精神,餐厅服务质量的提高需要全体员工的参与和投入。在餐厅服务工作中,要求服务人员在做好本职工作的同时,应与其他员工密切配合,尊重他人,共同努力,尽力满足宾客需求。

任务三　餐饮产品的认知

一、餐饮产品的含义

(一) 从宾客的购买内容看

酒店餐饮产品是由餐饮实物和劳务服务(包括烹调技艺、服务态度和技术),以及环境、气氛等因素组成的有机整体。它不仅满足宾客物质性、生理性的需求,而且还能满足宾客许多心理上、精神上和感情上的需求。

从宾客的购买内容看,餐饮产品构成以下等式:

$$餐饮产品＝实物产品＋劳务服务＋就餐环境气氛$$

(二) 从宾客对餐饮产品的需求看

一是对餐饮实物本身的需求,以解决饥渴、补充营养等生理需要。这类需求是宾客对餐饮产品的直接需求,能明确表达。

二是对与实物有关的服务内容的需求,如满足宾客对于安全感、支配控制感、身份地位感、自我满足感等的需求。这类需求通常被称为餐饮产品的间接需求。

从宾客对餐饮产品的需求看,餐饮产品构成以下等式:

$$餐饮产品＝直接产品＋间接产品$$

二、餐饮产品生产的特点

(一) 餐饮生产属于个别定制生产,产品规格多,批量小

餐饮部的经营程序是宾客进入餐厅后,接受个人点菜,然后将原料制成个别的菜品。因此,它不能大批量、统一规格的生产,这给餐饮产品质量的稳定和统一带来了很大的困难。

(二) 餐饮生产过程时间短,见效快,一次性消费

宾客需要的品种确定后,通过厨师的生产劳动、烹制加工,原则上食品必须在 20～40 分钟内送到餐桌上。与其他业产品比,其生产时间较短,见效较快,而宾客消费通常是一次性的。它既不像客房的家具可以反复使用,又不比整瓶酒水的销售,宾客付账后一次性消费不完,可暂存留在日后饮用。中餐食品消费不仅是一次性的,而且限时。热菜、冷菜随着时间的延长、空气的浸染,会产生腐化。因此,从食客对质量的感受来说,有很大的时限性。

(三) 生产量难以预测

宾客餐饮消费具有较大的随机性,宾客何时来、人数多少、消费什么餐饮产品,都是变量。由于餐饮需求变动因素较多,餐饮生产量很难确定,餐饮生产具有不确定性。这就要求严把餐饮产品质量关,服务好每一位宾客,让宾客的每一次消费都得到最大限度的满意,以此来提高宾客对餐饮品牌的忠诚度。

（四）餐饮产品易变质

餐饮产品具有一次性消费的特点，相当一部分餐饮产品是用鲜活的餐饮原料烹制成的，具有很强的时间性和季节性，若处理不当极易腐败变质，从而失去食用价值。因此，必须加强管理，才能保证产品质量并控制餐饮成本。

（五）餐饮产品生产过程环节多，管理难度较大

餐饮产品的生产从餐饮原料的采购、验收、储存、加工、烹制、服务、销售到结收账款，整个过程的业务环节较多，任一环节出现差错都会影响餐饮产品的质量及企业的经济效益。因此，餐饮产品生产过程的管理难度较大。

（六）生产成本的多变性

餐饮生产从原料的加工、切配到烹制、装盘销售，经历了多个环节，每个生产环节的管理和控制都会对生产成本造成影响。因此，在生产过程中必须建立一整套完整的操作规程和生产标准，减少成本，确保应有的经营利润。此外，原料季节性变化较大，市场价格波动也会造成生产成本的变化，从而影响到餐饮生产成本的控制。

（七）产品信息反馈快

随着酒店业市场竞争的需要，服务以优质取胜，烹调技术以特、新争取客源的做法让餐饮业竞相使出奇招，并且加快产品的信息反馈，及时了解宾客需求。为及时、准确掌握宾客意见，有些餐馆产品制作责任到人，厨师编号挂牌上岗。制作后的每一道菜呈上餐桌时都标上厨师的编号，宾客对产品有什么褒贬，通过服务员的传递即可反馈到产品制作人耳边；有时宾客和产品制作人直接见面，对产品质量互相交换意见，起到立竿见影的效果。这一做法也使宾客了解不同厨师烹饪技术的好差，选择适合自己口味的厨师制作产品，并在下次就餐时指定某一厨师为自己做菜，由此无形中提高了宾客的身份，也提高了厨师的责任感。

三、餐饮产品销售的特点

（一）销售量受场地大小的限制

餐厅面积的大小、餐位的数量，限制了宾客就餐的数量。餐厅小，销售量相对小；餐厅大，销售量相对大。在用餐高峰时，厨房和餐厅要协调一致，在提高餐位周转率上下功夫，做到领位快，及时为宾客选择好食品，上菜快，服务技术熟练，结账快且准，为宾客提供周到的服务，更好、更有效地提高餐位周转率，从而提高销售量，提高盈利。

（二）销售量受进餐时间的控制

餐饮产品受宾客多少的限制，而销售量既受宾客多少的限制，又受时间早晚的限制。早、中、晚就餐时间一到，餐厅里宾客来来往往，就餐时间一过则餐厅空空如也，没有销售出去的产品就无法再销售。这就决定了餐饮产品销售的时间集中性。怎样在销售时间内提高销售量是餐厅服务员需要考虑的，其热情主动、积极推销，以及灵活多变的处事将有利于工作的顺利进行。

（三）餐饮经营毛率利高，资金周转快

餐厅收入减去原料、成本，称为毛利。星级酒店一般至少有 45%～65% 的毛利，而由

于餐饮收入可变性大(指销售额波动幅度大),经营管理得好,则可扩大销售量,增加收入。饮食产品通过节能降耗、提高原料使用率、降低成本,也可增加毛利。如管理得不好,浪费性大,则收入少,毛利少,甚至亏损。因此,许多酒店常在饮食部门大动脑筋,降低成本,增加收入,提高经济效益。

(四)餐饮部门固定成本高,投资比重大

在餐厅用餐的宾客,除了要求可口的餐食及亲切的服务外,也希望在设备豪华的餐厅中感受到舒适的享受。因此,餐厅的布置、桌椅、娱乐设备方面要投入相当可观的资金。

(五)对餐饮场所要求优雅

随着消费水平的提高,舒适优雅的就餐环境越来越被宾客所重视,宾客享受美味佳肴的同时,也在享受环境。高雅的就餐环境,给宾客以美的享受并反映在其心理体验上,有时候环境的印象甚至超过菜肴。因此,现代餐厅装修很注重环境投资,不惜重金进行装修和美化,以吸引更多的宾客。

四、餐饮服务的特点

(一)餐厅销售的主要是服务而不是实物

任何商品的销售或购买都伴随着服务的销售或购买,而任何服务的销售或购买也必定伴随着商品的销售或购买。据此,服务性企业以其销售活动而言可分为两种类型:一是借助服务,以销售商品为主的企业。这类企业提供的零售服务被称为"助销服务",意指它起着帮助销售产品的作用。二是凭借实物产品,以销售服务为目的的企业。这类企业包括酒店、餐馆、理发厅、各种修理店等。在这类企业中,实物产品被视为"助销产品",因为它起着促进销售某种服务、技术、技艺的作用。

酒店业务活动凭借一定的实物产品,以为宾客提供旅居服务为主要内容。酒店出租客房,其主要目的是销售客房服务;提供食品饮料,是为了销售烹调技艺和餐厅服务。其中,劳动服务通过实物产品得到充分发挥并能实现其价值,而实物产品则起着劳务服务销售载体的作用。

餐饮产品是由有形实物和无形服务共同构成的。同时我们还必须认识到,餐饮服务的价值和使用价值不仅仅取决于餐饮实物本身,而且还取决于厨师和服务员的劳务服务。一方面,烹调技艺和服务技巧的价值必须通过餐饮食物的销售、宾客的感受才能得到实现;另一方面,由于宾客在餐厅里主要是购买厨师的烹调技艺和服务员的服务,实物本身只有通过高超的烹饪技术和精良的餐厅服务才能得到更好的销售。这是我们认识餐饮服务特点的出发点。

(二)服务对象的广泛性

餐厅的宾客来自不同的国家和地区,因而其文化背景、风俗习惯、禁忌喜好、个人特征及道德意识和道德规范各不相同,这便使餐饮服务的标准和适用性表现出不同的特征,甚至产生了特殊的行为规范。

(三)餐饮服务的同步性、无形性、差异性、一次性

餐饮服务包括凝结在食品和酒水上的厨师技艺、餐厅的环境以及餐前、餐后的服务工

作。餐饮服务不同于一般的有形产品,仅从其色彩、性能、式样等方面就可判断质量的高低,而餐饮服务只能在就餐宾客购买并享用餐饮产品后凭生理和心理满足程度来评估其质量的优劣。餐饮服务的无形性给餐饮部带来了销售上的困难,而且餐饮服务质量的提高是无止境的,所以要想提高服务质量、增加餐饮部的销售额,关键在于提高餐饮工作者,特别是厨师和餐厅服务人员的服务技能和服务态度。

餐饮服务的一次性是指餐饮服务只能当次使用、当场享受,过时则不能再享用。这恰似酒店的客房一样。所以要注意接待好每一位宾客,给他们留下良好的印象,从而使宾客再次光顾,巩固原有客源市场,不断开拓新的客源市场。

餐饮产品的生产、销售、消费在餐厅是同步进行的。餐饮产品的生产服务过程也是宾客的消费过程,即现生产、现销售。同步性决定了餐饮产品不宜储存,也不宜外运。

餐饮服务的差异性表现在:一方面,餐饮服务是由餐饮部工作人员通过手工劳动来完成的,而每位工作人员由于年龄、性别、性格、所受教育程度及其职业培训程度等方面的不同,他们为宾客提供的服务也不尽相同;另一方面,同一服务员因在不同的场合、不同的情绪、不同的时间下,其服务方式、服务态度等也会有一定的差异,这就是餐饮服务的差异性。餐饮管理中,要尽量减少这种差异性,使餐厅的服务质量趋于稳定。

案例分析

"看不见的约会"

——柏林一家餐馆的创意

众所周知,美食家讲究色香味俱全,三者缺一不可。而中国的美食观则更进了一步,要求色香味形兼备。然而,德国一家餐馆却背弃中西方美食的基本原则,执意让顾客心无旁骛,只专注食物的味道,因为在该餐馆里,顾客们看不见任何东西,这里一片黑暗。

据报道,德国柏林新开了一家名为"Unsicht-Bar"的餐馆,德语的意思就是"看不见"。走入餐馆,里面果真一片漆黑,伸手不见五指。顾客只能由服务生引导入座,而且在就餐过程中,他们根本看不见自己吃的东西。这难道是餐馆在节约用电?

"看不见"餐馆是由一个盲人组织开办的。组织主席曼弗雷德·沙尔巴赫说:"要让顾客拥有非同寻常的经历,让他们的味觉、嗅觉以及就餐心理都有全新的体验。人们会感到,在享受美食时,舌头可以取代眼睛。"该餐馆共有30名职工,其中22位都是盲人。33岁的罗兰·齐默尔曼孩提时候就双目失明,他能够轻易在黑暗中辨认出椅子、餐具以及饮料。

餐馆开张那天,第一位"大胆"的顾客扶着齐默尔曼的胳膊,跟着他走进餐厅。齐默尔曼说:"您好!请允许我为您摆放碟子。"黑暗中一声音回答道:"找不到我的嘴巴了。"

由于看不见,顾客不能看菜单点菜,只能表示他们喜欢来条鱼或者牛排,还可以点名要素食。

这样的一顿饭通常要花3小时。服务生会一直站在旁边,随时为顾客提供帮助。用餐结束后,顾客才会得知"谜底"——自己吃下肚子的究竟是些什么东西。

(资料来源:程静、谢红勇,《餐饮服务与管理》,上海交通大学出版社2011年版。)

案例分析：

有时打破常规会起到意想不到、出奇的效果,德国这家"看不见"餐馆就突破了美食常规,让宾客在黑暗环境中享用食物,吸引了公众的注意力,取得了出奇制胜的效果。

产品创新有时要运用一些逆向思维的方法。一般餐饮企业在美食观的指导下,更多考虑的是如何在"色"、"香"、"味"、"形"上做得更好,而没有反向地提出问题：如果"色"、"香"、"味"、"形"四方面中有一项或几项缺失或做得不好会怎样？"看不见"餐馆实际上就运用了这种逆向思维的方法。

"看不见"餐馆创意的产生还源于对餐饮产品的本质认识。在"体验经济"的时代背景下,宾客更注重于一种就餐过程的体验而不完全在于菜肴食品本身。"看不见"餐馆实质上是为宾客提供一种全新的无形服务体验而不是在有形菜肴产品方面的创新。"体验经济"时代,新的就餐体验往往就意味着一种新的餐饮产品。而在传统意义上,餐饮新产品就是指"新菜点"。

项目小结

本项目有三个任务,任务一是餐饮业及其表现形式的认知,阐述餐饮业的含义、餐饮业发展的基础知识及餐饮企业的表现形式;任务二是餐饮企业组织结构的认知,阐明了餐饮部组织机构设置的原则、餐饮企业组织机构的三种基本模式;任务三是餐饮产品的认知,阐明了餐饮产品的含义,以及餐饮产品生产、销售、服务的特点。通过以上三个任务的学习,使学生了解餐饮业的相关基础知识,掌握餐饮产品的内涵和特点,使学生对餐饮业有更深入和全面的认知,从而形成良好的职业意识和岗位意识,为今后的职业生涯发展奠定良好的基础。

项目实训

一、知识训练

1. 何谓餐饮业？餐饮业的发展趋势是什么？
2. 餐饮企业组织机构设置的原则有哪些？大型酒店餐饮部组织机构的设置主要有哪些部分组成？
3. 餐饮产品由哪些内容组成？它具有怎样的特点？
4. 餐饮从业人员应该具备怎样的素质？

二、能力训练

1. 以小组为单位,安排学生对本地餐饮业进行调查,分析餐饮业的发展现状及面临的挑战。

目的：通过实地调查,提高学生对餐饮业的认知能力和市场分析能力。

要求：(1) 每个小组选择5家酒店或餐饮机构进行调整,并提交市场分析报告；

(2) 小组代表发言,分享交流。

2. 选择当地有代表性的一家餐饮企业和一家星级酒店的餐饮部,了解其组织机构及岗位设置,并比较其差异。

目的:通过调查分析,使学生掌握餐饮企业的组织机构设置情况。

要求:(1)小组调查,并提交报告;

(2)小组代表发言,总结其异同点。

三、案例实例

"快快乐乐"

众多的宾客在恭维台湾吴老先生来大陆投资,吴老先生神采飞扬,高兴地应承着这些祝贺的话。宾主频频碰杯,服务小姐忙进忙出,热情服务。不料,过于周到的服务员偶一不慎,将桌上的一双筷子碰落在地。"对不起",服务员忙道歉,随手从邻桌上拿过一双筷子,褪去纸包,搁在吴老先生的台上。吴老先生的脸上顿时多云转阴,煞是难看,默默地注视着小姐的一连贯动作,刚举起的酒杯一直停留在胸前。众人看到这里,纷纷帮腔,指责服务员。服务员很窘,一时不知所措。吴老先生终于从牙缝里挤出了话:"晦气!"顿了顿,"唉,你怎么这么不当心,你知道吗,这筷子落地意味着什么?"边说边瞪着眼睛,"落地即落第,考试落第,名落孙山,倒霉啊,我第一次在大陆投资,就这么讨个不吉利。"服务员一听,更慌了。"对不起,对不起。"手足无措中,又将桌边的小碗打碎在地。服务员尴尬万分,虚汗浸背,不知道怎么才好。一桌人有的目瞪口呆,有的吵吵嚷嚷地恼火,有的……就在这时,一位经理款款来到客人面前,拿起桌上的筷子,双手递上去,发出一阵欢快的笑声:"啊,吴老先生,筷子落地,筷落,就是快乐,就是快快乐乐。""这碗么——"经理一边思索,同时瞥了一眼,示意打扫碎碗。服务员顿时领悟,忙拾碎碗片。"碗碎了,这也是好事成双,咱们中国不是有句老话么——岁岁平安,这是吉祥的兆头,应该恭喜你才是呀。您老这次回大陆投资,一定快乐,一定平安。"

刚才还阴郁满面的吴老先生一听这话,顿时转怒为喜,马上向服务员小姐要了一瓶葡萄酒,亲自为女经理和自己各斟了满满一杯,站起来笑着说:"小姐,你说得真好!借你的吉言和口彩,我们大家快乐和平安。为我的投资成功,来,干一杯!"

(资料来源:http://blog.sina.com.cn/s/blog_48dbd9310102emig.html。)

思考:

1. 从本案例中,你得到什么样的启示?

2. 结合实际谈谈,作为一名优秀的餐饮从业人员,除了专业知识和技能,还应该具备哪些职业能力和素养?

项目二　餐饮服务技能

知识目标：
(1) 了解和熟悉餐饮服务人员的基本礼仪。
(2) 熟悉整个餐饮服务技能的相关知识和要求，熟练掌握托盘、斟酒、餐巾折花、摆台等餐饮服务基本技能。

能力目标：
通过系统的理论知识学习及实训操作练习，能以良好的状态出色地完成餐饮服务相关工作。

素质目标：
让学生掌握并具备餐饮服务人员基本的礼仪要求，通过职业技能的培养和训练，具备较强的服务技巧和处理问题的应变能力。

任务一　餐饮服务人员基本礼仪
任务二　餐饮服务基本技能

> **案例导入**
>
> ### 难吃的豆面
>
> 一天,8位久别重逢的老同学来到餐厅聚会,点了菜之后,边吃边谈,真有谈不完的话题。聚会将进尾声的时候,客人点了主食——每人一碗豆面。服务员将豆面送上时,聚会正在高潮,大家边谈边喝酒,好像忘记了有豆面摆在自己面前。
>
> 大约10分钟后,有的客人开始吃面。其中一位刚吃了一口,便放下筷子,面带不悦地对服务员说:"这豆面怎么这么难吃,还粘到一起,不会是早就做出来的吧?"
>
> 服务员连忙解释说:"先生,客人点的饭菜我们都是现点现做。一般的面条做出几分钟后就会粘到一起,而豆面的黏性比其他面都大,如果做出来不马上吃的话,必然会影响到面条的口味和口感。我们通知厨房给每位客人再做一碗面好吗?"
>
> 客人说:"不用了,只是应该早些提醒我们。"
>
> 此时恰逢餐厅经理走了过来,服务员当即向她做了汇报。经理让领班为客人送上水果并对客人说:"对不起,先生,由于我们未能及时向您及您的朋友介绍豆面的特性,让您没有很圆满地用餐。您如果对于今天的服务感到不满意的话,我代表酒店向您赔礼道歉。"
>
> 客人说:"服务态度没问题,不过希望服务员上菜时能给我们介绍一下。"
>
> (资料来源:中成伟业酒店管理有限公司微博。)
>
> **思考:**
>
> 服务员在上菜时,除了准确把菜上到宾客餐桌上外,还应该注意哪些问题?

餐饮服务技能是餐厅提供服务的重要保障,是餐饮服务人员必备的基本技能,是餐饮服务好坏的重要影响因素。餐饮服务人员良好的形象和有形、规范、系统的服务礼仪,不仅可以树立企业良好的形象,更可以确立优质的服务规范,表现出高超的服务技巧;餐饮服务人员熟练的服务技能,能让其在和客户交往中赢得理解和信任,同时也是餐厅服务质量的重要保障。

任务一 餐饮服务人员基本礼仪

一、仪容、仪表的基础知识

仪容、仪表是指人的容貌和外表,是人的精神面貌的外在表现。讲究仪容、仪表,体现了对他人、对社会的尊重,表现出一个人的精神状态和文明程度。员工良好的仪容、仪表,既可以体现酒店的档次、规格,也可体现餐饮服务人员对工作的尽职尽责和对宾客的热情。

(一)精神面貌

(1)员工在岗时应精神饱满,表情自然,面带微笑。

(2) 说话时应语气平和，语调亲切，不可过分夸张。
(3) 眼睛应有神，体现出热情、礼貌、友善、诚恳。
(4) 遇事从容大方、不卑不亢，给人以和善、可信赖的感觉。
(5) 与宾客交谈时，目光应自然平视，不应上下打量宾客。

（二）发式

应保持头发的清洁、整齐，不得有头垢、头屑，发丝应光滑柔软，有光泽。头发色泽统一，发干和发尾没有出现两截颜色，不得将头发染成黑色以外的颜色。要稳重大方，忌个性张扬。部门内员工的发型要相对统一。

1. 男员工发式标准

分缝要齐，不得留大鬓角，前发不盖额，侧发不盖耳，后发不盖领。

2. 女员工发式标准

(1) 长发应盘起，发髻不宜过高或过低。
(2) 短发，以不过衣领为标准，碎发应用发胶类化妆品定型。
(3) 额前头发不可挡住视线。
(4) 头上不得佩戴规定以外的装饰品。

（三）修饰

在工作岗位上的员工应注意修饰，正确得当的修饰能给人以愉悦之感，且可得到宾客的认同，提升酒店的层次与形象，提高员工的气质与修养。

餐饮服务人员的修饰主要体现在以下几个方面：

1. 面部

(1) 员工应保持面容的整洁，上岗前应做好面容检查。
(2) 男员工应养成每天刮胡子的习惯，不得留有胡须。
(3) 鼻毛、耳毛要经常修剪，不得外露。
(4) 要保持口腔和牙齿的清洁与卫生，不应吃容易产生异味的食物（如大蒜、大葱、洋葱、臭豆腐等）。

2. 手部

(1) 经常保持手部干净卫生，常洗手。
(2) 指甲缝一定要清理干净，不得有残留物。
(3) 男女员工均不得留长指甲，指甲应经常修剪，指甲长度以不超过1毫米为标准，不得在岗上或宾客面前修剪指甲。
(4) 部分岗位的女员工如需用指甲油，应选用与肤色接近或透明的指甲油。不应使用其他颜色，也不可在指甲上描纹图案。

3. 首饰

(1) 男女员工均不佩戴耳环、鼻环、手镯、手链、脚链、胸针等饰物。
(2) 女员工可戴简洁一点的耳针一对（直径不应超过2毫米）。
(3) 已婚男女员工可佩戴一枚结婚戒指。
(4) 佩戴的项链或在脖子上挂的饰品不得外露。
(5) 佩戴手表要以适合正装为主，不得戴过分张扬的手表。

4．化妆

（1）女员工应统一化淡妆，不得浓妆艳抹，选择眉笔、眼影、唇膏的颜色应协调自然，不能过于夸张，粉底不宜过厚，粉底的颜色不宜过深或过浅。

（2）不得在皮肤外露处文身。

（3）选择的香水的味道不宜过浓，要清新淡雅。

（4）化妆、补妆不得在宾客面前或在对客服务区域内照镜子。

5．服饰

（1）酒店全体员工按规定统一着制服，并穿戴整齐。

（2）制服应得体挺阔，不应有褶皱、破损、污渍。领子、袖口、裤脚要保持清洁，不应挽袖子或裤腿。

（3）男士着单排扣西服时，如有两粒扣子则扣上面的第一粒，如有三粒扣子则扣上面的两粒。女士着西装时，应将扣子全扣上。

（4）工号牌要佩戴在上衣的左胸上方，工号牌水平佩戴，不得歪斜。

（5）制服扣子应齐全、无松动。

（6）不应在服装上佩戴与规定不符的饰品等。

（7）除制服配套用腰带外，一律系黑色腰带。

（8）男员工着深色袜子，女员工着肉色丝袜。袜子不应有破洞或抽丝，应每天换洗。

（9）鞋子应保持干净、不变形、无破损，不得有污点。皮鞋每天要擦拭，保持光泽度，鞋带要系好，不可拖拉于地面。

（10）非工作需要不得将制服穿出酒店区域外。

6．个人卫生

（1）每次上岗前都必须自行检查一次，以树立大方得体、干净利落、温文尔雅的酒店服务人员良好的外部形象。

（2）应经常保持个人的清洁卫生，要勤洗澡、勤换衣。

7．注意事项

（1）不应在岗或在宾客面前打领带、提裤子、整理内衣。

（2）不可在岗或在宾客面前做检查裤裙拉链是否拉好、拉直下滑的袜子等不雅动作。

（3）不应在岗或在宾客面前抠鼻子、剪鼻毛、剔牙齿。

（4）在岗时不可打哈欠、打喷嚏、咳嗽，控制不住时应回避宾客。

二、仪态的基础知识

仪态是人在行为中表现出来的姿势和风度。对酒店的员工来说，仪态和仪容、仪表同样重要。

（一）站姿

（1）站姿应自然挺拔，不可僵硬呆板，头部端正，两眼平视前方。

（2）身体直立，应把重心放在两脚中间。男员工双脚自然分开，位置基本与肩同宽；女员工则双脚自然并拢。

（3）要挺胸收腹，两肩放平，不可前撅后翘、含胸驼背。

（4）双臂自然下垂，保安、男服务员双手应交叉于背后，女服务员双手应自然交叉在前，右手轻握左手的手腕。

（5）两腿应绷直，不要东倒西歪或左右摇晃，如因长时间站立感觉疲劳，可左右调整身体重心，但上身应保持直立。

（6）站立时双手不可抱在胸前或叉腰，不可袖手或双手插在口袋中。

（7）站立与宾客交谈时，目光应停留在宾客眼睛和鼻子之间的三角区域，与宾客相距60～100厘米的距离，不可太近或太远。

（二）坐姿

（1）入座时要轻要稳，不要赶步或匆忙。

（2）到座位前自然转身，右脚向后撤半步，安稳坐下。

（3）女员工入座时，若是裙装，先将裙子的后片稍稍向前拢一下，不要等落座后再站起来整理。

（4）坐下后头部要端正，并面带微笑，双目平视，下颌微收。

（5）双肩平正放松，挺胸立腰，两臂自然弯曲，双手放在膝上，掌心向下。女子也可右手略握左手手腕，放在腿上，两腿自然弯曲，双膝并拢，双腿正放或侧放。男员工坐时两腿可以略微分开。

（6）双脚平落地上，可并拢也可以交叠。

（7）坐在椅子或沙发上，不能坐满椅子或沙发，应坐至椅子或沙发的三分之二为宜，脊背轻靠后椅背或沙发背，不要前俯后仰。

（8）谈话时若需转身，上身应与腿同时转动，幅度不可过大。

（9）不可跷二郎腿，不要有节奏地踮脚，两腿不可晃动或抖动，双手不要拍打椅子或沙发的扶手。

（10）起身时右腿应向后收半步而后起立，动作不可过猛。

（三）走姿

（1）行走时上体要保持正直，身体重心可稍向前倾，头部要端正，双目平视，肩部放松。

（2）两臂自然摆动，行走时步伐要轻稳。男员工步伐要稳健，女员工步伐要轻盈。

（3）两脚行走线迹应相对为直线，不要内八字走路，或者过分地外八字走路。男员工足迹在前方一线两侧，女员工足迹在前方一条直线上。

（4）步幅不要过大，步速不要过快。

（5）行进间不要将手插在衣服口袋里，也不要背着手或者摇头晃脑，要控制身体不可扭来扭去。

（6）走路步伐要利落，有韵律与弹性，但不要有操练的感觉，不要拖泥带水、蹭着行走。

（7）遇见宾客时，员工应主动靠右边行走，右脚向右前方迈出半步，身体向左边转，右手放在腹前，左手为宾客指引前进方向，行30°鞠躬礼，并向宾客问候。

（8）宾客从身后过来，员工应先停步，身体向左转向宾客，向左侧稍退半步，左手放在腹前，右手为宾客指引前进方向，行30°鞠躬礼，并向宾客问候。

（9）所有员工在酒店内行走，一律靠右而行；两人以上列队行走，不得与宾客抢道。如遇急事必须超越宾客时，不可不声不响地跑步超越，而应先示歉意，再快步超越，绝不可气喘吁吁或因动作过急导致身体失衡冲撞了宾客。

（10）上下楼梯时，腰要挺，背要直，头要正，收腹挺胸，臀部微收，不要手扶楼梯扶手。

三、服务语言的基础知识

餐饮接待服务工作中离不开语言，得体的餐厅服务语言会给宾客以温暖和自尊。

（一）服务语言的"五要"和"五不要"

1. 服务语言的"五要"

（1）尊敬。对宾客多用尊称，少用贬称，禁用鄙称，多使用敬语。

（2）主动。主动先开口，主动询问宾客，寻觅服务对象。

（3）明了。要讲得清，听得明。

（4）愉悦。用词、造句和说话的语气都要有讲究，多用美词雅句，营造一种高雅的文化气氛。宾客进入餐厅受到感染，愉悦心情自然就会产生。

（5）兑现。服务语言必须讲得出就做得到，不能为了一时讨好宾客而随意许诺，开空头支票必将弄巧成拙。

2. 服务语言的"五不要"

（1）口语化。有些服务人员缺乏语言技巧方面的学习和自身素质的培养，在工作中有意无意地伤害了宾客或引起某些不愉快的事情发生。如"你要饭吗"这类征询宾客点饭菜的语言，使人听起来很不愉快、不舒服。

（2）厌烦。如果个别宾客用"喂"、"哎"等不文明语言招呼服务人员，服务人员不能因宾客不礼貌就对其表现出冷淡或不耐烦。相反，服务人员更应通过热情的服务使宾客意识到自己的失礼。

（3）窃笑。宾客在聚会与谈话中，服务人员除了提供应有的服务外，应注意不随意窃笑、不交头接耳、不品评宾客的议论，以免引起不应有的摩擦。

（4）旁听。这是餐饮服务人员的大忌。宾客在交谈中，不旁听、不窥视、不插嘴是服务人员应具备的职业道德。服务人员如与宾客有急事相商，也不能贸然打断宾客的谈话，最好先采取暂待一旁、以目示意的方法，等宾客意识到后，再上前说："对不起，打扰你们谈话了。"然后再将要说的说出来。

（5）盯瞅。在接待一些服饰较奇特的宾客时，服务人员最忌目盯久视、评头论足，因为这些举动容易使宾客产生不快。

（二）服务用语的基本要求

（1）说话要用尊称，声调要平稳、和蔼。

（2）说话要文雅、简练、明确，不要含糊、啰唆。

（3）说话要委婉、热情，不要生硬、冰冷。

（4）讲究语言艺术，说话力求语言意思完整，合乎语法。

（5）与宾客讲话要注意表情。

(三) 服务用语使用时的注意事项

(1) 注意面向宾客,笑容可掬,眼光停留在宾客眼鼻三角区,不得左顾右盼、心不在焉。

(2) 要垂手恭立,距离适当(一般以1米左右为宜),不要倚靠他物。

(3) 要举止温文,态度和蔼,能用语言讲清的,尽量不加手势。

(4) 要进退有序,事后要先后退一步,然后再转身离开,以示对宾客的尊重,不得扭头就走。

(5) 服务人员讲话要吐字清楚,嗓音悦耳,这样不但有助于表达,而且可以给人以亲切感。

(四) 餐饮常用服务用语

餐饮服务工作在语言的使用上具体可以分为基本服务用语和服务现场用语两部分。

1. 基本服务用语(服务敬语)

(1) 欢迎语:欢迎光临××××酒店/欢迎您来用餐。
(2) 问候语:您好/早上好/下午好/晚上好。
(3) 祝愿语:祝您生日快乐/祝您玩得开心/祝您旅途愉快。
(4) 称呼语:小姐/夫人/太太/先生/女士/大姐/阿姨。
(5) 指路语:请这边走/请从这里乘电梯/洗手间在这边。
(6) 征询语:我可以帮您吗? 可以上菜了吗?
(7) 应答语:好的/是的/马上就来。
(8) 道歉语:对不起/很抱歉/这是我们工作的疏忽。
(9) 答谢语:谢谢您的夸奖/谢谢您的建议/多谢您的合作。
(10) 告别语:再见/祝您一路平安/欢迎您再次光临。

2. 服务现场用语

服务现场用语主要表现在从宾客进入餐厅到用餐结束整个过程中的用语。包括为宾客点菜、为宾客上菜、餐间为宾客服务、餐后为宾客结账并送客等环节。

案例分析

服务中的语言艺术

酒店餐厅午餐营业时间,一个来自台湾的旅游团在此用餐。当服务员小孙发现一位70多岁的老年人的饭碗空了时,就轻步上前柔声问道:"请问老先生,你还要饭吗?"那位老先生摇了摇头,小孙又问道:"那么老先生,您完了吗?"只见那位先生冷笑起来说:"小姐,我今年已经70多岁了,自食其力,这辈子还没落到要饭的地步,怎么今个儿我倒要向你要饭了呢? 我的身体还硬朗着呢,一下子不会完的!"小孙听了客人的话感到很奇怪,心想,我问你要不要饭,意思是说要不要添加饭,你怎么把自己和乞丐联系起来呢? 小孙脸上不自然地笑了笑,对客人的不满感到莫名其妙。

(资料来源:http://blog.sina.com.cn/s/blog_796ba2ea01016ur9.html。)

案例分析：

本案例中服务人员本来是主动热心为客服务的,但因为没有恰当地使用服务用语,所讲的话不合场合和对象,因而无意中伤害了客人,使消费者处于尴尬局面。这是客人不满的主要原因。因此在服务中,服务人员不仅要了解消费者的风俗习惯,观察学习各地客人的忌讳和偏爱,在接待服务过程中还要正确使用语言艺术,这是服务人员应掌握的基本礼仪,是对客人最基本的尊重,也是体现服务品质的前提。

案例中的服务人员在客人已经不满的情况下还不知道自己错在哪里,这说明餐厅管理人员对这方面重视还不够。在今后的工作中,应以此事作为经验教训,培训全体员工,务求所有员工提高服务意识和语言技巧。

四、常用见面礼仪的基础知识

（一）握手礼

(1) 通常先打招呼再行握手礼,双方用右手与对方握手,握住对方的手后上下轻轻抖动几下,与被握手者距离应控制在一步左右。

(2) 时间一般不得超过5秒,即说一句欢迎语或简单的客套话的时间。

(3) 用力适度,不可过轻也不可过重,不得前后拉扯,也不可左右摇晃。

(4) 必须面带微笑,注视并问候对方。

(5) 宾客与服务人员之间,宾客先伸手；上下级之间,上级先伸手；年长与年轻之间,年长者先伸手；男士与女士之间,女士先伸手。

(6) 冬天应先脱去手套再行握手礼,在室内不得戴帽子与宾客握手。

(7) 双手不可交叉与两个宾客同时握手。

（二）颔首礼

(1) 头往下方垂直的方向微微点动一下为颔首礼。

(2) 在距宾客3米左右时应行颔首礼。

(3) 注视对方,面带微笑,颔首示意。

(4) 冬天若是戴帽子,以右手脱帽再行颔首礼。

（三）鞠躬礼

(1) 立正站稳,上体前倾30°。

(2) 等受礼者回礼或接受礼节后,恢复立正姿势。

(3) 男员工双手自然下垂,双手贴在两侧裤缝。

(4) 女员工则双手在体前搭好,右手搭在左手上,行礼后收回。

(5) 在鞠躬的同时问候"您好"。东方人士通行鞠躬礼,欧美人士较少用。

(6) 鞠躬时不要嘴里叼着烟或者吃东西,如戴帽子应先脱帽后再行礼。

(7) 不要一面鞠躬一面试图看对方,不要礼毕起身后目光就立刻移至别处。

（四）举手礼

(1) 把右手举至肩膀一般平或略高于肩膀,手掌朝外左右摆动,同时说告别语。

(2) 女员工站在服务台内跟宾客道别时,适用这种礼节。

国内外交往礼仪中的9种会面礼

国外的人有拥抱亲吻的见面形式,我国用得最多的是握手,每个国家都有自己的风俗,如果我们不懂这些礼仪常识,那就很容易出糗了。

1. 点头礼

又叫颔首礼。它所适用的情况主要有:遇到熟人;在会场、剧院、歌厅、舞厅等不宜交谈之处;在同一场合碰上已多次见面者;遇上多人而又无法一一问候的。行点头礼时,应该不戴帽子。具体做法是:头部向下轻轻一点,同时面带笑容,不要反复点头不止,也不必点头的幅度过大。

2. 举手礼

行举手礼的场合和行点头礼的场合大致相似,它最适合向距离较远的熟人打招呼。具体做法是:右臂向前方伸直,右手掌心向着对方,其他四指并齐、拇指叉开,轻轻向左右摆动一两下。手不要上下摆动,也不要在手部摆动时用手背朝向对方。

3. 脱帽礼

戴着帽子的人,在进入他人居所,略遇熟人,与人交谈、握手或行其他会面礼,进入娱乐场所,升挂国旗,演奏国歌等情况下,要主动地摘下自己的帽子。女士在社交场合可以不脱帽子。

4. 注目礼

在升国旗、游行检阅、剪彩揭幕、开业挂牌等情况下,适用注目礼。具体做法是:起身立正,抬头挺胸,双手自然下垂或贴放于身体两侧,笑容庄重严肃,双目正视于被行礼对象,或随之缓缓移动。

5. 拱手礼

我国民间传统的会面礼。现在它所适用的情况,主要是过年时举行团拜活动,向长辈祝寿,向友人恭喜结婚、生子、晋升、乔迁,向亲朋好友表示无比感谢,以及与海外华人初次见面时表示久仰大名。具体做法是:起身站立,上身挺直,两臂前伸,双手在胸前高举抱拳,自上而下,或者自内而外,有节奏地晃动两下。

6. 鞠躬礼

鞠躬礼目前在国内主要适用于向他人表示感谢、领奖或讲演之后、演员谢幕、举行婚礼或参加追悼活动等。具体做法是:脱帽立正,双目凝视受礼者,然后上身弯腰前倾。男士双手应贴放在身体两侧裤线处,女士的双手下垂搭放在腹前。下弯的幅度越大,所表示的敬重程度就越大。喜庆的场合下,不要鞠躬三次,一般追悼活动时才用三鞠躬的礼仪。在日本、韩国、朝鲜,鞠躬礼应用十分广泛。

7. 合十礼

双手十指相合为礼。具体做法是:双掌十指在脐前相对合,五指手指并拢向上,掌尖与鼻尖基本持平,手掌向外侧倾斜,双腿立直站立,上身微欠低头。行礼时,合十的双手举得越高,越体现出对对方的尊重,但原则上不可高于额头。行合十礼时,可以口颂祝词或问候对方,也可以面含微笑,但不应该手舞足蹈,反复点头。在东南亚、南亚信奉佛教的地区以及我国傣族聚居区,合十礼普遍使用。

8. 拥抱礼

在西方,特别是在欧美国家,拥抱礼是十分常见的见面礼和道别礼。在人们表示慰问、祝贺、欣喜时,拥抱礼也十分常用。正规的拥抱礼,讲究两人面对站立,各自举起右臂,将右手搭在对方左肩后面;左臂下垂,左手扶住对方右腰后侧。首先各向对方左侧拥抱,然后各向对方右侧拥抱,最后再各向对方左侧拥抱,即一共拥抱三次。普通场合不必这么讲究,拥抱一次、二次、三次都行。在我国,除某些少数民族外,拥抱礼不常采用。

9. 吻礼

(1) 亲吻礼,是一种西方国家常用的会面礼。它会和拥抱礼同时采用,即双方会面时既拥抱又亲吻。行亲吻礼时,通常忌讳发出亲吻的声音,而且不应将唾液弄到对方脸上。在行礼时,双方关系不同,亲吻的部位也会有所不同:长辈吻晚辈,应当吻额头;晚辈吻长辈,应当吻下颌或吻面颊;同辈间,同性贴面颊,异性吻面颊。贴面颊的时候,先贴一次右边,再贴一次左边。

(2) 吻手礼,主要流行欧洲国家。具体做法是:男士走到已婚妇女面前,首先垂首立正致意,然后以右手或双手捧起女士的右手,俯首,以自己微闭的嘴唇象征性地轻吻一下其手背或手指。吻手礼的受礼者,只能是已婚妇女。手腕及其以上部位,是行礼时的禁区。

(资料来源:http://jingyan.baidu.com/article/fea4511a7bda21f7ba912554.html。)

任务二 餐饮服务基本技能

一、托盘

托盘是餐饮服务人员在餐前摆台准备、餐间提供菜点酒水、餐后收台整理时运送各种物品的一种基本服务工具。正确有效地使用托盘是每一位餐饮服务人员在工作中必须掌握的基本操作技能。

(一) 托盘的种类及作用

1. 托盘的种类

(1) 按质地分。

托盘分木质、金属(如银、铝、铜、不锈钢等)以及胶木防滑托盘、塑料防滑托盘等。目前餐饮服务中多用胶木防滑托盘。

(2) 按用途分。

根据用途的差异,托盘又分为大、中、小三种规格,其形状主要有圆形、方形和长方形等。大、中长方形托盘常用于传菜、托送酒水和盘碟等较重物品；大、小圆形托盘一般用于摆台、送咖啡冷饮等；小型托盘主要用于递送账单、收款以及信件、小礼品等。运送物品时，应根据不同的物品选用不同规格的托盘运送，以利于餐饮工作的规范化和服务质量的提高。

2．托盘的作用

（1）正确使用托盘可体现餐厅服务工作的规范化和文明操作。

（2）是餐厅服务过程中卫生、安全的保证。

（3）可以减少搬运餐饮物品次数，提高工作效率和服务质量。

（4）是对宾客的重视和礼貌待客的重要表现。

（二）托盘的操作要领

托盘操作按其所承载的重量分为轻托和重托两种。

1．轻托

轻托又称胸前托，就是指托送比较轻的物品，或用于上菜、分菜、斟酒、撤换餐具等，一般所托重量在5公斤左右。轻托通常在宾客面前操作，操作时准确、熟练、优雅显得十分重要，也是衡量、评价餐饮服务人员服务水平高低的标准之一。

轻托一般使用中、小圆形托盘，操作程序一般包括理盘、装盘、托盘、行走、卸盘与落托五部分。

1）理盘

根据所托物品选择好托盘，先将托盘洗净擦干，在盘内垫上洁净的餐巾或专用的盘垫布，垫布铺平拉正，四边与盘底齐，这样既整洁美观，又可防止盘内物品滑动。

2）装盘

根据所需托运物品的形状、体积、重量和使用的先后顺序进行合理装盘，以保持托送过程中托盘的平衡。要注意托盘内各种物品的摆放，一般以重量分布均匀、安全稳妥、便于运送和取用为原则。

几种不同物品同时装盘时，一般是把重物、较高的物品摆在托盘里面，轻物、低矮物放在外面；先取用、先上桌的物品在上、在前，后取用、后上桌的物品在下、在后。盘内的物品要重量分布均衡、排放整齐、横竖成行，这样装盘既安全平稳又便于托送，服务人员才能有条不紊地服务。

3）托盘

轻托一般用左手托。左手向上自然弯曲成90°角，小臂垂直于左胸前，手肘离腰部约15厘米；掌心向上，五指分开，以大拇指的指端到掌根部位及其余四指的指端托住盘底，手掌自然形成凹形，重心压在大拇指根部，使重心和左手五指指端形成"六个力点"，掌心不得与盘底接触；把托盘托于胸前，略低于胸部，并注意左肘不与腰部接触。

起托时左脚朝前，用右手慢慢地沿桌面拉托盘边缘，左手手掌放在托盘底部后慢慢起身，将托盘托于胸前；用右手调整托盘上各种物品的位置，确保托盘的安全平稳。

4）行走

行走时要头正、肩平、收腹、挺胸、目视前方，步履轻盈而稳健，姿势优美。托盘可随着步伐在胸前自然摆动，但以盘中物品、汤汁、酒水不外溢为原则。

托盘行走时一般使用五种步伐：

（1）常步。步距均匀，快慢适中，为平常行进的步伐，主要适用于餐厅日常服务工作。

（2）快步。步距较大，步速较快但不能跑，以免汤汁外溢或影响菜形，主要适用于托送火候菜。

（3）碎步。步距较小，步速较快，上身保持平稳，主要适用于端送汤类菜肴。

（4）垫步。当需要侧身通过时，左脚侧一步，右脚跟一步，主要适用于穿行狭窄的过道。

（5）跑楼梯步。身体略向前倾，重心前移，用较大的步距，一步跨两极台阶，一步紧跟一步，上升速度要快而均匀，巧妙利用惯性，省时省力。此步伐适用于托送菜品上楼梯。

另外，有的餐厅为了实现服务的艺术化，给宾客以美的享受，在大型宴会上，上菜、端托、行走如同集体舞一般，其端托行进步伐是符合韵律的舞步，上身保持平稳，右手、手臂前后有规律地摇摆，步伐轻盈、欢快。这只有在服务人员端托技能特别娴熟的情况下才可适用。

5）卸盘与落托

托盘行走过程中，如果需要取用盘内物品，称之为卸盘。托盘行走至目的地后站稳，用右手取用盘内物品。取用时应注意随盘内物品变化而用左手手指的力量，以及与托盘的接触面和重心的调节来调整托盘重心。卸盘时，要求托盘位于宾客右侧身后10～20厘米处；右脚上前半步着地，左脚脚尖垫地，身体略前倾，保持托盘水平、稳定，防止托盘倾斜，碰到宾客。

托盘行走过程中，如需将托盘整个放到工作台上称之为落托。落托时，应左脚向前，用右手协助左手把托盘小心推至工作台面，放稳后按照从外到内的顺序取用盘内物品。

6）轻托的注意事项

（1）托盘不可从宾客头上越过，以免发生意外，而且托盘从宾客头上越过也是一种不礼貌的行为。

（2）用轻托的方式给宾客斟酒时，要随时注意调整托盘的重心，勿使托盘内酒水打翻或翻盘，将酒水泼在宾客身上。

（3）从托盘内取用物品时，要从两边交替取拿，以保持托盘的平衡。

（4）不允许将托盘随意放置在宾客的餐桌上和餐椅上；当托盘内无物品时仍应保持正确托盘姿态行走，不可单手拎着托盘边缘行走；托盘不使用时，必须按餐厅标准和要求放在指定位置，不可到处闲置。

（5）托托盘的时候要量力而行，切忌贪多，以确保操作的安全。

2. 重托

重托是指用托盘运送较重的菜点、酒水和盘碟的方法，一般所托重量在5公斤以上，选用质地坚固的大、中长形托盘。重托的托盘以托菜肴为多，易沾油腻，使用前要仔细检查和擦洗。

重托的操作要领和要求是：用双手将托盘的边移至工作台外，用右手拿住托盘的一边，左手伸开五指托住盘底。掌握好重心后，用右手协助左手向上托起，同时左手向上弯曲臂肘，向左后方旋转180°，擎托于肩外上方，做到盘底不搁肩，盘前不靠嘴，盘后不靠发。右手或自然摆动，或扶住托盘的前内角，并随时准备排阻他人的碰撞。

重托要求上身挺直,两肩平行,肩不倾斜;行走时步履轻快,身不摇晃,遇障碍物时让而不停。起托、后转、行走、放盘时要掌握重心,保持平稳,动作表情要轻松自然。重托时,装载要力所能及,不要在托起后随意地增加或减少盘内的物品。放托盘时,要屈膝但不能弯腰。

二、餐巾折花

（一）餐巾概述

餐巾又称口布、茶巾、席巾等,是餐厅经营中供宾客用餐时专用的卫生清洁用品,折成各种花型后,也成为餐台布置中的艺术装饰品。

1. 餐巾的起源与发展

中国古代典籍中就有宴会中使用"餐巾"覆盖食物和擦手的记载,明清时期,宫廷和贵族宴会就出现了高档的锦缎绣花餐巾。可以说餐巾并非完全是舶来品。在西方,餐巾也有其很深的历史的渊源。最早的时候,希腊和罗马贵族一直保持用手指进食的习惯,所以在用餐完毕后用一条毛巾大小的餐巾来擦手。更讲究一点的则在擦完手之后捧出洗指钵来洗手,洗指钵里除了盛着水之外,还漂浮着点点玫瑰的花瓣;埃及人则在钵里放上杏仁、肉桂和橘花。餐巾发展到17世纪,除了实用意义之外,还更注意其观赏作用。1680年,意大利已有26种餐巾的折法,如教士僧侣的诺亚方舟形、贵妇人用的母鸡形,以及一般人喜欢用的小鸡、鲤鱼、乌龟、公牛、熊、兔子等形状,美不胜收。西亚等地区的文明中也有使用餐巾的历史记载。现代我们使用的餐巾是一种中西合璧的产物,被广泛应用于各式餐厅服务中,成为餐厅服务的一个重要的组成部分。

2. 餐巾花的作用

1）卫生保洁

宾客用餐时,餐饮服务人员要将餐巾放在宾客的膝上或胸前,餐巾可用来擦嘴或防止汤汁、酒水弄脏衣物,起到保洁作用。

2）美化桌面

不同的餐巾花型,表示着不同的宴会主题。形状各异的餐巾摆放在餐台上,既美化了餐台,又增添了庄重热烈的气氛,给人以美的享受。

3）烘托气氛

如用餐巾折成的喜鹊、和平鸽等形状,就表示欢快、和平、友好,能给人以诚悦之感;如折出比翼齐飞、心心相印的形状送给一对新人,可以表示出永结同心、百年好合的美好祝愿。

4）信息提示

不同花型及摆设,可点化宴会主题和标志主宾席位,便于宾客入座。正式西式宴会中,女主人将餐巾放于腿上表示宴会开始,将餐巾放于盘中或桌上表示宴会结束,放于餐椅面上表示暂时离开。

餐巾花以无声的语言、整洁的面目、幽雅的姿态出现在餐桌上,促进主宾的感情交流,烘托和谐气氛。所以,餐饮服务人员必须熟练掌握这一基本技能。

3. 餐巾的种类及特点

1）按质地划分

表2-1是餐厅常用材质的餐巾。在一些特殊的场合，为了配合宴会主题或餐厅特色等，也会使用一些特殊材质的餐巾，比如丝绸等。

表 2-1 餐厅常用材质的餐巾

种类区别	全棉和棉麻混纺餐巾	化纤餐巾	纸质餐巾
平均寿命	4～6个月	2～3年	一次性使用
优点	吸水性强； 去污能力强； 造型效果较好	色泽艳丽； 透明感强； 富有弹性； 不易褪色； 洗后挺括	卫生方便； 成本低
缺点	易褪色； 不够挺括； 只有经过一次折叠后，效果才最佳，每次需上浆	吸水性差； 去污力不如棉织品； 触感不好	一次性使用； 不环保

2）按色彩划分

餐巾颜色主要有白色与彩色两种。

白色餐巾给人以清洁卫生、干净优雅之感。它可以调节人的视觉平衡，安定人的情绪。

彩色餐巾则可以渲染就餐气氛。彩色餐巾又分为冷色餐巾和暖色餐巾：浅冷色餐巾有浅绿色、浅蓝色等，色调清新，给人以平静、舒适、凉爽的感觉；浅暖色餐巾有粉红色、橘橙色、鹅黄色等，色调柔美，给人以富丽堂皇、兴奋热烈的感觉，可以烘托用餐气氛，刺激宾客食欲。

另外，还有条状色餐巾，给人以清爽、新奇等感觉，改变一般的餐厅用具印象，一般在零点餐厅、西餐厅应用多一些。

（二）餐巾折花造型的种类

餐巾折花，就是服务人员通过艺术创造，将餐巾折成各种动植物形态，插摆在酒具、盘碟中供人欣赏。

1. 按摆放的方式分类

1）杯花

杯花需插入专用的杯中才能完成造型，出杯后花型会散开。由于折叠成杯花后，在使用时其平整性较差，比较容易造成污染，所以目前杯花已较少使用，但作为一种技能，仍在餐厅服务中存在。

2）盘花

盘花造型完整，成型后一般不会自行散开，可放于盘中或其他容器及桌面上。因盘花简洁大方、美观适用，所以盘花呈现发展趋势。

3）环花

将餐巾平整卷好或折叠成造型,套在餐巾环内,称为环花。餐巾环也称餐巾扣,有瓷制的、银制的和塑料制的等,也可用色彩鲜明、对比感强的丝带等代替。餐巾环花通常放置在餐盘上,特点是简洁、雅致。

2. 按餐巾花外观造型分类

1）植物类

根据植物的形态折叠的花型,主要包括各种花草、蔬菜、水果等。其中以花草为主,如荷花、水仙花、玫瑰等。

2）动物类

取其原型的整体,或取其特征,或选取寓意,形态生动、活泼、可爱,传神达意。主要包括飞禽、走兽、鱼虾等,其中以飞禽为主,如孔雀、蝴蝶、海鸥等。

3）实物类

主要是模仿日常生活中的各种实物形态折叠而成,如折扇、三明治等。

4）抽象类

比较少见,但是近年来有的个性餐厅和设计酒店中已经出现了这种餐巾花。

（三）餐巾花型的选择

花型的选择一般应根据餐厅的装修风格、宴会的性质和规模、冷菜名称、季节时令、宾客的宗教信仰和风俗习惯、宾主座位的安排、台面的摆设等各方面需要综合考虑。总体原则如下:

（1）根据宴会的性质来选择花型,如以欢迎、答谢、表示友好为目的的宴会,餐巾花可设计为友谊花篮及和平鸽等。

（2）根据宴会的规模来选择花型。一般大型宴会可选用简单、快捷、挺拔、美观的相同或类似的花型;小型宴会可以同一桌上使用各种不同的花型,形成既多样又协调的布局。

（3）根据花式冷拼选用与之相配的花型,如冷拼是游鱼戏水,餐巾花则可是金鱼的造型。

（4）根据时令季节选择花型,用台面上的花型反映季节特色,使之富有时令感。

（5）根据宾客的身份、宗教信仰、风俗习惯和爱好选择花型。

（6）根据宾主席位的安排选择花型。

（7）根据餐碟的尺寸选择花型。

（四）餐巾花的摆设

（1）主花要摆插在主位。

（2）餐巾折花将观赏面朝向当位宾客。

（3）相似花型错开摆放（相同或相似的要对称、交错摆放）。

（4）恰当掌握杯内餐巾花的深度。

（5）摆放距离均匀。

（五）餐巾折花的基本技法

1. 叠的技法

叠是最基本的餐巾折花手法，几乎所有折花都会用到。叠指将餐巾平等取中，一折二、二折四、单层或多层，叠成正方形、矩形、三角形、菱形、矩形等几何图形。

叠时要熟悉造型，看准折缝线和角度，一次叠成，避免反复，否则餐巾上会留下折痕，影响造型的挺括美观。

2. 推的技法

推，又称推折，是在餐巾上打折的一种技法，从而使花型层次丰富，立体感强，造型更加美观逼真。可分为直线推折和斜线推折，折成一头大一头小的褶，或者折成半圆形或圆弧形。

基本技法：在打折时，双手的拇指、食指捏住餐巾一端的两边或餐巾中间的两边；两个大拇指相对成一线，指面向外，指侧面按紧餐巾向前推动餐巾至中指处，用食指捏住推折的褶而形成均匀的折褶，这样形成的褶比较均匀；用食指将打好的褶挡住，中指腾出来控制好下一个褶的距离，三个指头互相配合，注意观察推折的效果。推折时，要在光滑的盘子或托盘中进行。

基本要求：由推而折，辅以捏，要求均匀。根据不同的花型与后续技法，选择从一端开始还是从中间开始推折。拇指和食指要捏住褶，中指控制间距，在转换到下一个技法时注意保持最终的推折形状。

推折是不同于折叠的技法，往往在折叠的基础上，与卷、穿、翻、拉等技法结合，完成餐巾折花，更确切地说是一种中间技法。

3. 卷的技法

卷是将餐巾卷成圆筒或实心卷并制出各种花型的一种手法。卷的方法可以分为直卷和螺旋卷两种。

直卷，又称平行卷。餐巾一端的两头一起卷起，形成实心卷或筒。平行卷时，拇指和食指捏住餐巾头或角，由内向外翻转，食指抽出压住餐巾头，拇指再从餐巾头底部捏住餐巾头，依次往复卷至要求的地方即可。这个过程中，中指和无名指压住餐巾，不让其滑动。

螺旋卷，又称斜角卷。可先将餐巾折成三角形，餐巾边要参差不齐；或将餐巾一头固定，只卷起一头；或一头多卷，一头少卷，形成一头大一头小的实心卷或筒。斜角卷的技法，基本同平行卷，只是不同的端头用力和卷的幅度不同而已。

基本要求：无论是直卷还是螺旋卷，餐巾都要卷紧，如卷得松就会在后面折花中出现软折、弯曲变形的情况，影响造型效果。

卷，往往与翻配合，就可以折成餐巾花，是相对独立的技法。在个别花型中也与推折、折叠配合作为中间技法使用。

4. 穿的技法

穿是指用工具（一般用筷子）从餐巾的夹层褶缝中边穿边收，形成皱折，使造型更加逼真美观的一种手法。它一般是在折叠或推折的基础上进行的，只在一些花型中使用。

基本技法：穿时左手握牢折好的餐巾。右手拿筷子，将筷子的一头穿进餐巾的夹层褶缝中；另一头顶在自己身上或桌子上，然后用右手的拇指和食指将筷子上的餐巾一点一点往里拉,直至把筷子穿过去。使用两根或两根以上的筷子穿时,注意后面穿的动作不要影响前面的花型。抽取筷子时应轻、慢、稳,以利于保持花型。皱折要求拉得均匀,穿好后,要先将折花插进杯子,再把筷子抽掉,否则皱褶易松散。

5. 翻的技法

翻就是将餐巾折卷后的部位翻成所需花样,将餐巾进行上下、前后、左右、里外翻折的一种技法。翻大都用于折花鸟,其动作一般与拉、转动作相结合。

基本技法:一手拿餐巾,一手将下垂的餐巾翻起一角,拉成一定的花形或鸟的头颈、翅膀、尾巴等。翻拉花卉的叶子时,要注意对称的叶子大小一致和均匀,距离相等,叶片之间的交错;拉鸟的头颈、翅膀、尾巴等时,一定要拉挺,不要软折。

翻和拉、转、捏等技法相配合,一般为整理性技法,起到修饰花型的作用。

6. 拉的技法

拉,常常与翻的动作相配合,在翻折的过程中,将餐巾花的某一部分由里向外拉伸使花型挺直的一种技法。大都用于折花、鸟、鱼等。

基本技法:一手握住所折的餐巾,一手翻折,拇指和中指捏住餐巾的一角或一端,从下往上,或从上往下,或从内向外拉出来即可。在翻拉的过程中,两手必须配合好,否则会拉散餐巾,用力要均匀。要领是大小比例适当,造型挺括。

7. 捏的技法

捏的方法主要用于折鸟或其他动物的头部。

基本技法:操作时先将鸟的颈部拉好(鸟的颈部一般用餐巾的一角);然后用一只手的大拇指、食指、中指,捏住鸟颈的顶端;食指向下,将餐巾一角的顶端尖角向里压下,大拇指和中指做槽,将压下的角捏出尖嘴。

基本要求:要用力,一次捏成。截取餐巾角或顶端时要适当,动物的颈部比例和大小要合适。

捏是制作动物类花型特有的技法,往往起到画龙点睛的作用,技法相对简单。

8. 掰的技法

基本技法:将餐巾做好的褶用右手一层一层掰出层次,成花蕾状。掰时不要用力过大,以免松散。掰的要领是层次分明,间距均匀。

9. 攥的技法

攥是为了使折出的餐巾花半成品不易脱落走样,一般用左手攥住餐巾的中部或下部,然后再右手操作其他部位。

基本技法:攥在手中的部分应攥紧,不能因为右手的作用而松散或散形。

(六)餐巾折花的注意事项

(1)注意操作卫生。操作前应洗净双手,在干净的操作台面上或消毒过的托盘中进行。

(2)操作过程中不能用嘴吹、牙咬、下巴按,尽量不要讲话,以免唾液飞沫飞溅在餐巾上。

(3)放入杯花时,要用手拿取杯子的下半部,手不能碰杯口,杯身不允许留下指纹。

(4)餐巾折花旋转在杯中高度的1/3处为宜,有时可以是1/2处。

（七）餐巾折花的发展趋势

1. 线条简洁、明快、挺括

餐巾花型的选择趋向于线条简洁、放置效果挺括的花型，因为这类花型折叠速度快，所用时间短，花型散开后餐巾褶皱少，不会影响宾客的视觉享受，实用性更强。

2. 趋向盘花

盘花简便易学，简洁大方，美观实用。折叠所需时间相对于杯花较短，更符合现在愈来愈快的工作节奏要求，而且可提前折叠，便于储存，打开后平整，不会影响花型效果。

三、中西餐摆台

摆台又称铺台、摆桌、餐台设计，是将餐具、酒具以及辅助用品按照一定的规格整齐美观地铺设在餐桌上的操作过程。包括餐具排列、席位安排、准备用具、摆放餐具、美化席面等。摆台是餐饮服务中要求较高的一项基本技能，摆得好坏直接关系到服务质量和餐厅的面貌。铺设后的餐台要求做到台形设计考究、合理，席位安置有序、符合传统习惯，小件餐具等的摆设配套、齐全、整齐一致，既方便用餐，又利于席间服务，还要具有艺术性。另外，所有物料用品清洁卫生，令人有清新、舒畅之感。

（一）摆台的基本要求

由于各地的饮食习惯不同，宾客的就餐形式和规格不同，台面上所摆放的餐具就有所不同，而且各酒店为了体现自己的特色，有自己独有的摆台方式。但不管是企业摆台还是国家标准摆台，摆台要求基本是一致的，具体要求有以下几点：

1. 餐具卫生，完好无缺

摆台前，应对摆台所用的餐具、酒具及用具进行检查，发现不洁或有破损的餐具要及时更换，用时要保证用品符合干净、光亮、完好的标准。

2. 手法卫生

摆台要用托盘盛放餐具、酒具及用具。拿餐具时要注意手法卫生，骨碟拿边沿，汤匙拿匙把，刀叉匙拿把柄，水杯拿1/3以下，禁止拿杯口，手尽量不要接触餐具的入口部分。摆放金、银器皿时，要用餐巾包着摆放或戴手套，保证餐具清洁，防止污染。

3. 台面整齐、清晰

每套餐具之间不要混淆。摆放在台面上的各种餐具要横竖成行。摆放带有图案的餐具，其图案方向一致，全台看上去要整齐、美观、大方。

4. 符合饮食习惯和社交礼仪

席位的安排、餐具的摆放、餐巾花的选用等要根据就餐宾客的生活习俗、就餐形式和规格而定。

摆台根据餐别可分为中餐摆台和西餐摆台两大类。

（二）中餐摆台

中餐摆台分为早餐摆台、便餐摆台和宴会摆台。根据其性质，摆台餐具各有不同，但铺台布的方法都基本一样。

1. 铺台布

根据餐厅的装饰、布局确定席位。操作时，餐饮服务人员应将主人或副主人处餐椅拉开至右侧餐椅后边,服务人员站立在主人或副主人餐椅处,距餐台约 40 厘米,将选好的台布放于餐台上。

铺台布时,双手将台布打开并提拿好,身体略向前倾,运用双臂的力量,将台布朝主人座位方向轻轻地抛抖出去。在抛抖过程中,做到用力得当、动作熟练,一次抖开并到位。

中餐圆台铺台布的常用方法有三种:

(1)推拉式铺台。即用双手将台布打开后放至餐台上,将台布贴着餐台平行推出去再拉回来。这种铺法多用于零点餐厅或较小的餐厅,当有宾客就座于餐台周围等候用餐时,或在地方窄小的情况下,也可选用这种推拉式的方法进行铺台。

(2)抖铺式铺台。即用双手将台布打开,平行打折后将台布提拿在双手中,身体呈正位站立式,利用双腕的力量,将台布向前一次性抖开并平铺于餐台上。这种铺台方法适合于较宽敞的餐厅或在周围没有宾客就座的情况下进行。

(3)撒网式铺台。即用双手将台布打开,平行打折,呈右脚在前、左脚在后的站立姿势;双手将打开的台布提拿起来至胸前(双臂与肩平行),上身向左转体,下肢不动并在右臂与身体回转时,台布斜着向前撒出去;将台布抛至前方时,上身转体回位并恢复至正位站立,这时台布应平铺于餐台上。抛撒时,动作应自然潇洒。这种铺台方法多用于宽大场地或技术比赛场合。

铺台布时,应注意以下事项:台布不能接触地面,台布中间折纹的交叉点应正好在餐台的中心处,台布的正面凸缝朝上,中心线直对正、副主人席位,四角呈直线下垂状,下垂部分距地面距离相等,铺好的台布应为平整无皱纹。铺好台布后,应将拉出的餐椅送回原位。

2. 中餐早餐摆台

骨碟摆在座位正中距桌边 1 厘米处。汤碗摆在骨碟的正前方间距 1 厘米,瓷勺摆放在汤碗内,勺柄向左。筷架摆在骨碟的右侧,筷子摆在筷架上,筷子底部距桌边 1 厘米,筷子套店徽向上。茶碟摆在筷子右侧,茶杯扣放在茶碟上,杯柄向右与茶碟平行。牙签盅、调味品摆在台布中线的附近。(现在公共场所提倡不吸烟,甚至有些地方禁止吸烟,因此,现在摆台时通常不放烟灰缸,如有需要,再为宾客提供。)

3. 中餐便餐摆台

服务人员将需要的餐具整齐地摆放在托盘内,左手托托盘,右手摆放餐具。

(1)骨碟的摆放。骨碟摆放在座位正前方,离桌边 1 厘米,按顺时针方向依次摆放,碟与碟之间距离相等。

(2)口布的摆放。将折好的口布摆在骨碟上,观赏面朝向宾客。

(3)汤碗、汤匙的摆放。汤碗摆放在骨碟左侧稍上一些,与骨碟间距 1 厘米处,汤匙放在汤碗内,匙把向正左方。

(4)筷子、筷架的摆放。骨碟右侧摆放筷架,筷子摆放在筷架上,筷尖离筷架 5 厘米,筷底离桌边 1 厘米,筷身距骨碟 1.5 厘米,筷套店徽朝向宾客。(如圆桌,筷尖指向桌子圆心。)

(5)牙签的摆放。包装牙签竖放在筷子右侧 1 厘米处,牙签底边与筷子底边相距 3 厘米,店徽正面字体朝向筷子。

(6)茶杯、茶碟的摆放。茶碟摆在牙签右侧 2 厘米处,茶碟与桌边相距 1.5 厘米,茶杯扣放在茶碟上,杯把向右与茶碟平行。

(7) 杯具的摆放。水杯摆放在骨碟正上方相距1厘米处。

(8) 花瓶的摆放。花瓶摆放在餐台正中或边角处,具体位置根据餐厅情况而定。

(9) 调味品的摆放。调味品摆放在花瓶之前,依左椒右盐的顺序摆放。

(10) 8人以上台面应摆放公用筷架、公筷公勺,供主人为客人布菜和其他人取菜用,一般摆在个人用餐具上方或转台上。

4. 中餐宴会摆台(参考国家中餐宴会摆台比赛标准,10人位)

(1) 铺装饰布。一次完成,装饰布平整,下垂均等。

(2) 铺台布。一次完成,台布定位准确,十字居中,凸缝朝向主、副主人位,台面平整,下垂均等。

(3) 餐椅定位。从主人位开始拉椅定位,座位中心与餐碟中心对齐,餐椅之间距离均等,餐椅座面边缘与台布下垂部分相切。

(4) 餐碟定位。碟间距离均等,相对餐碟与餐桌中心点三点一线,餐碟距桌沿1.5厘米。摆放过程注意操作卫生,手拿餐碟边缘部分。

(5) 味碟、汤碗、汤勺的摆放。味碟位于餐碟正上方,相距1厘米。汤碗摆放在味碟左侧1厘米处,汤碗中心与味碟中心在一条直线上。汤勺放置于汤碗中,勺把朝左,与餐碟平行。

(6) 筷架、筷子、长柄勺、牙签的摆放。筷架摆在餐碟右边,与味碟中心在一条直线上,筷子、长柄勺搁摆在筷架上;长柄勺靠近餐碟,距餐碟3厘米;筷子在长柄勺右侧,筷尾距餐桌沿1.5厘米,筷套正面朝上;牙签位于长柄勺和筷子之间,牙签套正面朝上,底部与长柄勺齐平。

(7) 杯具的摆放。葡萄酒杯在味碟正上方,葡萄酒杯与味碟间隔2厘米;白酒杯摆在葡萄酒杯的右侧,杯肚间隔1厘米;水杯位于葡萄酒杯左侧,杯肚间隔1厘米,三杯成斜直线,向右与汤碗、味碟中心的水平线呈30°角。如果折的是杯花,水杯待餐巾花折好后一起摆上桌。

(8) 餐巾折花。花型突出主位,花型符合主题、整体协调,花型逼真、美观大方。

(9) 摆装饰物。主题装饰物摆在台面正中,主题装饰物体量、高度得当。

(10) 摆放菜单。两份菜单分别摆放在正、副主人的筷子架右侧。

(三) 西餐摆台

西餐餐台通常用的是方桌或长桌。宴会使用的餐桌可由方桌、长方桌、半圆桌拼接而成。拼接的大小、形状可根据宴会的人数,餐厅的形状、面积、服务方式,宾客的要求等因素来确定。

1. 西餐摆台基本要领

(1) 左叉右刀,先里后外,刀口朝盘,各种餐具成线,餐具与菜肴配套。

(2) 台面物品。花瓶放在桌子中央,花瓶前摆盐和胡椒,左盐右椒,盐和胡椒前面放牙签盅,牙签盅前面是烟灰缸,烟灰缸缺口对准盐和胡椒的中缝,桌垫摆在桌子正中央。

2. 西餐早餐摆台

西餐的早餐由咖啡厅或西餐厅提供,一般分为欧陆式早餐、美式早餐、英式早餐和自助早餐。早餐的餐台上可铺台布,也可铺一张一次性的长方形纸台垫或菜单。垫纸与桌边平行,餐巾花摆在垫纸正中。刀叉中间相距 30 厘米左右,能放得下一个垫盘。餐具包括垫盘、餐巾、餐刀、餐叉、汤勺、面包盘、黄油刀、饮料杯。自助早餐摆位在早餐摆位规格上加一把甜食匙,甜食匙摆在餐巾花上方,匙把朝右。

3. 西餐午晚餐摆台

午晚餐台也称正餐台。它是在早餐台面的基础上又增加了开胃品刀和开胃品叉。

4. 西餐宴会摆台(参考国家西式宴会比赛标准)

西餐宴会摆台与午晚餐摆台基本相似,不同之处是:摆垫盘时要从主人的席位摆;摆放鱼刀时可以突出于其他餐具位置 3 厘米;当参加宴会的人数较少时,每人摆一份菜单,也可以每两个席位摆一份,但每桌不少于两份菜单;烟灰缸可以从主人餐具右侧摆起,每隔一个餐位放一个,烟灰缸的上端与杯具平行,宴请项目中如有香烟,则烟盒正面向上,置于烟灰缸左侧;调味品架、牙签盅按四人一套标准摆放在餐台中线位置上。

1)准备桌椅

要根据宾客的人数和爱好、用餐类型和规格正确地选用餐桌。每个宾客餐位所占有的桌边距标准如下:经济型餐厅不少于 60 厘米;舒适型餐厅不少于 75 厘米;豪华型餐厅每客餐位应在 90 厘米左右。

2)铺台布

西餐多用白色台布,方桌也有用方格台布的,质地则选择棉或亚麻制品。高级西餐厅的餐台上一般有三层布草:垫布、台布和装饰布。

(1)方桌铺台布的要求。

铺好的台布正面向上,中缝线与餐桌的中线重叠,四边的垂角遮住餐桌的桌腿,四边的下垂部分距离相等。

方桌斜方形铺台布的要求是台布的四个中缝线落在方桌的对角线上,台布的边与餐桌的四边呈 45°夹角。四角的下垂部分也要与地面的距离相等。

(2)长台铺台布的方法与要求。

长台大多作为西餐餐桌、宴会的主桌或自助餐菜台使用。可由 2~4 个长台或多个方台拼制而成。直长台作为主桌使用时,铺台布前可以事先铺上用法兰绒、毡、泡沫或丝帛棉制作的台垫,以减少餐具与桌面的撞击声,提高宴请规格。铺台时,一般由两人一组合作进行,要从餐厅由里往外铺,每张台布的接缝重叠部分不少于 5 厘米,主人位方向台布交叠在副主人位方向台布上,使台面尽量显得整齐美观。

铺台布时要求台布的中缝正对餐桌的中线,所有台布面的中线连为一线,四脚下垂部分相等,台布的下沿正好接触到餐椅的边沿。在规格较高的酒席宴会上,还在餐桌的外沿上围上台裙、缎带,给人一种庄严隆重、典雅豪华之感。

3)餐椅定位

从主人位开始按顺时针方向摆设,从餐椅正后方进行,餐椅间距基本相等,相对餐椅的椅背中心对准,餐椅边沿与下垂台布相距 1 厘米。

4)垫盘的摆放

垫盘又称装饰盘、餐盘、底盘,是西餐摆台中的定位盘。它既有装饰作用,又可当其他菜品的搁碟使用。摆放时,用左手垫上餐巾,包住盘底,从主人位开始顺时针方向摆设,盘边距离桌边 1 厘米,装饰盘中心与餐位中心对准,盘子上端的花纹图案要摆正,盘与盘之间距离均等,手持盘沿右侧操作。

5) 刀、叉、匙的摆放

根据菜单摆放刀叉匙。西方人用餐讲究食物与餐具的搭配,往往是吃一道菜用一副刀叉。目前西餐摆台的趋势是垫盘两边的餐刀餐叉较少,如果菜单上的菜肴需要更多的餐具,在上菜前将新增加的餐具用托盘送上,并摆放在垫盘外 1~2 厘米处。为了方便宾客使用,在摆放时要兼顾上菜的顺序,先用的刀叉放在外侧,后用的刀叉放在内侧。刀叉摆放的规则是:以垫盘为中心,左叉右刀,叉尖向上,刀刃向左;汤匙放在右侧,正面向上;甜品叉匙放在上方,匙把向右,叉把向左。刀、叉、匙、垫盘之间距离约为 1 厘米,而鱼叉、鱼刀尾端可以与其他餐具相同,也可以突出其他餐具,距离桌边 5 厘米。

6) 面包盘、黄油刀、黄油碟的摆放

面包盘放在餐叉左侧,相距 1 厘米,面包盘圆心与垫盘圆心的连线与餐桌边平行,也可放在餐叉的正上方。黄油刀竖置在面包盘上,位置应在盘中轴线右侧 1/2 处,刀刃朝左,或者横置于面包盘上,刀柄朝右,刀刃朝下,位置在盘上方 1/3 处。黄油碟摆放在黄油刀尖正上方,相距 3 厘米,黄油碟左侧边沿与面包盘中心成直线。

7) 杯具的摆放

宴会摆台通常摆放 3 只酒水杯,摆放顺序依次为白葡萄酒杯、红葡萄酒杯、水杯。白葡萄酒杯摆在开胃品刀的正上方,杯底中心在开胃品刀的中心线上,杯底距开胃品刀尖 2 厘米。三杯成斜直线,向右与水平线呈 45°角,各杯身之间相距约 1 厘米。操作时手持杯中下部或颈部。

8) 花瓶(花坛或其他装饰物)的摆放

花瓶应置于餐桌中央和台布中线上,高度不超过 30 厘米。

9) 烛台的摆放

烛台与花瓶(花坛或其他装饰物)间距相等,烛台底座中心压台布中凸线,两个烛台方向一致,并与杯具所呈直线平行。

10) 牙签盅的摆放

牙签盅与烛台相距 10 厘米,牙签盅中心压在台布中凸线上。

11) 椒盐瓶的摆放

椒盐瓶与牙签盅相距 2 厘米,椒盐瓶两瓶间距 1 厘米,左椒右盐,间距中心对准台布中凸线。

12) 餐巾盘花的摆放

餐巾盘花在盘中要摆放一致,左右成一条线,造型美观、大小一致,正面朝向客位,突出正、副主人。

四、斟酒

斟酒是餐饮服务工作的重要内容之一。斟酒操作技术动作的正确、迅速、优美、规范,往往会给宾客留下美好印象。服务人员给宾客斟酒时,一定要掌握动作的分寸,不可粗鲁失礼,不要讲话,姿势要优雅端庄,注意礼貌、卫生。服务人员娴熟的斟酒技术及热忱周到的服务,会使参加饮宴的宾客得到精神上的享受与满足,还可强化热烈友好的饮宴气氛。

(一)斟酒前的准备工作

1. 酒品种类的准备

餐厅经营的酒品种类一般有常规品种和特殊品种两大类。常规品种是市场畅销的品种,特殊品种则是根据餐厅经营的风味特点而配用的酒品。餐厅经营的酒品应放在较明显的位置,以方便宾客选用。放酒的货柜要精美,酒品的摆放要讲究造型艺术,并明码标价,以便促销。

2. 酒具的准备

酒具是斟酒服务的必备用品。餐厅应该准备的酒具种类、规格要与其经营的酒品种类相配。由于不同酒品的风味和色泽各不相同,使用一只杯子连饮几种酒,会使酒失去了各自特色,因此餐厅应准备多种酒杯,使酒水服务更方便、周到。

3. 酒水的降温与升温

不同类型的酒水的成分等不同,为使其酒味更浓郁、醇厚,喝起来更有滋味,最佳饮用温度会有所区别。一般对酒水温度的处理有以下两类:

1)降温

许多酒水的最佳饮用温度要求低于室温,如白葡萄酒的饮用温度为 8 ℃~12 ℃,香槟酒和有汽葡萄酒的饮用温度为 4 ℃~8 ℃,啤酒的饮用温度为 8 ℃~10 ℃。因此,在饮用前要求对酒进行降温处理,处理的方法一般为冰镇。冰镇的方法有以下几种:

(1)冰箱冷藏。提前将酒品放入冷藏柜内,使其缓慢降至饮用温度。一般饮料和啤酒的冰镇用此方法。

(2)冰桶降温。桶中放入冰块,冰块不宜过大,将酒瓶插入放有冰块的桶中,10 分钟左右即可达到冰镇的效果。葡萄酒、香槟酒的冰镇用此方法。

(3)冰块降温。将少量食用冰块放入饮用杯内,然后斟酒,使酒液在杯中降温。金酒、威士忌、利口酒等一般用此方法降温。

(4)溜杯降温。在酒杯中放入一块冰块,轻轻旋转杯子,达到对盛酒杯具降温的目的。

2)升温

某些酒品(如黄酒、加饭酒、饮料和某些白酒等)在饮用前将酒度升高,可以使酒味感浓郁、醇厚。温酒的方法有水烫、烧煮、燃烧、将热饮料冲入酒液或酒液注入热饮料中升温等四种,水烫和燃烧一般是当着宾客操作的。

(二)斟酒的服务要领

1. 示瓶

示瓶是斟酒服务的第一道程序,它标志着服务程序的开始。示瓶时服务人员在点酒宾客的右侧,左手托瓶底(必要时可用折叠好的餐巾包托着瓶底),右手扶瓶颈,酒标面向宾客,请宾客确认(是否所点的酒或质量问题),直至宾客点头认可。

2. 开瓶

1)开瓶基本要求

(1)正确选用开酒器。开酒器分两大类。一种是专门开启木塞瓶的螺丝拔,也叫酒钻;另一种是专门开启瓶盖的扳手,也叫酒起子。

(2)开酒动作。开酒一般都由服务人员在操作台上进行,服务人员要注意站立姿势,握拿开酒器方法及开酒时的手法动作都应正确、规范、优美。开酒后,应注意酒品卫生、酒具整洁。

(3) 开酒应备的辅助用品。开酒除了应备有酒钻、酒起子外,还应备有小钳子、小刀、盛装瓶塞瓶盖的盒子以及包或垫酒瓶的巾布等。

2) 不同酒类的开启方法(以常见酒水为例)

(1) 白酒。白酒的酒封一般有三种,即冲压式盖封、螺口金属或塑料旋式盖封、软木或塑料塞封。开启冲压式盖封时,将酒瓶放在操作台上,左手扶酒瓶颈部,右手握酒起子置于盖封处撬启即可。开启螺口盖封时,左手握扶酒瓶中间略上部位,右手用巾布盖于盖封上旋转拧开即可。开启软木或塑料塞封时,应先将塞封外面的包装去掉,用酒钻钻入或挑起塞封即可。开启这类酒封时,酒瓶底部平放于操作台上,使酒瓶呈直立状。

(2) 啤酒。啤酒的包装一般有瓶装和罐装两种。瓶装啤酒均采用冲压式盖封,开启这类酒封时,要尽量减少酒瓶的晃动,左手握酒瓶,瓶颈略呈倾斜状,右手握酒起子一次将酒瓶盖启开;酒封开启后,要用洁净巾布揩擦瓶口。开启葡萄汽酒或其他果类汽酒均可采用此种方法。开启罐装啤酒时,同样在开启前尽量减少晃动,开启时先将盖的拉环轻轻拉开,慢慢扩大直至全部拉开。

(3) 各种葡萄酒和老酒启封时,先用小刀将瓶口上的铅封箔切开剥掉,并用洁净的巾布将酒瓶口上的污迹擦净。外封开启后,再用酒钻对准瓶塞的中心,顺时针方向轻轻地钻下去,直至将螺旋部分全部钻入,这时再次用巾布擦净瓶口。如酒开启后,尤其是红葡萄酒,发现有沉淀物时,应用滤酒器过滤一下再斟用。

(4) 香槟酒的开启方法与其他酒的开启方法不同。用左手斜拿瓶颈处呈45°角,大拇指压紧塞顶,用右手转动瓶颈上的金属小环使之完全松动。然后去掉金属丝和金属箔,右手拿一块干净的餐巾布紧捏住瓶塞的上段,左手轻轻地转动酒瓶,让瓶内的压力将瓶塞慢慢地顶出来。当瓶塞离开瓶口时会发生清脆的响声。瓶塞拨出后,要继续使酒瓶保持45°角,以防酒从瓶内溢出。开香槟酒时,瓶口始终不能朝向宾客或天花板,以防酒水喷到宾客身上或天花板上。

 案例分析

喝 过 的 酒

王先生是某酒店的常住客人,他脾气大,爱挑剔,常因一点小事就大发雷霆。一次,王先生在中餐厅就餐,点完菜和酒水后,服务员就去准备了。一会儿,服务员在吧台把啤酒开启后,拿到了餐桌上。王先生怒视着服务员说:"为什么把别人用过的酒给我?岂有此理,找你们经理去!"

(资料来源:http://3y.uu456.com/bp_57vae7j5b51klhk34qqy_1.html。)

案例分析:

在餐饮服务中经常会遇到一些爱挑剔的客人,对这类客人的服务,首先要保证服务的规范性,让客人无可挑剔,在这个基础上才能进一步提供更好的、更优质的服务。酒水操作规范要求是服务员在客人点酒后,在开启之前应该有一个示瓶的过程,在得到客人的同意后才能开启酒瓶,否则就会像案例里的王先生一样,会认为你是把别人用过的酒给客人。所以作为一名餐饮服务人员,要想保证优质服务质量,首要前提是要做到服务的规范性,按规范的服务程序给客人提供服务。

3. 斟酒站位

规范的站位是:服务人员的右腿在前,插站在两位宾客的餐椅中间,脚掌落地;左腿在后,左脚尖着地呈后蹬势,使身体向左呈略斜式;服务人员面向宾客,右手持瓶,瓶口向宾客左侧依次进行斟酒。每斟满一杯酒更换位置时,做到进退有序。退时先使左脚掌落地,右腿再撤回与左腿并齐,使身体恢复原状。再次斟酒时,左脚先向前跨一步,后脚跟上跨半步,形成规律性的进退,使斟酒服务的整体过程潇洒大方。服务人员斟酒时,忌讳将身体贴靠宾客,但也不要离得太远,更不可一次为左右两位宾客斟酒,也就是说不可反手斟酒。

4. 斟酒姿势

斟酒姿势是指斟酒服务时,服务人员持酒瓶的手法、站立、行走及为宾客向酒杯中斟酒时的动作。斟酒姿势的优美来源于服务人员广博的酒品知识、文化修养和表演才能。斟酒前的各项准备工作应做到优美娴熟。

持瓶姿势是斟酒准确、规范的关键。正确的持瓶姿势应是:右手叉开拇指,并拢四指,掌心贴于瓶身中部、酒瓶商标的另一方,四指用力均匀,使酒瓶握稳在手中。采用这种持瓶方法,可避免酒液晃动,防止手颤。

斟酒时的用力要活而巧。正确的用力应是:右侧大臂与身体呈90°角,小臂弯曲呈45°角,双臂以肩为轴,小臂用力运用手腕的活动将酒斟至杯中。腕力用得活,斟酒时握瓶及倾倒的角度控制就会自如;腕力用得巧,斟酒时酒液流出的量就准确。斟酒及起瓶均应利用手腕的旋转来掌握。斟酒时忌讳大臂用力及大臂与身体之间角度过大,角度过大会影响宾客的视线并迫使宾客躲闪。

斟酒服务开始时,服务人员先应呈直立式持瓶站立,左手下垂,右手持瓶,小臂呈45°角。向杯中斟时,上身略向前倾,当酒液斟满时,右手利用腕部的旋转将酒瓶逆时针方向转向自己身体一侧,同时左手迅速、自然地将餐巾盖住瓶口以免瓶口溜酒。斟完酒,身体恢复直立状。向杯中斟酒时切忌弯腰、探头或直立。

斟酒服务的姿势、站位都是有规律性的,但是,斟酒的方法、时机、方式往往需要掌握一定的灵活性。

(三)斟酒方法与方式

1. 斟酒方法

斟酒的方法一般有两种:托盘端托斟酒和徒手斟酒。

(1)托盘端托斟酒,即将宾客选定的几种酒放于托盘内,左手端托,右手取送,根据宾客的需要依次将所需酒品斟入酒杯中。

(2)徒手斟酒,即左手持餐巾,右手握酒瓶,把宾客所需酒品依次斟进酒杯中。

2. 斟酒方式

斟酒的基本方式有两种:一种叫桌斟,另一种叫捧斟。

(1)桌斟指宾客的酒杯放在餐桌上,服务人员持瓶向杯中斟酒。斟一般酒时,瓶口应离杯口2厘米左右为宜;斟汽酒或冰镇酒时,二者则应相距5厘米左右为宜。

(2)捧斟指斟酒服务时,服务员站立于宾客右侧身后,右手握瓶,左手将酒杯捧在手中,向杯中斟满酒后,绕向宾客的左侧将装有酒液的酒杯放回原来的杯位。捧斟方式一般适用于非冰镇酒品。取送酒杯时动作要轻、稳、准,优雅大方。

(四)斟酒的相关知识

1. 斟酒时机

斟酒时机主要介绍宴会斟酒的两个不同阶段:一个是宴会前的斟酒;另一个是宴会进行中的斟酒。

如果宾客点用白酒、洋酒、红葡萄酒、啤酒时,在宴会开始前5分钟之内将红葡萄酒和白酒斟入每位宾客杯中,斟好以上两种酒后就可请宾客入座。待宾客入座后,再依次斟啤酒。如用冰镇的酒或加温的酒,则应在宴会开始后上第一道热菜前依次为宾客斟至杯中。宴会进行中的斟酒,应在宾客干杯前后及时为宾客添斟,每上一道新菜后要添斟,宾客杯中酒液不足一半时也要添斟。宾客互相敬酒时要随敬酒宾客及时添斟。

2. 斟酒顺序

(1)中餐宴席斟酒的顺序一般是从主宾开始,主宾在先,主人在后,女士在前,男士在后。两名服务人员一同为宾客斟酒时,一个从主宾开始,另一个可以从副主宾倒起,然后依座次按逆时针为宾客斟上酒水或饮料。

(2)西餐宴席中,如果有国家元首(男宾)参加,饮宴则应先斟男主宾位,后斟女主宾位。一般宴会斟酒服务,则是先斟女主宾位,后斟男主宾位,再斟主人位,其他宾客则按座位顺时针方向依次斟酒。

3. 斟酒量

(1)传统上,中餐宴会要将酒斟满,表示全心全意。但随着西方文化的影响,传统的斟酒常识也在发生着变化。

(2)西餐中斟白酒时,一般不超过酒杯的3/4,这样可以使宾客在小呷一口之前能有机会端着酒杯欣赏一下酒的醇香。

(3)斟啤酒时,要顺着杯壁将酒缓缓倒下,避免一下子倒满,使白沫溢出酒杯。啤酒斟酒量宜80%酒、20%泡沫。

(4)斟红葡萄酒时,倒至杯的1/2;斟白葡萄酒时,倒至杯的2/3。

(5)斟香槟酒时,应分两次斟,第一次先斟上1/3杯,及至泡沫平息后,再将酒斟至2/3或3/4杯。调鸡尾酒时,使酒液入杯占3/4空间即可,以便于宾客观赏或方便宾客端拿。

(6)斟白兰地酒时,一般只斟到酒杯的1/8处。

(7)如果客人要求啤酒与汽水混合饮用,应先斟啤酒,然后再加入汽水。

(8)国产白酒八分满为宜。

4. 斟酒注意事项

(1)斟酒时一定让宾客看到酒的标签。

(2)斟酒时,瓶口与杯口之间保持一定距离,以2厘米为宜,不可将瓶口搭在杯口上。

(3)斟酒时,要注意控制倒酒的速度,随时注意酒量变化,以适当倾斜度控制酒液流出速度。

（4）香槟酒、白葡萄酒需要冷藏，斟酒时应用服务巾包着，剩余的酒应马上放回酒桶以保持酒的温度。

（5）不同的酒类所斟的分量不同。

（6）陈年葡萄酒的软木塞经常发生霉腐的情况，倒酒时要注意有无杂质。

（7）斟酒时尽量使用服务巾。

（8）要随时观察杯中宾客酒水的饮用情况，随时为宾客添加酒水。

（9）宴会上，主宾通常要讲话，讲话结束后，双方都要举杯祝酒。所以，在讲话前，应将酒斟好。

（10）如操作不慎而将酒杯碰翻时，应向宾客表示歉意。

五、上菜

上菜就是由餐饮服务人员将厨房烹制好的菜肴、点心按一定的程序端送上桌的服务方式。上菜是为客人进餐进行服务的重要环节，也是餐饮服务人员必须掌握的基本技能之一。宴会的上菜要求较高，对于上菜程序、上菜位置、服务节奏、菜肴台面图案等均有讲究，因此，要求餐饮服务人员必须熟练掌握上菜服务技能。

因就餐形式不同，上菜的繁杂程度也不一样。上菜的整个过程分为端托、行进、上菜、摆放、介绍、分菜、撤盘7个环节。这里以宴会场合作为背景，主要介绍上菜和摆放两个知识内容。

（一）上菜位置

餐饮服务人员在为宾客上菜时，应选择正确位置。零点餐上菜的服务比较灵活，服务人员应注意选择比较宽敞的位置上菜，以不打扰宾客为宜，一般切忌在老人和儿童、女士旁边上菜。

中餐宴会上菜一般选在陪同和次要宾客之间，或者副主人的右侧（有利于副主人向宾客介绍菜肴），并始终保持在一个位置上。注意宴会的整体气氛和不同餐台之间的上菜位置。

（二）上菜顺序

因中西餐饮食文化的不同，在上菜程序上会有所区别。

1. 中餐上菜顺序

中餐上菜顺序一般为：冷菜（小碟、冷盘）—大菜—热炒（汤类、鱼、青菜）—主食—点心—水果。一般原则是：先凉菜，后热菜；先咸味菜，后甜味菜；先佐酒菜，后下饭菜；先荤菜，后素菜；先优质菜或风味菜，后一般菜；先干菜，后汤菜；先浓味菜，后清淡菜；先菜肴，后点心、水果。

由于中国菜系很多，一些地方在上菜程序上也不完全相同，这就要根据宴席的类型、特点和需要，因人、因时、因事而定，特殊情况特殊处理。

2. 西餐上菜顺序

西餐上菜的顺序一般为：头盘（开胃菜）—汤—主菜—沙拉—甜食或水果—咖啡或茶。所有菜品上桌时均需遵循先女后男、先宾后主的顺序依次进行。

(三) 上菜时机

为了保证菜点的质量（火候、色泽、温度等），使宾客吃得可口满意，服务人员要能够恰到好处地掌握上菜的时机和速度。菜上慢了，会造成菜点冷得过快；菜上得过快，又会使宾客吃不好。要做到恰到好处，必须了解不同餐饮方式的上菜时机，才能适应宾客的就餐需要。上菜时机一般根据餐别、进餐的快慢节奏和宾客的要求确定。

1. 零点餐上菜

零点餐是宾客入座后开始点菜，点菜完毕，要马上送上酒水饮料及冷盘，其他热菜根据主人要求、菜肴的烹制特点等及时送上。一般情况是落单15分钟之内上第一道热菜。

2. 宴会上菜

冷盘在宴会开始前5分钟上好。宾客入座开席后，当冷盘吃去1/2或1/3左右时，开始上第一道热菜。一般宴会的热菜上菜要注意观察宾客进餐情况，并控制上菜的节奏。服务人员要熟悉各种菜点的火候要求和烹调大致所需要的时间，做到心中有数，适时上菜。

(四) 上菜的速度

如无特殊情况，多半视宾客进餐情况决定上菜速度：上菜速度不宜过快或过慢，太快了服务人员来不及分派，宾客也来不及品味；太慢了显得台面菜点不丰盛，或出现宾客空等的现象。因此，应掌握好上菜的速度。

(五) 几种典型的西餐上菜方法

1. 美式上菜

在厨房内将菜分成一人一份，服务人员用左手从宾客左边上菜，从宾客右边撤盘。

(1) 用托盘先上汤或开胃品（通常有色拉），从宾客右侧取走餐前酒杯；汤勺与开胃品的餐具放在碟子的右侧。

(2) 主菜及配菜烹调好，盛在盘子里，由服务人员用托盘端进餐厅，从宾客左侧供应主菜，从宾客右侧撤走主菜盘碟。每人一个餐盘。

(3) 用过的汤或开胃品盘碟从宾客右侧取走，然后从宾客左侧再度供应面包及黄油，然后从宾客右侧倒冰水。

(4) 假如宾客要咖啡，服务人员要从宾客的右侧供应。

(5) 甜点从宾客的右侧供应和服务。

2. 俄式上菜

一般将食物在厨房内完全准备好，放入大浅盘中，由服务人员端到餐厅。服务人员用左手托盘，用右手执服务勺把菜分到宾客的餐盘中。

(1) 主菜或其他菜肴的服务。整齐地将菜肴放在大银盘里，服务人员端进餐厅，从主人开始，逆时针方向为宾客服务，银盘中剩余的菜肴退回厨房。

(2) 汤的服务。服务人员按顺时针从宾客右边用右手将空餐盘逐一放在宾客面前。然后回到服务台，用左手端起盛汤的大银盘，用右手从宾客左边分给宾客。

3. 法式上菜

法式菜肴的最后一道烹饪程序须在宾客面前的服务车上完成。有两名服务人员，一名在餐车上将菜烹饪好并分到餐盘中,另一名将盘中的菜端给宾客。

(1)助理服务员用右手从宾客右侧端上和服务,一般的菜点都从右侧服务。

(2)面包、黄油碟、色拉碟及一些特殊的盘碟必须从宾客的左侧供应和服务。

(3)汤由助理或首席服务员用右手从宾客右侧供应和服务,放在宾客的底盘纸上,并放上一块叠好的餐巾。

(4)主菜的服务方式同汤的一样,色拉与主菜一同端上。

(六)特色菜肴的上菜要求

1. 上火候菜

服务人员一定要掌握动作迅速这一环,免得耽误时间,使菜肴失去火候菜的特色,还应及时向宾客介绍应及时品尝,以不失菜肴的焦、酥、脆、嫩的风味特色。

2. 上汤菜

端汤菜不要用抹布垫托,要用垫盘;端汤菜时,手指不能浸入汤内;汤中若有油沫或葱花时,应用羹匙撇出,切勿用嘴吹除。

3. 上有包装的菜肴

如灯笼虾仁、荷叶粉蒸鸡、纸包猪排、叫花鸡等菜式经包装后再烹调的,应将菜肴送上餐台,让宾客观赏后,再拿到工作台上,或直接当着宾客的面在台面上去掉包装,以方便宾客食用。

4. 上炖类菜品

应将炖品上桌后再启盖,以保持炖品的原汁原味,并使菜品的香气在餐桌上散发。启盖后,将盖子翻转过来再移开,以免汤水滴落在宾客或自己身上,或者滴落到餐桌或其他菜品上。

5. 上铁板类菜肴

铁板类餐肴在餐厅中种类多,较常见。在上菜服务中,铁板类菜品的响声可以烘托宴席的气氛,又可以保温,但服务时要注意安全,以免烫伤。

6. 上拔丝类菜肴

拔丝苹果、拔丝香蕉、拔丝土豆等都是容易烫嘴的菜。它的服务要求是速度快,动作敏捷。此类菜肴上桌时,因为拔丝菜的外皮都挂有一层糖浆,温度较高,外表不容易看出,一定要迅速跟上凉开水,防止烫伤宾客口腔。另外,服务人员还应提醒宾客,这道菜应尽快用完,因为拔丝菜的浆是用高温熔化了的食糖,冷却下来就会结成一个大硬块,吃起来很不方便。

(七)摆菜要求

菜盘的摆放一般规则是:尊重主宾,注意礼貌礼节,方便食用,讲究造型,协调摆放,用餐规范。

按照数量与形状的要求一般为一中、二平、三角、四方、五梅花、六正六边形等,让桌面的菜盘位置始终形成一个美丽的图案。

(八)上菜服务规范及安全要求

1. 总体要求

桌上的菜品应按格局摆放好。要讲究造型艺术,尊重主宾,注意礼貌,方便食用。

2. 具体要求

(1) 主菜肴的看面应正对主位,其他菜肴的看面要朝向四周。菜肴的看面,就是适宜观赏的一面。如整形有头的菜,像冷拼中孔雀开屏、喜鹊登梅等,其头部为看面;而头部被隐藏的菜肴,如烤鸭、八宝鸡等,其饱满的身子为看面;盅类菜,其花纹刻的最精致的部分为看面;一般菜肴,其刀工精细、色泽好看的部分为看面。

(2) 各种菜肴摆放时要讲究造型艺术,应根据菜品原料的颜色、形状、口味、荤素、盛器、造型对称摆放。原则是讲究造型、颜色搭配。

(3) 上菜时,应注意防止出现空盘、空台的现象;也要防止上菜过快、过勤,出现菜品堆积现象;还要防止撤盘过快,宾客没有食用完,就匆匆撤走。

(4) 第一道热菜应放在正主人和主宾的前面,没有吃完的菜则移向副主人一边,后面菜可遵循同样的原则。

(5) 全部菜品都已上完后,应小声提醒主人,并祝宾客用餐愉快,以免产生误会,从而影响宾客用餐的愉快情绪。

案例分析

"虎头蛇尾"的寿宴

某酒店餐厅的正中间是一张特大的圆桌,从桌上的大红"寿"字和老老小小的宾客可知,这是一次庆祝寿辰的家庭宴会。朝南坐的是位白发苍苍的八旬老翁,众人不断站起对他说些祝贺之类的吉利话,可见他就是今晚的寿星。一道又一道色香味俱全的菜肴送上桌面,客人们对今天的菜感到心满意足。寿星的阵阵笑声为宴席增添了欢乐,融洽和睦的气氛又感染了整个餐厅。又是一道别具一格的点心送到了大桌子的正中央,客人们异口同声喊出"好"来。整个大盘连同点心拼装成象征长寿的仙桃状,引起邻桌食客伸颈远眺。不一会,盘子见底了。客人还是团团坐着,笑声、祝酒声、贺词声,汇成了一首天伦之曲。可是不知怎的,上了这道点心之后,再也不见端菜上来。闹声过后便是一阵沉寂,客人开始面面相觑,热火朝天的生日宴会慢慢冷却下来。众人怕老人不悦,便开始东拉西扯,分开他的注意力。一刻钟过去,仍不见服务员上菜。一位看上去是老翁儿子的中年人终于捺不住,站起来朝服务台走去。接待他的是餐厅的领班。他听完客人的询问之后很惊讶:"他们的菜不是已经上完了吗?"中年人把这一消息告诉大家,人人都感到扫兴。在一片沉闷中,客人快快离席而去了。

(资料来源:http://www.chinadmd.com/file/e32wuxwwtouwieaoiizzivwi_1.html。)

案例分析:

本来是一场很开心的宴会,服务员的服务也让客人很满意,但是因为服务员没有把握好上菜的节奏和时机,让一场开心的寿宴扫兴而归。中餐宴会要根据主桌用餐的速度上菜或根据主宾以及客人的用餐速度上菜,要根据气氛、环境来控制上菜的节奏。要注意的是,当全部菜品都已上完后,应小声提醒主人,并祝客人用餐愉快,以免产生误会,从而影响宾客用餐的愉快情绪。

3. 安全要求

餐饮服务人员在席间服务中,要保证操作安全。

(1) 在上各种菜肴时,应做到端平走稳,轻拿轻放。

(2) 上菜忌讳推、拉、拽等,并应注意盘底、盘边要干净。

(3) 上带汤汁的菜肴时应双手送至餐桌上,以免洒在宾客身上。

(4) 上菜时,切不可从宾客肩上、头顶越过,以免发生意外,也不符合礼貌规范。

(5) 上菜时,大拇指等不可伸入菜盘内,注意上菜卫生。

4. 上菜的基本步法

服务人员上菜去菜,为保证安全稳妥,必须掌握行进时的步伐。上菜过程中,服务人员常用步法要求是:一般菜肴走常步,火候菜肴走疾步,汤汁菜肴走碎步,遇到障碍走巧步。(具体参考托盘技能部分。)

六、分菜

分菜又称为让菜、派菜,指由服务人员将已经端送上桌的菜肴点心等用服务用具依次分让给宾客的服务过程。分菜是餐饮服务中技术性很强的工作,要想熟练掌握它,就必须对各种菜肴的烹制方法、菜肴成型后的质地特点有很好的了解,才能在实际工作中运用自如。

无论在中餐厅还是西餐厅,服务人员的工作之一就是分菜服务。分菜服务既体现着服务人员的工作态度,又反映出餐厅的服务水平。

分菜分为中餐分菜和西餐分菜,因中西餐饮食的区别,分菜技能要求不一样,这里重点介绍中餐分菜。

中餐分菜历史悠久,早在古代帝王饮宴时就已经出现了。当时,每位进餐者席地而坐,一人一桌,所上食品一人一份。中餐分菜由此产生,并不断随着人们饮宴形式的变化而发展。

(一) 分菜服务原则

(1) 分菜服务,在用餐标准较高或是宾客身份较高的宴会上,每道菜肴均需分派给宾客。

(2) 所有需要分派的菜品,都必须在宾客面前先展示一下,让宾客看过一遍,并简单介绍菜名及其特色。征得宾客同意后再拿下去派分。

(3) 如果宾客要求在台面上分,这时服务人员可一人操作或两人配合,动作要干净、利索。千万要注意,不能把汤汁之类的东西滴到宾客身上。

(二) 分菜工具及其使用方法

1. 分菜工具

中餐宴会的分菜工具有服务叉(分菜叉)、服务勺(分菜勺)、公用勺、公用筷、长柄汤勺等。

2. 使用方法

(1) 服务叉、勺的使用方法。服务人员右手握住叉的后部勺心向上,叉的底部向勺心;在夹菜肴和点心时,主要依靠手指来控制;右手食指插在叉和勺把之间,与拇指酌情合捏住叉把,中指控制勺把,无名指和小指起稳定作用;分带汁菜肴时用服务勺盛汁。

(2)公用勺和公用筷的使用方法。服务人员站在与主人位置成90°角的位置上,右手握公用筷,左手持公用勺,相互配合将菜肴分到宾客餐碟之中。

(3)长柄汤勺的使用方法。用于分汤菜。汤中有菜肴时,需用公用筷配合操作。

分鱼、禽类菜肴时,用餐刀、餐叉和餐勺相互配合;分炒菜时应使用餐叉和餐勺,也可使用筷子与长柄汤勺配合;分汤菜时,应使用长柄汤勺。

(三)分菜方法

中餐分菜方法主要有餐位分菜法、餐台分菜法、旁桌分菜法和厨房分菜法四种。

1. 餐位分菜法

即服务人员在每位宾客的就餐位置旁将菜肴分派到宾客各自的餐盘内。其具体操作如下:核对菜肴,双手将菜肴端至转盘上,示菜并报菜名;服务人员站在宾客的右侧,左手垫上餐巾并将菜盘托起,右手拿分菜勺、叉,按顺时针方向绕台进行分菜。分菜时的正确姿势是右腿在前,左腿在后并略弯腰,使上向微前倾,菜盘的边与宾客骨碟的边上下重叠。

2. 餐台分菜法

也称定点分菜法,是指服务人员固定在某一餐位旁操作。餐台分菜又可以分为分让式和二人合作式。

(1)分让式。操作时,服务人员先将干净餐具有序地摆放在转台上,菜上桌后介绍菜名。接着,服务人员左手执长柄汤勺,右手执公筷将菜肴均匀地分到各个餐碟中,然后从主宾右侧开始,按顺时针方向绕台进行,从转盘上取菜端送给宾客。

(2)二人合作式。一般用于高档宴会服务,由两名服务人员同时操作,一位分菜,另一位送菜。

3. 旁桌分菜法

分菜前,在宾客的餐桌旁放置一辆服务车或者一张服务桌或工作台,准备好干净的餐碟和分菜工具;菜肴上桌时,服务人员把菜肴放在餐桌上示菜、报菜名并做介绍;将菜肴取下站在服务车或服务桌或工作台旁,均匀、快速地分到事先准备好的骨碟中;菜分好后,从主宾右侧开始按顺时针方向将餐碟送上,多余的菜肴经过整形后重新摆上餐桌。旁桌分菜时应面对宾客以便宾客观赏,同时也便于观察宾客并及时提供其他服务。

4. 厨房分菜法

厨房工作人员根据宾客的人数在厨房分好菜,传菜员用托盘将菜肴端托到餐桌旁,由值台服务员用托盘从主宾的右边上菜。此种方法通常用来分比较高档的炖品、汤煲等菜肴,以显示宴席的规格和菜肴的名贵。

一般热炒、汤汁较少的菜、块类的菜及点心,采用餐位或旁桌分菜法;整形菜、汤汁多的菜,多选用旁桌或餐台分菜法;对于技能不太熟练的服务人员,最好采用旁桌分菜法。

(四)分菜服务注意事项

1. 注意分菜顺序

分菜的顺序应是先宾后主,即先给主宾分让,然后按顺时针方向依次分让。

2. 掌握分菜时机

将菜点向宾客展示,并介绍名称和特色后方可分让。大型宴会中,每一桌服务人员的派菜方法应一致。

3. 注意手法卫生

不得将掉在桌上的菜肴拾起再分给宾客;手拿餐碟的边缘,避免污染餐碟;服务人员在分菜时动作要轻、快、准,切不可在分菜给最后一位宾客时菜已冰凉。

4. 做到分派均匀

分菜时要胆大心细,服务人员要做到心中有数,掌握好菜的份数与总量,做到给每位宾客的菜肴要大致等量。分菜时做到一勺准,数量均匀,不允许一把匙菜分给两位宾客。凡带骨的菜肴,骨与肉要分得均匀,头、尾、翼尖的部分不能分给宾客。

5. 跟上调料菜肴

凡配有作料的菜,分菜时要跟上调料并略加说明。

(五) 各种特殊情况的分菜方法

特殊情况包括特殊宴会形式和特殊菜肴两大类。

1. 特殊宴会的分菜方法

(1) 宾客只顾谈话而冷淡菜肴。遇到这种情况,服务人员应抓住宾客谈话出现的短暂停顿间隙,向宾客介绍菜肴并以最快的速度将菜肴分给宾客。

(2) 主要宾客带有儿童赴宴。此时分菜先分给儿童,然后按常规顺序分菜。

(3) 老年人多的宴会。采取快分慢撤的方法进行服务。分菜步骤可分为两步,即先少分再添分。

(4) 外事会晤宴会。应照顾好主宾和翻译,将易食和骨刺少的部位分给他们。

2. 特殊菜肴的分菜方法

(1) 汤类菜肴。先将盛器内的汤分进宾客的碗内,然后再将汤中的原料均匀地分入宾客的汤碗中。

(2) 造型菜肴法。先将造型的菜肴均匀地分给每位宾客。如果造型较大,可先分一半,处理完上半部分造型物后再分剩余的一半。也可将可食用的造型物均匀地分给宾客,不可食用的,分完菜后撤下。

(3) 卷食类菜肴。一般情况是由宾客自己取拿卷食。如有老人或儿童多的情况,则需要分菜服务。方法是:服务人员将吃碟摆放于菜肴的周围,放好铺卷的外层,然后逐一将被卷物放于铺卷的外层上,最后卷上送到每位客人面前。

(4) 拔丝类菜肴。由一位服务人员取菜分菜,另一位服务人员快速递给宾客。

(六) 西餐分菜服务

西餐中的美式服务不要求服务人员掌握分菜技术,俄式服务要求服务人员有较高的分菜技术,法式服务要求服务人员有分切技术。下面简单介绍俄式服务和法式服务的分餐工具和使用方法。(西餐服务方式请参考项目三。)

1. 俄式服务

(1) 分菜工具。叉和勺,通常以不锈钢材为主。

(2) 使用方法。一般是匙在下,叉在上。右手的中指、无名指和小指夹持,拇指和食指控制叉,五指并拢,完美配合。这是俄式服务最基本的技巧。

2. 法式服务

（1）分切工具。包括服务车、分割切板、刀、叉、分调味汁的叉和勺。

（2）使用方法。

①分让主料。将要切分的菜肴取放到分割切板上，再将切板放在餐车上。分切时左手拿叉压住菜肴的一侧，右手用刀分切。

②分让配料、配汁。用叉勺分让，勺心向上，叉的底部向勺心，即叉勺扣放。

七、撤换餐用具

撤换餐用具就是服务人员把宾客暂时不用的、多余的或使用完毕的餐具、用具从餐桌上撤下来，并根据需要换上干净的餐具、用具的服务过程。在宾客就餐过程中及时撤换餐用具，既可以使台面保持清洁卫生，还能体现工作人员礼貌周到的服务，提高接待规格。因此，撤换餐用具是接待服务工作中必不可少的一项技能，尤其在宴会服务中，适时撤换菜品及餐、酒用具是服务人员的一项重要工作，服务人员应准备好充足的所需物品，并注意撤换的时机、次数和方式。

（一）中餐台面撤换餐用具

较高级的酒席或宴会，往往需要两种以上的酒水饮料，并配有冷、热、海鲜、汤、羹等不同的菜品，这些菜品采用炒、烩、扒、煎等不同的烹饪方法。因此，为了丰盛宴席，提高宴席档次，搞好餐桌卫生，使菜肴不失其色，保持原汁原味，突出特点，增加美观，在宴会进行中需要不断地更换餐具、用具。

1. 撤换骨碟

1）时机

宾客骨碟中有残渣时均可更换，根据餐厅档次及宾客要求进行。

在一般情况下，服务人员可视具体情况，灵活掌握，但遇到下列情况时应及时更换骨碟：

（1）吃过冷菜换吃热菜时。

（2）吃过鱼腥味食物后再吃其他类型菜肴时。

（3）上风味特殊、汁芡各异、调味特别的菜肴时。

（4）吃过甜菜、甜汤的盘和碗。

（5）骨碟内洒落酒水、饮料或异物时。

（6）碟内骨刺、残渣较多，影响雅观时。

2）方法

从宾客右侧，先将盛有残渣的骨碟撤下，再从右侧放上干净骨碟即可。撤换时应注意将用过的和干净的骨碟严格分开，防止交叉污染。严格来说，撤换餐具应该由两名服务人员同时进行，一名撤脏盘，另一名送上干净的餐具。如遇有宾客前一道菜还没有用完，而新菜又上来了，这时可以在宾客面前先放一干净骨碟，等宾客食用完后再撤下前一道骨碟。更换骨碟应根据菜肴的品种而定，如果是高级宴会应是一菜一碟。

2. 撤换汤碗、汤匙

1）时机

（1）用完冷菜后，准备上热菜前。

(2) 荤素菜交替食用之时。

(3) 上甜点与水果之前。

(4) 吃过汤汁较为浓厚的菜后，或者吃过腥味较重的食物再吃其他类型菜肴时。

(5) 上名贵菜肴时。

(6) 上风味特殊、汁芡各异、调味特别的菜肴时。

(7) 骨碟内洒落酒水、饮料或异物时。

(8) 客人要求时。

2) 方法

先撤用过的，再上干净的。中餐是撤碟而不撤筷。如果宾客的筷子放在餐碟上，调换餐碟后，也要将其筷子按原样放在干净的餐碟上。撤碟一定要待宾客吃好后再进行。如果宾客还没吃好，新的菜又上来了，这时可在宾客面前先送上一只干净的餐碟，并保留其原来的餐碟，待吃完后再进行个别的撤换。

3. 撤换酒具

1) 时机

(1) 客人要求时。

(2) 酒杯中洒落汤汁、异物时。

(3) 提供不同酒水饮料时。

2) 方法

先撤后换。换酒具时，从宾客右侧按顺时针方向进行，酒具放在正确的位置上。操作时不得将酒杯相互碰撞，以免发出声响，打扰宾客。

4. 撤换菜盘

(1) 撤盘前应先询问"可以撤掉吗"，等到肯定答复后才能撤换。

(2) 应注意礼貌。站在宾客的右侧，用右手将餐盘撤回放到托盘中，不能将托盘放在餐桌上收餐具。动作要轻稳，防止餐具发出声响。

(3) 要注意保持餐桌清洁，撤盘时不拖曳，不当着宾客的面刮擦脏盘，不能将汤水及菜洒到宾客身上。

(4) 如果宾客还要食用餐盘中的菜，应将餐盘留下或征得宾客意见后将菜并到另一个餐盘中。

(5) 撤盘时严禁从宾客头顶上越过。上菜和撤盘不能双手交叉进行。

(6) 撤盘时要为上下一道菜准备条件。

(7) 撤盘时，应将吃剩的菜或汤在宾客右边用碗或盘装起来，然后将同品种、同规格的盘按直径由大到小的顺序自下而上摆放整齐。

5. 撤换烟灰缸

在宴席进行当中，服务人员要随时注意烟灰缸的使用情况。高档宴会中，宾客使用的烟灰缸中满2个烟蒂就必须撤换。撤换烟灰缸的时候，要注意先把干净的烟灰缸盖在用过的烟灰缸上，并将2个烟灰缸一并撤下，然后再把干净的烟灰缸放在餐桌上，这样可以避免在撤换时烟灰飞扬，有碍卫生。撤换烟灰缸与撤换餐碟、汤碗一样，也需要用托盘进行操作。另外，餐后收台时，撤换烟灰缸应先做防火安全检查，看是否有未熄灭的烟蒂，如有应进行及时处理。撤换烟灰缸应作为一项单独的撤台程序。

6. 撤换小毛巾

从宴会开始到宴会结束,席间应多次更换小毛巾,以示服务热情、礼貌和讲究卫生。

上小毛巾的方法是:将小毛巾放在毛巾托内,装在托盘里,服务人员左手端托盘,右手摆放,放在宾客的右侧,由宾客自取。也可将毛巾放在垫碟内,服务人员用毛巾夹直接递给每一位宾客。

7. 收拾台面

收台后撤台的步骤是:撤口布—撤酒(饮)具—撤餐具—撤其他物件—撤台布。

撤口布时应先将口布抖干净,清点数目,再把口布扎成10块一捆,这样做便于清点。

撤台布是撤台工作的最后一道程序,餐台的各种餐饮用具撤清后,首先应注意台布上是否留有烟蒂、残菜等,如果有应先清理再撤台布。如台布上洒有大量的液体,应采取晾台的方法,待台布晾干后再收起,以免台布发霉后洗不掉,既不雅观也不卫生,影响使用。

收台时应使用托盘或餐车,轻拿轻放,将餐具堆放整齐。台面收拾完毕要及时摆台,以迎接下一批宾客就餐。

(二) 西餐台面撤换餐具的方法

(1) 西餐每吃一道菜即换一副刀叉,刀叉排列从外到里。待宾客食用甜点时,服务人员即可将面包盘、牛油罐、胡椒盅、盐盅、调味架一并收拾撤下,并撤下桌上除水杯、饮料杯以外的餐具、酒杯,换上干净的烟灰缸。

(2) 撤盘前,要注意观察宾客的刀叉摆法,若刀叉规矩地平行放在盘上,表示不再吃了,若刀叉呈八字形搭放在餐盘上,说明宾客还将继续食用或在边食用边讲话,不可贸然撤去。

(3) 若宾客将汤匙搁在汤盘或垫盘边上,通常表示还未吃完,此时不能撤盘。

(4) 在宾客未离开餐桌前,桌上的酒杯、水杯不能撤去,但啤酒杯、饮料杯可在征求宾客意见后撤去。

(5) 撤盘时,左手托盘,右手操作,先从宾客右侧开始,顺时针方向依次进行。

(6) 西餐服务要求徒手撤盘,只有玻璃杯具、烟灰缸、面包盘、黄油盅等小件物品用托盘撤送。

(7) 上甜点水果之前撤下桌上除酒杯以外的餐具(主菜餐具、面包碟、黄油盅、胡椒盅、盐盅),换上干净的烟灰缸,摆好甜品叉勺,水果要摆在水果盘里,跟上洗水盅、水果刀叉。

(8) 撤换烟灰缸同中餐。

八、结账

餐后结账买单是餐饮服务的最后一个环节,也是最重要的一个环节。服务人员收到宾客餐后支付的餐饮消费费用,不仅表明餐厅与宾客的交易正式完成,宾客对餐厅的印象定格和顾客满意度也是在这个环节最终完整地形成,因此,餐厅和服务人员必须高度重视餐后结账买单的服务工作。服务人员能够提供准确无误的结账服务,可以进一步提升顾客满意度、减少客源流失。

(一) 工作流程

1. 备单

当宾客点的菜全部上齐后,在宾客不添加的情况下,服务人员先检查菜单,然后到账台核对账单,准备结账。要检查账单的台号、人数、餐费、酒水饮料费、香烟费及金额总数是否正确,做到不漏结、不错结。

2. 递送账单

(1) 听到宾客需结账时,应主动上前询问宾客付款方式以及是否还有其他需要。例如现金还是刷卡,是否分单或打英文账单等,避免多次询问及途中浪费时间。

(2) 服务人员告知收银台所结账单的台号。收银员复核账单后,将账单交给服务人员。服务人员从收银台取回账单时,要把账单夹在结账夹内,走到宾客面前,打开结账夹,右手持账夹上端,左手轻托夹下端,递至给宾客,请宾客过目账单金额。

(3) 结账服务时站在宾客右侧,音量适中。

(4) 宾客提出开发票时,要询问宾客发票开头是哪里。

3. 不同结账方式的结账程序

现阶段常见的结账方式有以下几种:

1) 客人签单

(1) 如宾客是本酒店的住店客人,服务人员在为宾客送上账单的同时,为宾客递上笔,并礼貌地提示宾客需写清房间号、正楷姓名并签名,以凭其转入酒店大柜台结账。宾客签好后,服务人员将账单重新放入账单夹,并真诚地感谢宾客。

(2) 协议单位签单结账时,服务人员先咨询收银台相关人员,是否有有效签单人,是否可以签单。如可以,服务人员将账单给宾客签字,确认账单有效、无涂改后,交由收银人员结账;如无有效签单人,则需现付至收银台。

2) 现金结账

(1) 宾客用现金结账时,服务人员应当面将钱点清并告知已收金额,对面值的真伪利用手感适当进行辨别。

(2) 将所收现金连同账单一起交由收银员结算。

(3) 将找回的零钱连同发票盛放于账单夹内,立于右侧递给宾客,并在宾客确定所找钱数正确后,礼貌地感谢宾客。

3) 信用卡结账

服务人员信用卡使用程序及注意事项如下:

(1) 信用卡分人民币卡与外卡,所有信用卡实行联网制,服务人员要熟悉在本餐厅可使用的所有卡种。个别内卡银行不受理,因为在刷卡后POS机不认可,如有此情况,可向宾客解释说明。

(2) 宾客使用信用卡结账时,应礼貌地向宾客借用信用卡。

(3) 刷卡时,卡磁条向下,由前往后迅速刷卡,卡机屏幕显示该卡卡号。核对该卡所标卡号与屏幕显示正确无误,按"确认"键。

(4) 输入消费金额(注意小数点后面保留两位数,不足两位用零补足),按"确认"键。

(5) 请宾客自行输入密码。

(6)输入密码后,POS机屏幕显示"请稍候"字样,并进入打印状态,开始打印卡单。

(7)核对打印好的卡单(一式三联)金额,拿卡单请持卡人签字。

(8)核对宾客签字是否相符。如相符,将卡号名称及卡号一同抄写在结账单上,注意抄写准确。请宾客在结账单上签字,然后将持卡人存根及信用卡一同还给宾客并致谢。如要开发票,应在卡单注明已开发票。

(9)将卡单余下两联附到结账上一同收齐上交。

(10)在收银日报表"信用卡"一栏对应结账号注明金额。

4)支票结账

如宾客用支票结账,服务人员首先要检查支票是否可用。以下情况可拒收支票:现金支票、外地支票、使用支票人持外地身份证;支票有污、油渍、折叠、残缺;背书栏有笔迹、印章;旧式支票;支票日期距离期限低于两天;财务章或人名章印迹不清晰、章规格不标准、章迹盖在磁码线上;注明须填写密码而未填写;日期、金额未按规定填写或有涂改痕迹;限额支票超出限额的10%。

检查完毕后,用小便笺登记用餐金额、支票号、有效证件号码及联系电话,并将支票资料登记在支票记录本上。服务人员核对账单的第一联及支票存根后送给宾客,并真诚地感谢宾客。

5)其他结账方式

随着互联网技术的发展,一些餐厅也采取了一些新的结账方式,例如直接用支付宝进行支付,或者用二维码结账点餐。消费者进店后,只需扫描餐桌上餐厅的二维码,进入点餐系统。点完菜后,在点餐系统上会有提交菜单的按钮,用手机扫描桌角上的二维码便可以提交成功,同时APP菜单上也会明确地显示价格。宾客用完餐后,再打开点餐系统,系统会自动显示买单,只需按下按钮,就可和淘宝购物一样确认支付。期间无需任何服务人员的帮助,全部自助。

目前餐厅采用比较多的还是传统的结账方式,对于服务人员来说,要提供高效优质的服务,既要掌握传统的结账方式,也要熟悉和了解最新的技术运用。

4. 结账后服务

如宾客结账完毕并未马上离开餐厅,而继续交谈时,服务人员应继续提供服务,为宾客添加茶水,并及时更换烟灰缸。宾客离开后,台面复位。

(二)结账注意事项

1. 及时核对账单

保证所有物品随时上账,包括酒水、加菜及一些额外要求、服务等。当宾客加菜、添酒水、增加服务或者取消个菜品时,应及时更改账单,并与收银台和厨房沟通。

2. 不要急于结账

结账时,服务人员在宾客提出结账前,不要急于结账收款,以免失礼,习惯上要等宾客招呼结账时,再迅速送上账单。提出结账前要观察宾客餐桌上的情况,注意菜品、饮料、酒水的余量,不可以过多,造成浪费,也不可过少,造成被动局面。

3. 结账时一定要有所回避

宾客一旦提出结账,值台服务员应迅速将账单夹送到提出结账的宾客面前,打开账单夹,让宾客看清楚,然后说:"您的账单,先生/女士。"礼貌上,服务人员将账单放在桌子上时应及时道谢,随即保持一定距离;待宾客准备好后再趋前收款,然后视情况决定是否告诉宾客应付餐费的金额。

4. 工作要做到细致准确、真实有效

服务人员把账单交到款台后,收银员要及时核对、汇总、结算出总账,每份账单最少要核对两遍以上,保证不漏单、不出错。账单一定要把清洁的账单呈递给宾客,不得在账单上涂改;账单呈上若未付款者,留意防止逃单。

收银员可以在权限内给宾客一些优惠,如抹零、打折、送优惠券或小礼品等。

5. 收银要又快又准

收银的时候,根据不同的付款方式有不同的应对方式,提前做足准备工作,保证快速、准确无误。

6. 注意语言艺术

餐饮服务工作具有经验性特点,并没有一个固定的模式,可谓"千人千样"。除了做好以上细节外,还应注意与宾客的语言沟通,与宾客进行自然、轻松的互动。结账的时候,正是与宾客沟通、交往的关键时期。

7. 特殊情况特殊处理

服务工作细致、复杂、千变万化,有时不免会发生一些特殊情况,比如宾客带的资金不够。这时,就要针对不同的宾客做出不同的对策。

一般情况可以由酒店工作人员陪同就近取钱,也可以押有效证件,如身份证、工作证等。有条件的酒店可以联网查询身份证的真伪,然后约定时间付账。若数额较大,则要先请示经理再做决定。如果宾客是老主顾,可以灵活处理,如签字或者打条,并约定具体时间付账;如果是散客,服务人员可以委婉提出解决方法,比如向朋友借钱等。无论何种情况,都应该尽量让宾客自己提出解决办法。即便双方不能提出有效的解决办法,也不能对宾客说一些刺激性话语,而应该更加耐心、周到、委婉,学会体谅宾客,最大可能维护宾客面子。

这种特殊情况如果处理不当,就很容易与宾客发生冲突,造成不必要的损失。相反,处理好了,可能会赢得宾客的再次光临。

项目小结

本项目有两个任务,任务一是餐饮服务人员基本礼仪,阐述了餐饮服务人员应该具备的基本礼仪知识;任务二是餐饮服务基本技能,阐述了餐饮服务人员在餐饮服务过程中应该掌握的基本技能,包括托盘、折花、斟酒、中西餐摆台、上菜、分菜、撤换餐具、结账等。通过以上两个项目任务的学习,学生能够充分了解和掌握餐饮服务人员应该具有的礼仪知识和技能知识,通过职业技能、职业态度、职业习惯的培养和训练,使学生具备较强的服务技巧和处理问题的应变能力,并能很好地胜任餐饮服务工作。

项目实训

一、知识训练

1. 作为一名合格的餐饮服务人员,应该了解和掌握的基本礼仪知识有哪些?
2. 轻托的注意事项有哪些?
3. 简述中西餐斟酒量的控制、斟酒顺序和斟酒注意事项。
4. 餐巾花的类型有哪些?在选择花型时应考虑哪些因素?
5. 中、西餐上菜和分菜的区别有哪些?
6. 简述撤换骨碟和菜盘的时机和方法。
7. 餐饮服务人员应了解和掌握的结账方式有哪些?

二、能力训练

1. 本项目涉及的技能都要进行操作训练。

    目的:通过操作训练,提高学生的操作能力。

    要求:每一项技能要设置考核标准。

2. 组织学生到当地的酒店现场观摩餐饮部服务人员对客服务过程。

    目的:通过现场观察,可以让学生很好地巩固所学知识,同时发现一些问题和不足,让学生充分认识到基本礼仪和职业技能的重要性。

    要求:分小组进行观察,要涉及整个餐饮服务的过程,并提交报告。

3. 设置模拟场景,分组进行餐饮就餐场所各环节相关服务项目的模拟训练。

    目的:通过模拟,可以让学生更深刻地了解到,作为一名餐饮人员,怎样才能更好地为客人提供服务。

    要求:分组进行,学生可以互换角色,小组互评。

4. 通过工学交替,到校外实训基地进行短期的实地训练。

    目的:通过实际的工作场景加强学生的认知,提高服务水平。

    要求:选择四星级以上的酒店,实训后提交实训报告或实训体会。

三、案例实训

桂花鱼怎么跑到隔壁去了

某酒店的餐厅正在开晚会。一位实习服务员将客人点的桂花鱼端到了另一桌上。当这桌客人津津有味地品尝着桂花鱼时,点桂花鱼的那一桌客人正在为桂花鱼的迟迟未上而急催服务员。

两桌的客人都是餐厅以往的老主顾,怎么办?餐厅的服务员标兵小李首先带着实习生到点桂花鱼的那桌客人面前,温和地道歉:"让你久等了!"而后又风趣地说:"不知今天的桂花鱼为什么这么淘气,跑到隔壁的桌上去了!害得你们久盼不到,我们没看住,给你们带来不快,我们当面给你道歉了!请大家再耐心等待一会儿,我们让厨师再尽快做一条桂花鱼上来。"客人听她一席话,看他们满脸的真诚,都笑了,很风趣地说:"不就是一条鱼嘛,下次看住点。"小李说:"谢谢各位了!"然后他们马上又到另外一桌的客人面前,以恭喜的口吻告诉客人:"你们成了我们店的幸运之星,这条桂花鱼将令你们大吉大利,心想事成。恭喜各位了!"客人听后大喜,马上又点了一瓶茅台酒助兴。

(资料来源:http://blog.sina.com.cn/s/blog_796ba2ea01016ur9.html。)

思考:

1. 服务员在上菜时应注意哪些问题?
2. 本案例中,在酒店出现错上菜的情况下,客人为什么不仅没有生气反而还很开心呢?

项目三　餐饮服务

 **项目目标**

知识目标：
（1）了解中国菜的分类、西餐主要流派菜式，中西餐的各种服务形式。
（2）掌握中、西餐零点服务和宴会服务的工作流程及标准。
（3）掌握房内送餐服务内容和服务程序。

能力目标：
通过系统的理论知识学习，能根据餐饮的不同类型、不同特色和不同场合，选择适用的服务方式，并能够娴熟地开展服务工作。

素质目标：
让学生掌握中、西餐餐饮服务流程和规范，学会处理和解决餐饮服务与管理中的一般性问题，培养学生实际应用能力和创新能力。

 **项目任务**

任务一　中餐服务
任务二　西餐服务
任务三　房内送餐服务

▶▶▶ 案例导入 ◀◀◀

"灭火"的午餐

有一个日本来华旅游团原定于8月20号上午10点抵达Y城机场,由于飞机误点,直到20号下午1点才抵达,全团人员午饭都未来得及吃,加上旅途中的其他不顺当,所有人火冒三丈,火气一触即发。接待他们的是一位颇有经验的导游员。他意识到此时的任何解释都无济于事,首要的是行动,于是立即送他们去定好的M酒店享用特色午餐,并要求餐厅尽量把菜肴做得可口一些。餐厅服务员热情周到的服务、美味可口的菜点、舒适幽静的环境,使这些客人的情绪开始平静下来,脸色由"阴"转"多云"至"少云"。经过导游员和餐厅服务员的共同努力,日本客人的Y城之旅有了一个好的开始,很多客人表示希望接下来的进餐能尽量安排在该餐厅。导游也非常感谢酒店的配合,帮他避免了可能会发生的争端和投诉,并表示以后凡是他接待的团队入住Y城首选就是M酒店。

(资料来源:http://www.docin.com/p-501340174.html。)

思考:
餐饮服务的好坏对酒店的形象和发展会带来怎样的影响?

餐饮服务是餐饮企业向宾客集中展示企业形象的重要手段。餐饮部工作人员,特别是餐厅服务人员的一举一动、一言一行都会给宾客留下深刻的印象。宾客会根据服务人员为其提供餐饮产品的种类、质量以及服务态度等来判断餐饮企业服务质量的优劣和管理水平的高低。餐饮服务的好坏,不仅会直接影响餐饮部的经济效益,更会直接影响餐饮企业的形象和声誉。

任务一 中餐服务

一、中餐简介

中国是世界公认的"三大烹饪王国"之一,有悠久的烹饪历史。中餐厅是我国酒店的主要餐厅,主要经营粤菜、鲁菜、川菜、苏菜、湘菜、闽菜、浙菜和徽菜等菜系。中餐厅主要向国内外宾客提供中式菜点,其装修风格、环境氛围和服务方式均体现了中华民族饮食文化和历史传统特色。

(一)中国菜的分类

我国历史悠久,地域辽阔,人口众多,不同的民族、不同的地理环境、不同的气候条件、不同的饮食习惯、不同的资源特产形成了众多不同的菜肴风味。按照地区、历史和风味等特点,中国菜由民间菜、宫廷菜、官府菜、少数民族菜和具有宗教色彩的寺院菜等构成。

1. 民间菜

民间菜也称为地方菜,是构成中国菜的主体,也是中国烹饪的根。它选用当地出产为主的质地优良的原料,采用当地独特的烹调方法,制作出具有浓厚地方风味的菜肴。民间菜的主要特点有:取材方便,操作易行;调味适口,朴实无华。中国菜肴在千年的流传中分为许多流派,其中为社会所公认的最有影响、最有代表性的有鲁、粤、川、苏、浙、皖、湘、闽等菜系,即被人们常说的中国"八大菜系"。

2. 宫廷菜

宫廷菜指供帝王后妃等皇室成员们享用的菜肴。自商周起至清末,宫廷菜的烹制不断朝着精益求精的方向发展,最终成为中国古代烹饪技艺的经典和集大成者,成为中华菜肴的杰出代表。宫廷菜主要以几大古都为代表,有南味、北味之分。南味以金陵(南京)、益都、临南、郢都等为代表,北味以长安(西安)、洛阳、开封、北京、沈阳等为代表。其主要特点是选料严格,烹饪精湛,馔品新奇,配菜典式有一定的规格。

3. 官府菜

官府菜又称官僚士大夫菜,是封建社会官宦之家所制的馔肴。历代封建王朝许多官高禄厚的文武官员极其讲究饮食,不惜重金聘请名厨,创造了许多传世的烹调技艺和名菜。官府菜主要分为孔府菜、随园菜、谭家菜等,其中以孔府菜为最,自成一套完善的饮食格局和系列菜谱。官府菜的主要特点是用料广博,技术奇巧,菜名典雅有趣。

4. 少数民族菜

少数民族菜也称民族风味,主要有回族菜、朝鲜族菜、维吾尔族菜、满族菜、藏族菜等。其中清真菜(回族菜)是少数民族菜的代表。

5. 寺院菜

寺院菜也称斋菜,包括佛教和道教等的素菜,是以非动物原料(蛋、奶除外)烹制的菜。寺院菜的特点,一是为寺院所创,执鼎者多为僧厨;二是忌用动物性原料和韭、葱、蒜等植物原料;三是以素托荤,即吸收荤菜烹制技术,仿制荤菜菜形,借用荤菜菜名。其烹调特点是就地取材,擅烹蔬蔌,以素托荤。寺院菜的名菜有罗汉斋、鼎湖上素、酿扒竹笋、文思豆腐等。

(二)中式菜肴的主要特点

中国肴馔的制作技艺在几千年的历史发展中,融合了各民族的智慧,使中式菜肴具有鲜明的民族特点和不同的地域特征。

1. 用料广博,物尽其用

中国疆域辽阔,物产丰富,历代厨师在烹调实践中善于开发、运用各种原料,"天上飞的、地上走的、土里长的、水里生的"都可以用来作为烹饪的原料。在烹调原料的选择上,尽量做到物尽其用,除了讲究鲜活外,还会注重产地、季节、品种、质地、卫生等以适应不同的烹调方法。如根据羊身上不同部位肉的老嫩程度,选择相应的烹调制作技艺,做出丰富美味的"全羊宴"。

2. 刀工精湛,合理配料

中式菜肴的烹调极其讲究刀工,为了便于原料的烹制和调味、食用和消化,利于菜肴的造型和美化,需要利用精湛的刀工对原料进行加工处理。中式烹调也讲究合理配料,在配色方面要求色泽协调,突出主料;在形状方面要求辅料不能大于主料;在质地方面讲究脆配脆、软配软;在味道方面讲究原料本味,同时辅料要突出,烘托主料的味道;在营养方面讲究荤素搭配,营养酸碱平衡,健康饮食。

3. 调味精巧,味型丰富

中式菜肴的烹调追求的是五味调和,"有味使之出,无味使之入"。中式菜肴的味型丰富,主料、辅料、调料都含有不同的呈味成分,以酸、甜、苦、辣、咸、麻、鲜、香为基本味,经过在不同阶段的合理投料、不同技艺的烹调,变幻出丰富多样的味型,如鱼香、麻辣、糖醋、咸鲜、酱香、怪味等。

4. 用火精妙,烹法多样

中式菜肴的烹调注重对火候的掌握,早在《吕氏春秋·本味篇》中就有记载:"五味三材,九沸九变,火为之纪,时疾时徐。灭腥去臊除膻,必以其胜。无失其理。"中式烹调技法多样,现在行业上常用的近50种,还有一些是有些地区独有的烹调技法,如广东的"盐焗"、江浙的"泥烤"。

5. 菜品繁多,盛器考究

我国历史悠久,地域辽阔,人口众多,不同的民族、不同的地理环境、不同的气候条件、不同的饮食习惯、不同的资源特产形成了众多不同的菜肴风味。一般公认的是,中国有八大菜系。但烹饪界有不少人士认为,全国有四大菜系,即川菜、粤菜、苏菜和鲁菜。此外,有人建议,应在八大菜系基础上再加上京菜和沪菜,构成中国的十大菜系。

知识链接

四大菜系的口味

川菜重麻辣,这是由于其起源地调料特别丰富,诸如三椒、红油、豆瓣、泡菜等。其毗邻省份,如云南、贵州及河南等地,都喜爱麻辣这一基本口味,所以都属于川菜风味影响地区。

粤菜又称广东菜,由于起源地地处南海,气候湿热,重甜酸,味清淡。粤菜以广州菜为代表,还包括福建、潮汕、海南等菜。闽粤一带食俗与内地大不相同,但共同特点是取料广泛,鸟、兽、蛇、虫皆为珍馐,调料有蚝油、虾酱、梅膏、沙茶、红醋、鱼露等。

苏菜原以扬州菜为代表,扬州菜重平和。扬州、淮安、镇江在地理上通过大运河一线相通,菜肴风味基本相似,故扬州菜也称"淮扬帮菜"或"镇扬帮菜"。南京菜与淮扬风味大同小异,现在统称江苏菜系。与江苏邻近的浙江、江西、安徽的菜肴口味大体与其相近。苏北的口味略近鲁菜,苏南无锡和苏州的菜肴用糖较多,味略甜。它们虽各有特色,但基本口味平和,咸甜适中,南北皆宜,都与淮扬风味相近。

鲁菜偏重咸、鲜。北京、天津、东北、山西等地菜肴咸味偏重,实际上是受了鲁菜的影响。但需要指出的是,京菜是宫廷菜、满族菜和鲁菜的结合,而不单纯属于鲁菜。

(资料来源:李晓东,《餐厅服务实训教程》,旅游教育出版社2009年版。)

中国肴馔的美化,除了注重美食和美名、美食和美境的配合外,还讲究美食和美器的完美结合,即根据菜肴的造型、用料、色彩、风味和主题等来选择配搭器具。

6. 中西结合，借鉴求新

中式菜肴的烹调在继承优秀传统的同时，善于结合本民族的饮食特点，同时借鉴西餐烹调的优秀和先进的部分，为我所用。如加热方法的改进和工艺的革新等，上海和广东的饮食企业在这方面表现比较突出。除此之外，借鉴求新还表现在中华民族内部不同民族之间饮食文化的交流，如川菜地区之外的某地的某川菜餐厅，为适合本地人口味，都会推出新款改良的"川菜"。

知识链接

中式烹饪常见的烹调方法

爆：用旺火热油，原料无骨，经刀工成型，常用于猪、牛、羊、鸡肉、鱿鱼等原料。

炒：旺火和短时间烹炒，速度快，原料形状较小，营养成分流失少。

炸：油多，菜肴无汁，事先拌味，挂糊并直接下锅。

煮：将原料放在汤汁、水中长时间加热成熟。

蒸：以水蒸气的热量使食物原料成熟，也可作为保温方法。

溜：以炸、蒸和煮的方法使原料成熟，再以热汁烹之。

烩：将原料在汤中勾芡，即生料中的荤性原料都要拌味上浆，用温油滑透，素性原料用开水余透。

烹：把经油炸透的原料，烹以适量的调味汁沾匀。

煎贴：以文火慢炸并使食物原料成熟。

烤：利用火或电的热量辐射，使菜肴直接成熟。

炖：将原料经过生熟加工后，用大火将水或汤烧开，再以小火烧烂。

扒：将加工成形的原料加调料腌渍后，放在扒炉上加热至规定的成熟度。

烧：原料经过煮或过油初加工，再加汤、调料，用大火烧开、小火烧烂使菜肴入味。

熏：用烟气使食物受热，并使之带有烟熏香味。

挂霜：在经过熬制的糖中，放入主料，离火后在通风处一边吹一边进行翻动，使糖挂在原料上。

拔丝：把经过炸的食物原料放入炒制过的糖内均匀沾裹，并使之能拉出细丝。

蜜汁：把糖溶化后熬成糖汁，然后将主料放在糖汁中，使之入味。

（资料来源：樊平、李琦，《餐厅服务与管理》，高等教育出版社2012年版。）

（三）中餐服务方式

中餐在历史发展的过程中，兼容并蓄，形成了具有中华民族特色的、与中式菜肴特点相适应的服务方式。目前中餐常见的服务方式包括共餐式服务、转盘式服务和分餐式服务。

1. 共餐式服务

共餐式服务适用于中餐零点服务。共餐式就餐方式指的是就餐时，宾客围桌而食，用自己或者公用的餐具盛取自己满意的菜肴。

共餐式服务操作流程如下。

（1）摆台。根据就餐人数和餐桌大小,将餐具均匀地排放在餐桌上,另加摆1~2套公用筷匙。如有外宾用餐,应主动为其提供刀、叉等西式餐具。

（2）点菜。宾客就座后几分钟内,要及时进行点菜服务。要将点菜单及时送至厨房,并讲明宾客提出的特殊要求。每道菜肴从成菜到餐桌的时间不应超过2分钟。

（3）上菜。上菜顺序一般遵循先冷后热、先荤后素、先咸后甜、先汤后菜、先特色后普通、先贵重后一般的原则。上菜时要报菜名,特色菜肴应做简单介绍;每上一道菜,后退一步站好,并向宾客介绍菜名和风味特点。摆放菜肴时,要注意荤素、颜色、口味的搭配和间隔,以及盘与盘之间的距离相等。如果菜肴颜色、味型反差明显,应配上适当的公用餐具以避免菜肴串味串色。如果热菜是鸡、鸭、鹅、鱼等带头尾的菜肴,应根据当地的上菜习惯摆放,而上整鸡、整鸭、整鱼等菜肴时,应帮宾客把菜肴分切成易于筷子夹取的形状。配有作料的菜肴要一次上齐,切勿遗漏。所有菜肴上完后应告知宾客,并祝宾客用餐愉快。

（4）撤盘。台面上菜肴放不下时,应征求宾客的意见对台面进行整理,撤、并剩菜不多的菜盘,切勿将菜盘叠放。要注意及时整理台面,撤下空餐盘和餐具。

（5）更换餐碟。注意随时为宾客斟酒、斟茶,更换烟灰缸或骨碟。

（6）结账。宾客用餐完毕准备结账时,按宾客熟悉的付款方式送上账单,请宾客核实后,为客结账并真诚致谢。

（7）送客。欢送宾客,向宾客诚恳致谢并欢迎其下次光临。

2.转盘式服务

转盘式服务是中餐中普遍使用的一种餐桌服务方式,适合为圆桌多人提供就餐服务。转盘式就餐是在一个大的圆桌面上安放一个直径为90厘米左右的转盘,将菜肴等放置在转盘上,供宾客夹取的一种就餐形式。

转盘式服务操作流程如下。

（1）摆台。铺上与餐桌适宜的台布,将转盘安放在餐桌中心并检查转盘是否旋转灵活。根据就餐人数、餐桌大小和就餐规格进行摆台。如有外宾用餐,应主动为其提供刀、叉等西式餐具。

（2）点菜。宾客就座后几分钟内,要及时进行点菜服务。要将点菜单及时送至厨房,并讲明宾客提出的特殊要求。每道菜肴从成菜到餐桌的时间不应超过2分钟。

（3）上菜。与共餐式服务上菜要求基本一致。但注意转盘式服务需将菜肴放在转盘中央。

（4）撤盘。台面上菜肴放不下时,应征求宾客的意见对台面进行整理,撤、并剩菜不多的菜盘,切勿将菜盘叠放。要注意及时整理台面,撤下空餐盘和餐具。

（5）更换餐碟。注意随时为宾客斟酒、斟茶,更换烟灰缸或骨碟。

（6）结账。宾客用餐完毕准备结账时,按宾客熟悉的付款方式送上账单,请宾客核实后,为客结账并真诚致谢。

（7）送客。欢送宾客,向宾客诚恳致谢并欢迎其下次光临。

3. 分餐式服务

分餐式服务是吸收西餐服务方式的优点,与中餐服务相结合的一种服务方式,又称中餐西吃式服务,通常用于官方的、较正式的高档宴会。分餐式服务又分为边桌式服务和派菜式服务两种。

边桌式服务操作流程如下。

(1) 点菜。宾客就座后几分钟内,要及时进行点菜服务。要将点菜单及时送至厨房,并讲明宾客提出的特殊要求。每道菜肴从成菜到餐桌的时间不应超过2分钟。

(2) 示菜。值台服务员从跑菜员手中接过菜肴,将菜肴放在餐桌中央向宾客展示,同时向宾客报菜名并介绍菜肴特色。

(3) 分菜。示菜后再将菜肴放在服务边桌上进行分菜,务必做到迅速、均匀、干净利落。分菜时,需要两名服务人员配合,一名分菜,另一名将餐桌上前一道菜用过的脏盘撤下,再上分好菜的餐盘。分好的菜肴按照女士优先、主宾优先的原则,顺时针方向从宾客右侧将餐盘置于每位宾客面前。菜肴全部分好后,将剩余的菜肴整理好,放回餐桌以供宾客需要时续加。

(4) 结账。宾客用餐完毕准备结账时,按宾客熟悉的付款方式,送上账单为客结账并真诚致谢。

(5) 送客。欢送宾客,向宾客诚恳致谢并欢迎其下次光临。

派菜式服务和西餐的俄式服务极为相似,其操作流程如下。

(1) 上餐盘。在每位宾客面前放上干净的餐盘。

(2) 点菜。宾客就座后几分钟内,要及时进行点菜服务。要将点菜单及时送至厨房,并讲明宾客提出的特殊要求。每道菜肴从成菜到餐桌的时间不应超过2分钟。

(3) 示菜。值台服务员从跑菜员手中接过菜肴,将菜肴放在餐桌中央向宾客展示,同时向宾客报菜名并介绍菜肴特色。

(4) 分菜。示菜后再将菜肴放到垫了餐巾的小圆托盘中,左手托盘,右手持服务叉或匙分菜,分菜时务必做到迅速、均匀、干净利落,要防止菜肴汤汁溅落在台面上。分好的菜肴按照女士优先、主宾优先的原则,顺时针方向从宾客右侧将餐盘置于每位宾客面前。菜肴全部分好后,将剩余的菜肴整理好,放回餐桌以供宾客需要时续加。

(5) 结账。宾客用餐完毕准备结账时,按宾客熟悉的付款方式送上账单,请宾客核实后,为客结账并真诚致谢。

(6) 送客。欢送宾客,向宾客诚恳致谢并欢迎其下次光临。

二、中餐零点服务

零点餐厅是指宾客随到随点随烹,按实际消费消费,自行付款的餐厅。中餐零点服务是服务人员在中式零点餐厅为零散宾客而进行的服务工作。中餐零点服务是目前我国餐厅服务中接待量较大、最普遍的一种服务方式。

零点餐厅的特点

(1) 桌边服务为主,并使用点菜菜单,有时会供应自助餐。

(2) 接待对象零散,人数多而杂。零点餐厅接待的就餐对象为零星散客,基本上没有预订,客人是到餐厅随点随吃。在就餐高峰时间,零点餐厅的就餐人数很多,有时甚至客满,但由于就餐客人的身份、年龄、职业等都不尽相同,对于餐厅提供的服务的要求也会有所不同。

(3) 营业时间较长,服务工作量大。零点餐厅相对于其他餐厅而言,其营业时间较长。有的甚至通宵营业,为客人提供消夜服务。因此,零点餐厅服务员的工作量较大,就餐高峰时座位周转率很高,这就需要服务员及时翻台。

(4) 服务要求快捷、周到、细致与体贴。客人在零点餐厅点完菜后,希望所点菜肴能及时上桌,对于服务员为其提供的服务希望更加周到、体贴。由于就餐客人的身份不同,他们在服务中提出的特殊要求也有所不同。

(资料来源:余炳炎,《饭店餐饮管理》,旅游教育出版社2004年版。)

(一) 中餐零点餐厅早茶服务

1. 早茶服务程序

1) 餐前准备

(1) 餐厅卫生。应根据规范进行清洁卫生工作,包括餐饮环境卫生、设备设施卫生、服务用品卫生和服务人员个人卫生。

(2) 准备工作。备好各种茶叶、开水及餐具。将备用餐具摆放在规定位置上,以便于取用。服务人员要注意仪容、仪表,做到仪表整洁,按要求佩戴员工号牌及穿着制服,做好开餐前的一切准备工作。

(3) 摆台。按早餐摆台规范摆台,详见项目二。

(4) 召集班前会。服务人员基本完成各项准备工作后,大约开餐前30分钟,由餐厅经理或领班主持召开员工餐前例会,时间15~20分钟,主要进行人员分工,进行员工仪容仪表、个人卫生和精神面貌的检查,强调营业注意事项。

2) 问位开茶

(1) 微笑迎客。当宾客进入餐厅,迎宾员应主动问候、礼貌待客,问清人数后,引领宾客至合适的餐台就座。值台服务员主动上前为宾客拉椅让座,送上香巾后上开茶。

(2) 问茶开茶。因个人饮茶习惯不同,所以要向宾客问茶,然后按需开茶。为客人开茶时,要注意茶量和卫生。开茶到台后,应该在宾客的右侧倒第一杯礼貌茶,通常以七八分为宜。如宾客临时加位,应把茶壶拿到工作台上加适量茶叶,冲水送上,并为宾客斟倒第一杯礼貌茶。

(3) 填写点心卡。根据宾客人数填写点心卡,记上台号、茶位,签上服务人员姓名或工号,把点心卡送上台,为宾客脱去并收回筷子套。如需加位或撤走多余的餐具时,应该左手托盘,右手摆放或取走餐具。

3) 开餐服务

茶位问好后,向宾客介绍当天的点心品种,主动协助推介点心;宾客要点心后,迅速服务并在点心卡上记录并盖章。

餐间服务员要做到勤巡视、勤添水、勤换烟灰缸、勤清理台面,发现桌上的空盘应及时撤走。要主动照顾老幼及残疾人士,照顾坐在边角位的宾客,尽量满足宾客的合理要求。服务过程中如发现宾客茶壶的茶色较浅时,可酌量加点茶叶。

4) 结账收款

宾客要求结账时,应迅速将点心卡交给收款员计算汇总,打出账单。

值台服务员要把账单夹在账单夹中,并在宾客右侧打开账单夹,告诉宾客所需付的金额。宾客付款时,值台服务员要向宾客道谢,在宾客面前点清账款后交收款员,最后将余额当面点清连同回单交还宾客,并礼貌地向宾客道谢。结账时要注意同台中有无拼桌的宾客,若有,则应分清账单,以免发生错单、漏单或走单等现象。

如果宾客有未吃完的点心,服务人员应主动询问客人是否需要打包带走,如果需要则要主动为其提供食品袋或食品盒,并为其打包,以便宾客带走。

5) 送客服务

当宾客起身离座时,要向宾客道谢并及时帮助拉开座椅,同时,提醒宾客带上自己的物品,如发现有遗留物品应及时归还。当宾客走到餐厅门口时,迎宾员应将宾客送出餐厅并感谢宾客的光临,同时要欢迎宾客再次光临。

6) 清理台面

宾客离开后,要尽快清理台面。清理台面的顺序为:先收茶壶、香巾及茶杯,再收其他餐具。收餐具时要注意分类摆放,尤其是餐巾要另放,不可近油腻物件。台面清理后,应迅速换上干净台布,重新摆好餐具,准备接待下批宾客或为午餐摆台。

2. 早餐服务注意事项

(1) 宾客人数较多,同一台可酌情多用2~3个茶壶。

(2) 宾客吃完点心后,服务人员用托盘将碟、笼及时收走,且要核对点心卡内是否有相应盖章。

(3) 发现已订的食物长时间没有上桌,首先应向宾客道歉,再到订单接受处查核订单是否送入,第三步是到传菜部将台号及食物名称告知传菜主管,由他们去出品部进行查核、催促,自己则返回岗位,等待传菜员传出或知会原因。及时跟催,是服务人员的工作职责。

(4) 如食物已售罄,服务人员应礼貌地向宾客道歉,征求及提议改换其他食物,如果宾客同意,立即将订单送去传菜部。如需取消卡上某部分食品,应请领班以上的主管签名,有订单的应在订单上取消。

(5) 服务人员应经常留意给茶壶添水,尽量避免茶壶盖被打开。最佳方法是礼貌地将茶壶拿起,如茶水充足,茶壶一定较重,如无水,茶壶自然是轻的。切忌在宾客面前或台上用水壶加开水。这样容易烫伤宾客,服务人员应该到服务柜台或热水柜加水。

(6) 服务人员在茶市繁忙时应保持镇定及微笑,切忌丢三落四,忽视某些工作,并忌在场内奔走及碰撞到宾客或桌椅,另外也要留意烟灰缸及骨碟是否需要更换。

(7)服务人员应推着餐车适时在宾客之间走动,由宾客随时取食,目光要注意观察宾客的台面及宾客的手势、动作。

(二)中餐零点餐厅午、晚餐服务

为了向宾客提供最满意的服务,零点服务要求服务人员必须严格执行服务规程,即服务标准化和操作程序化。

1.中餐零点餐厅午、晚餐服务程序

1)餐前准备

(1)按本餐厅的要求整理仪容仪表,按时到岗,接受任务。

(2)按餐厅卫生要求进行清洁工作,包括餐饮环境卫生、设备设施卫生、服务用品卫生和服务人员个人卫生。

(3)整理工作台。

(4)按中餐零点摆台规范摆台。

(5)备好调味品、开水、茶叶、洗手盅、小毛巾等开餐用品。摆好各种服务用具,如点菜单、笔、托盘、服务巾、打火机等。

(6)了解和熟悉当日菜单,了解当天供应品种,做好推销准备。

(7)开餐前3~5分钟,值台服务员应站在自己负责的餐台旁靠墙位置,做好迎宾客的准备。

2)餐前服务

(1)宾客进入餐厅时,迎宾员应礼貌地问好,问清就餐人数、有无预订等信息后指引宾客选择合适的餐位就座。

(2)迎宾员与值台服务员做好交接,在迎宾员为宾客递送菜单后,值台服务员应及时递上香巾。

(3)为宾客打开餐巾,除去筷子套。

(4)送上小菜,在宾客右侧斟倒礼貌茶。

(5)撤去多余的餐位或加位。

(6)做好点菜的准备工作,站在适当的位置,随时帮助宾客点菜。

3)点菜服务

(1)待宾客浏览过菜单后,应主动询问是否可以点菜。待宾客回复后,接受宾客点菜和点酒水。

(2)当好宾客的参谋,主动介绍餐厅供应的特色菜、时令菜、创新菜、特价菜等,做好餐厅菜点和酒水的建设性营销。

(3)准确填写点菜单、酒水单和点心单。

(4)点菜完毕,要复述一遍,请宾客确认,以免听错或写错。

(5)将酒水单送至吧台,点心单送至面点房,点菜单分别送至厨房、备餐间、凉菜间和收款台。

4)上酒服务

(1)根据不同类型的酒水,摆上相应的酒杯和饮料杯。

(2) 从主宾开始斟倒酒水。

(3) 摆上调味酱油或醋。

5) 传递菜肴

(1) 服务人员点菜后,立即将第一联点菜单交收银台,第二联和第三联由收银员盖章后送传菜部,第四联服务人员自留或放在宾客餐桌上以备核查。

(2) 核实厨师制作的菜肴是否与点菜单相符。

(3) 控制出菜节奏和顺序,并监控菜肴质量,做到"五不取",即数量不足不取,温度不适不取,颜色不正不取,调、配料不全不取,器皿不洁、破损或者不符合规格不取。

6) 菜肴服务

注意上菜位置、时机、顺序和分菜服务的相关事宜并提供相应服务,详见项目二。

7) 席间服务

(1) 勤斟倒酒水、饮料,并随时推销。

(2) 勤换骨碟,及时撤走空盘、空饮料瓶,保持台面清洁美观。

(3) 替宾客点烟,烟灰缸里有烟蒂或杂物应马上撤换。

(4) 及时递送小香巾。

(5) 宾客席间离座,上前帮助宾客拉椅、撤餐巾,回座位时再帮宾客拉椅、递餐巾。

(6) 宾客停筷后,主动询问是否需要水果、甜品,并询问是否需要将多余的菜肴打包带走。如需要,迅速按规范替宾客打包。

(7) 妥善解决宾客就餐中的突发事件。

8) 甜品、水果服务

(1) 撤走菜盘及相应餐具,只留下牙签和有酒水的杯子。

(2) 摆上甜品或水果的餐具后,上甜品和水果。

9) 结账服务

(1) 值台服务员准备好账单。

(2) 宾客用餐完毕准备结账时,按宾客熟悉的付款方式送上账单,请宾客核实后,为客结账并真诚致谢。

10) 热情送客

宾客就餐完毕,结完账准备起身离店时,应主动为宾客拉椅,提醒宾客带上随身物品和打包食品,欢送宾客,感谢宾客的光临并欢迎其再次光临。

11) 结束工作

(1) 迅速检查宾客是否有遗留物品,如有,立即归还宾客或交餐厅经理处理。

(2) 整理餐椅,清点餐巾和小毛巾,按撤台服务程序进行清理。换上干净的台布,重新摆台。但是要待就餐宾客全部离开餐厅后,方可打扫餐厅的卫生。

2. 中餐零点餐厅午、晚餐注意事项

(1) 餐厅客满时,需请宾客在休息区等候,一有空位立即按等候顺序安排入座。等候时可以提供菜单和酒水服务。

(2) 点菜服务员须熟悉菜单,并有相当的饮食文化和营养学的知识供客咨询。

（3）点菜时要注意宾客对菜肴的特殊要求并做好记录。

（4）点菜后30分钟应检查菜是否上齐，并及时跟催。

（5）上菜时一定要轻放，严禁将菜盘从宾客头上越过，避免汤汁溅到宾客的衣服上。

（6）服务要一视同仁、热情周到，遇到需要特殊照顾的宾客，如残疾宾客、醉酒宾客等要灵活处理。

三、中餐宴会服务

中餐宴会，是按照中式餐饮的服务方法和中国传统礼节进行服务，供应我国富有民族色彩和地方特色的名菜美食，使用中式餐具、饮用中式名酒的具有中国特色的宴席。

宴会旧称筵席。我国筵席最早产生于殷商时代。《周礼》有载："设筵之法，先设者皆言筵，后加者曰席"。最早的筵席是用蒲、苇等粗料编成席子铺于堂中，再用较精致的席子铺在筵上。"筵席"开始时是坐具的总称，后代称整桌酒菜。我国正式使用"宴会"一词，大约在汉唐时期。

（一）中餐宴会的种类与特点

1. 中餐宴会的种类

（1）以宴会的性质及举办者为依据进行分类，主要有国宴、正式宴会、便宴、家宴等。

国宴是国家元首或政府首脑为国家庆典，或为欢迎外国元首、政府首脑而举行的正式宴会。国宴的宴会规格最高，不仅由国家元首或政府首脑主持，还有国家其他领导、名流出席，有时还邀请各国使团的负责人及各方面人士参加。国宴厅内悬挂国旗，安排乐队演奏两国国歌及席间乐，席间有致辞或祝酒。国宴的礼仪要求特别严格，安排特别细致周到，宴会厅布置体现庄重、热烈的气氛。

正式宴会是仅次于国宴的一种高规格宴会。通常是政府和团体等有关部门为欢迎应邀来访的宾客或为来访的宾客举行的宴会。正式宴会除不挂国旗、不奏国歌以及出席规格不同外，其余安排与国宴大体相同。宾主按身份座位就座，有时会安排乐队演奏席间乐。

便宴是指非正式宴会。这类宴会不拘严格的礼仪，气氛随意，不挂国旗，不奏国歌，可以不安排座位，不做正式讲话，菜肴数也可多可少。多用于招待亲朋好友、生意上的伙伴等。

家宴是在家中招待宾客的便宴。通常由家庭主妇下厨烹饪，家人共同招待。

（2）以宴会的形式及举办地为依据进行分类，有游宴、船宴、猎宴和普通宴会等。

（3）以宴会的目的（主要是习俗）为依据划分：

① 为人生礼仪需要而举行的宴会，有百日宴、婚宴、寿宴、丧宴等。

② 为节日习俗需要而举行的宴会，有元日宴、中秋宴、冬至宴、除夕宴等。

③ 为社交习俗需要而举行的宴会，有接风宴、饯别宴、庆贺宴、酬谢宴等。

（4）按宴会的主要菜式分类，可分为螃蟹宴、海鲜宴、山珍宴、鱼翅宴、全羊宴、素宴、满汉全席等。

知识链接

满汉全席

满汉全席兴起于清代,是集满族与汉族菜点之精华而形成的历史上最著名的中华大宴。乾隆甲申年间(1764年)李斗所著《扬州书舫录》中记有一份满汉全席食单,是关于满汉全席的最早记载。

满汉全席是我国一种具有浓郁民族特色的巨型宴席。既有宫廷菜肴之特色,又有地方风味之精华,菜点精美,礼仪讲究,形成了引人注目的独特风格。满汉全席原是官场中举办宴会时满人和汉人合坐的一种全席。满汉全席上菜一般108种(南菜、北菜各54道),分3天吃完。满汉全席取材广泛,用料精细,山珍海味无所不包;烹饪技艺精湛,富有地方特色;突出满族菜点特殊风味,烧烤、火锅、涮锅几乎是不可缺少的菜点,同时又展示了汉族烹调的特色,扒、炸、炒、熘、烧等兼备,实乃中华菜系文化的瑰宝。

满汉全席的取材之广泛可谓登峰造极,现代所传满汉全席有所简化,亦称为现代版的"三八"式,即三种"八珍",包括"山八珍"、"陆八珍"、"海八珍"。"山八珍"是熊掌、猴头、犴达罕、飞龙、虎肾、麋鹿、人参、蕨菜等;"陆八珍"为蛤什蟆、驼峰、口蘑、玉皇蘑、凤爪蘑、玉米珍、沙丰鸡、松鸡;"海八珍"即鲨鱼翅、刺参、鲜贝、紫鲍、乌鱼蛋、鳖肚、鱼肚、鱼唇、燕窝等。

(资料来源:http://hexinbbs.blog.163.com/blog/static/161910300201429321915/。)

2.中餐宴会的特点

(1)就餐人数多,就餐时间长,气氛隆重热烈。

(2)消费标准较高,菜点重质重量,接待服务讲究。

(3)宴会厅的环境应根据宴会的性质、目的、形式等精心设计。

(4)主办人须事先预订,按照主办人的要求拟定计划,对宴会进行安排。

(二)中餐宴会预订

为了中餐宴会服务的顺利开展,必须做好中餐宴会预订服务工作。

1.接受预订

热情接待每位前来预订宴会的宾客。在宾客询问前,预订员应掌握好本饭店宴会厅的状况(如宴会厅的面积、高度、采光、通风、装饰、最大容客量、各类宴会标准所提供的菜肴品种与烹调方法、各种配套服务项目等),做到心中有数、有问必答。

耐心细致地回答宾客有关宴会的各种询问,包括宴会厅是否有空,宴会的菜肴、饮料的消费标准,宴会厅的使用费用,宴会预订金的收费规定,宴会菜肴的内容,饭店所能提供的多种配套服务项目及设备,以及提前、推迟、取消预订宴会的有关规定等等。

宴会预订的常见方式

(1) 电话预订。电话预订,是宴会部与客户联络的主要方式,主要接受客户的询问,向客户介绍宴会有关事宜,为客户检查地点和日期,核实细节,确定具体事宜。预订部门为了争取主动,应预约会面时间当面交谈,必要时可用电话和传真与客户联络销售产品。

(2) 面谈。面谈,是宴会预订较为有效的方法。面谈也要通过电话来预约时间和地点。销售员或预订员与客户当面讨论所有的细节安排,记录客户提出的特殊要求,讲明付款方式等。在进行面谈时,要详细记录填写预订单和联络方式。

(3) 信函。信函,是与客户联络的另一种方式,主要用于促销活动、回复客户询问和寄送确认信等,适合于提前较长时间的预订。收到客户的询问信后,应立即回复客户询问的在店举办宴会、会议、酒会等一切事项,并附上饭店场所、设施介绍和有关的建设性意见,事后还要与客户保持联络,争取客户在本饭店举办宴会活动。此后,便可通过信函或面谈方式达成协议。

(4) 登门拜访。这是饭店销售部采用的重要推销手段之一,是指宴会推销员登门拜访客户,同时提供宴会预订服务信息。这样,既达到了宣传推销饭店产品的目的,又可为客户提供方便。

(5) 中介预订。中介,是指专业中介公司或本单位职工。饭店宴会部可与专业中介公司签订长年代理预订合同,并支付其一定的佣金。本单位职工代为预订,适用于对饭店比较熟悉的老客户,这些人有时委托饭店工作人员代为预订。

(6) 指令性预订。指令性预订,是指政府机关或主管部门为在政务交往或业务往来中安排宴请活动而专门向直属饭店、宾馆宴会部预订的方式。

(资料来源:叶伯平,《宴会设计与管理》(第4版),清华大学出版社2013年版。)

2. 填写宴会预订单

根据预订洽谈的具体事项、所得到的信息逐项填写清楚。如宴请人的单位名称、被宴请人的单位名称、宾主身份、宴会的类型、宴会的日期和起止时间、宴会厅名称、宴会的标准和付款方式、预订金额(一般为总费用的10%~15%)、出席人数、场地布置要求、菜肴饮料要求和其他特殊要求等等。格式如表3-1所示。

3. 填写宴会安排日记簿

宴会安排日记簿是酒店根据餐饮活动场所设计的,用于记录预订情况、供预订人员查核的簿籍。在宴会日记簿上按日期标示活动地点、时间、人数等事项,注上是否需要确认的标记。格式如表3-2所示。

表 3-1　中餐宴会预订单

订单编号：_____　填写日期：_____

宴会名称：	举办日期：
宴会形式：	联系人姓名：
公司名称：	联系人电话：
公司地址：	传真号码：
付款方式：	订单人(接洽人)：
押金：	服务经理(核准人)：
具体时间：　　　　宴会厅名称： 预订人数：　保证人数：　餐台数：　酒水要求：	

指示牌(内容)：
食品：(菜单内容)　　　　　　　　摆台形式：
饮料：(所订酒水内容)
所需设备：
特殊要求：
发送部门：
前厅部□　客房部□　总机□　餐饮部经理□　总经理室□　安全部□
公关部□　财务部□　管事部□　工程部□　宴会厅□　酒吧□　厨房□

表 3-2　中餐宴会安排日记簿

日期	地点	宴会名称	联系人电话	人数	预订标准	开宴时间	确认情况	特殊要求

4．签订宴会合同书

一旦宴会安排得到确认，经过认可的菜单、饮料、场地布置图等细节资料，应以确认信的方式迅速送交给客户，并附上一联、二联宴会合同书，经双方签字后生效。格式如表 3-3 所示。

表 3-3　中餐宴会合同书

本合同是由_____饭店(地址)_____
与_____公司(地址)_____
为举办_____宴会活动所达成的具体条款：
活动日期_____　星期_____　时间_____
活动地点_____　菜单计划(另见附表)
饮料_____　娱乐设施_____
其他结账事项_____
预付订金_____
顾客签名_____　饭店经手人签名_____
　　　　　　　　　　　　　　　　　签署日期_____

注意事项：
※宴会活动所有酒水应在餐厅购买。
※大型宴会预收10%订金。
※所有费用在宴会结束时一次付清。

5. 收取订金

为了确保宴会预订的成功率，可以要求客户预付订金，一般为总费用的10%～15%。但酒店的重要客户及常客且具有良好信誉的，可以不必付订金。

6. 跟踪查询

如果提前较长时间预订的，应主动与预订方保持联系，并进一步确定日期及有关细节；对暂定的预订，应进行密切跟踪和查询服务。

7. 确认与通知

宴会确认后提前填写宴会通知单送往各有关部门；若确认的内容与宴会预订单内容有异，应立即填写宴会变更通知单(见表3-4)发送有关部门。变更通知单应注明预订单的编号。若客户取消预订，预订员应填写取消预订报告(见表3-5)送至有关职能部门，致函或当面向客户表达不能向其提供服务的遗憾，希望今后能有合作的机会。

表 3-4　中餐宴会更改通知单

宴会预订单编号_____
发送日期_____　时间_____
宴会名称_____
预订日期_____
部门_____　更改内容_____

　　　　　　　　　　　　　　　　　　　　　由_____发送
　　　　　　　　　　　　　　　　　　　　　宴会部经理(签名)_____
　　　　　　　　　　　　　　　　　　　　　日期时间_____

表 3-5　中餐宴会取消预订报告

公司名称_____　　联系人_____
宴会日期_____　　业务类型_____
预订途径与日期_____
取消预订原因_____
挽回报告_____
进一步采取的措施_____

　　　　　　　　　　　　　　　宴会部经理(签名)_____
　　　　　　　　　　　　　　　　　　日期时间_____

8. 督促检查

在宴会举行当天,宴会预订员应督促、检查大型宴会活动的准备工作,发现问题及时采取措施纠正。

9. 信息反馈并致谢

宴会活动结束后,应主动向宴会主办单位或个人征求意见,收集问题并及时补救改进,并向其致谢,欢迎他们的再次光临。

10. 建立宴会预订档案

将客户的有关信息和活动资料整理归档,以便下次提供针对性服务。

(三)中餐宴会服务规程

中餐宴会服务分为宴会前的组织准备工作、宴会前的迎宾服务、宴会中的就餐服务、宴会结束工作四个基本环节。

1. 宴会准备工作

包括掌握情况—宴会场地布置—熟悉菜单—物品准备—摆台—摆放冷盘—宴前检查—召开餐前例会等程序。

(1)掌握情况。接到宴会通知单后,服务人员应做到"八知"(知台数、知人数、知宴会标准、知开餐时间、知菜式品种及出菜顺序、知主办单位和房号、知收费办法、知邀请对象)和"五了解"(了解宾客风俗习惯、生活忌讳、特殊需要、进餐方式、主宾和主人的特殊爱好)。

(2)宴会场地布置。中餐宴会厅场地应根据宴会的性质、档次高低、主题和举办者的要求来进行布置。宴会台型布置注意突出主桌,按照"中心第一、先右后左、高近低远"的原则来设计和安排席位。宴会厅温度要适宜,冬季保持在 18 ℃~20 ℃,夏季保持在 22 ℃~24 ℃。

(3)熟悉菜单。宴会服务员应熟悉菜单和主要菜点的风味特色,做好上菜、派菜和回答宾客对菜肴提出问题的思想准备;了解每道菜点的服务程序,保证准确无误地进行服务。对于菜单应做到:能准确说出每道菜的名称和上菜顺序,能准确描述每道菜的风味特色,能准确讲出每道菜的配菜和配食作料,能准确知道每道菜的制作方法,能准确提供每道菜的标准服务。

（4）物品准备。席位上菜单每桌两份置于台面,重要宴会人手一份;准备好各种餐具、器皿,配备足够的服务用具;根据宴会通知单的要求,备好鲜花、酒水、香烟、水果等物品。

（5）摆台。按照中餐宴会规格进行摆台。摆台服务规范详见项目二。

（6）摆放冷盘。大型宴会开始前15分钟左右摆上冷盘,根据菜点的品种和数量,注意色调的分布、荤素的搭配、菜型的正反、刀口的逆顺、菜盘的间距等,可视情况预先斟倒葡萄酒。小型宴会一般不预斟酒水,待客入座后再斟。

（7）宴前检查。为了确保宴会的顺利进行,宴会负责人在组织准备工作全部就绪后,要对卫生、物品、设备、安全、服务人员的仪容仪表等进行全面检查。

（8）召开餐前例会。由经理召开餐前例会,强调宴会注意事项,对人员进行分工。

2. 宴会迎宾服务

1）迎宾工作程序

包括提前迎候—热情迎宾—衣帽间服务—休息厅服务—引宾入座—就座服务等程序。

2）迎宾工作注意事项

（1）根据宴会入场时间,宴会主管人员和迎宾员提前15分钟在宴会厅门口迎候宾客,值台服务员站在各自负责的餐桌旁准备服务。

（2）宾客到达时,要热情问候,微笑欢迎。

（3）为宾客保存衣物时要主动、细致,并及时把衣物寄存卡递送给宾客。

（4）引领宾客到休息厅休息,然后递上小毛巾并斟茶水。

（5）主人表示可入席时,引领宾客入席,并协助拉椅让座。

（6）视情况可直接引领宾客到宴席就座。

3. 宴会就餐服务

1）入席服务

当宾客来到餐桌前时,值台服务员应主动为宾客拉椅让座,注意先宾后主、女士优先。待宾客坐定后,服务人员要把台号、席位卡与花瓶拿走,然后协助宾客摊开餐巾、撤去筷套。

2）斟酒服务

为宾客斟倒酒水前,服务人员应先征求宾客的意见,待其选定后再斟。如宾客不需要白酒,应将宾客餐位前的空杯撤走。斟酒服务规范详见项目二。

3）上菜、分菜服务

中餐宴会上菜的一般顺序为冷菜—主菜—热菜—汤菜—甜菜—点心—水果。一般选择在翻译、陪同位置之间上菜,每上一道菜都要向宾客报出菜名并介绍菜肴的风味特色,新上的菜要转到主人和主宾面前。宴会服务时要先上主桌,其他桌后二三秒跟上。上最后一道菜时,要告知宾客菜已上齐。要询问宾客是否要分菜,分菜顺序为先宾后主、先女后男。上菜、分菜服务规范详见项目二。

4）席间服务

在宴会过程中,服务人员要勤巡视、勤斟倒酒水与勤换烟灰缸,要始终保持转台的清洁,要勤观察,主动提供服务。

4. 宴会结束工作

1）结账服务

上菜结束后,应做好结账准备。清点所有酒水、加菜、香烟等菜单以外的费用并计入账单,随时等候宾客的结账。如宾客用现金结账,将菜单请其核实并提供发票;如宾客是签单、转账结算,一定要让宴会经办人签字并报送财务处。

2）拉椅送客

主人宣布宴会结束时,服务人员要提醒宾客带齐自己的物品,当宾客起身离座时,服务人员要主动为其拉椅,以方便宾客离座行走。应立即检查有无宾客遗留的物品,如有,立即归还宾客或交餐厅经理处理。及时、准确将衣帽间的衣服取送给宾客。

3）清理台面

宾客全部离席后,服务人员应将餐具分类收拾、清理台面。

4）检查总结

清理工作全部结束后,领班应做检查。一般大型宴会后,主管要召开总结会。宴会活动结束后,应主动向宴会主办单位或个人征求意见,收集问题并及时补救改进,并向其致谢,欢迎他们的再次光临。

 案例分析

与国际接轨后的"不满意"

东方大酒店是M城一家老字号的酒店,为了力争与国际接轨,东方大酒店专门聘请了一名国际知名的酒店管理培训师对酒店中高层进行了为期20天的培训,之后还印发培训资料给一线员工自学,并时常对他们进行考核。在培训结束后不久,东方大酒店接到了本地一位企业家为老母做七十大寿的宴会预订。餐饮经理觉得检验学习成果的时机来了,特别召开宴前会,强调国际标准化服务的重要性。5号周末的晚上,东方大酒店的富贵厅一共安排了6桌客人,服务员很规范地站立一旁,每道菜送上时,服务员照例旋转一次,报菜名,让每位客人尝菜以前先饱一下眼福。然后便是派菜。服务员很称职,一直按操作要求规范服务,席间不断地给客人倒饮料、斟倒酒水、换餐碟与换烟灰缸,一直不停地使用礼貌用语"先生,打扰一下"、"女士,还需要来点饮料吗"、"不好意思,打扰一下,为您换下烟灰缸"……

宴席结束后,餐饮经理同那位企业家闲聊起来,他想听取客人的意见,掌握第一手资料。然而,客人的一番话使他大吃一惊。客人说:第一,这顿饭菜很精致,但都没吃饱;第二,今天母亲大寿,原想多拍几张照片,但因桌上都是空盘,稀稀拉拉,估计照片效果不佳,所以只拍了几张;第三,原想搞得热热闹闹,但因服务员包下了派菜,所以整个过程冷冷清清。第四,服务员太过热情,客人很受拘束。

餐饮经理很纳闷,明明是与国际接轨,提供标准化、规范化服务,为什么还有这么多"不满意"呢？

(资料来源:http://www.docin.com/p-501340174.html。)

案例分析：

餐厅规定的规范服务程序不是针对所有类型的客人和场合都一样适用的，在与国际接轨的同时还应尊重当地人的习惯。为了避免出现没吃饱的问题，宴会席上除了安排一些高档菜外，还可以配上几个当地人爱吃的大众菜，以保证量足；增加主食，尤其是色香味较佳、价格不太贵的点心，丰富品种。服务员在提供服务时要学会察言观色，留意客人的反应，如果客人不喜欢派菜，则不提供派菜服务。

任务二　西餐服务

随着中国人生活水平的提高和价值观念的转变，他们在餐饮消费方面求新求异的特征更加显著，反映西方各国餐饮文化特点的西餐越来越受当代人的青睐。

一、西餐简介

西餐是我国人民和其他部分东方国家及地区的人民对西方国家菜点的统称，广义上讲，是对西方餐饮文化的统称。一般来说，西餐主要包括欧洲国家和地区，以及由这些国家和地区为主要移民的北美洲、南美洲和大洋洲的广大区域的餐饮。实际上，西方各国的餐饮文化都有各自的特点，各个国家的菜式也都不尽相同。例如，法国人会认为他们做的是法国菜，英国人则认为他们做的是英国菜。西方人自己并没有明确的"西餐概念"，这个概念是中国人和其他东方人的概念。

（一）西餐的分类

1. 西菜之首——法式大餐

法国人一向以善于吃、精于吃而闻名。法式大餐，至今仍名列世界西菜之首。法式菜肴的特点是选料广泛（如蜗牛、鹅肝都是法式菜肴中的美味）、加工精细、烹调考究、滋味有浓有淡、花色品种多，还比较讲究吃半熟或生食（如牛排、羊腿），以半熟鲜嫩为佳，海味的蚝也可生吃，烧野鸭等一般至六成熟即可食用。法式菜肴重视调味，调味品种类多样。特别重视用酒来调味，什么样的菜选用什么酒都有严格的规定，如清汤用葡萄酒、海味品用白兰地酒、甜品用各式甜酒或白兰地等。法国人还十分喜爱吃奶酪、水果和各种新鲜蔬菜。

法式菜肴的名菜有马赛鱼羹、鹅肝排、巴黎龙虾、红酒山鸡、沙福罗鸡、鸡肝牛排等。

2. 简洁与礼仪并重——英式西餐

英国的饮食烹饪有家庭美肴之称。英式菜肴的特点是油少、清淡，调味时较少用酒，调味品大都放在餐台上由宾客自己选用。烹调讲究鲜嫩，口味清淡，选料注重海鲜及各式蔬菜，菜量要求少而精。英式菜肴的烹调方法多以蒸、煮、烧、熏见长。

英式菜肴的名菜有鸡丁沙拉、烤大虾苏夫力、薯烩羊肉、烤羊马鞍、冬至布丁、明治排等。

3. 西菜始祖——意式大餐

在罗马帝国时代,意大利曾是欧洲的政治、经济、文化中心,意大利是西餐烹饪的始祖。

意式菜肴的特点是原汁原味,以味浓著称,烹调注重炸、熏,以炒、煎、炸、烩等方法见长。意大利人喜爱面食,做法、吃法甚多。其制作面条有独到之处,各种形状、颜色、味道的面条至少有几十种。如字母形、贝壳形、实心面条、通心面条等。意大利人还喜食意式馄饨、意式饺子等。意大利的番茄酱、腌腊、奶酪等制品也较著名。

意式菜肴的名菜有通心粉素菜汤、焗馄饨、奶酪焗通心粉、肉末通心粉、比萨饼等。

4. 营养、快捷——美式菜肴

美国菜是在英国菜的基础上发展起来的,继承了英国菜简单、清淡的特点,口味咸中带甜。美国人一般对辣味不感兴趣,喜欢铁扒类的菜肴,常用水果作为配料与菜肴一起烹制。如菠萝焗火腿、苹果烤鸭等。喜欢吃各种新鲜蔬菜和各式水果。美国人对饮食要求并不高,只要营养、快捷。

美式菜肴的名菜有烤火鸡、橘子烧野鸭、美式牛扒、苹果沙拉、糖酱煎饼等。

5. 西菜经典——俄式大餐

沙皇俄国时代的上层人士非常崇拜法国,贵族不仅以讲法语为荣,而且饮食和烹饪技术也主要学习法国。但经过多年的演变,特别是俄国地带,食物讲究热量高的品种,逐渐形成了自己的烹调特色。俄式菜肴在西餐中影响较大,一些地处寒带的北欧和中欧国家(民族)日常生活习惯与俄罗斯人相似,大多喜欢腌制的各种鱼肉、熏肉、香肠、火腿及酸菜等。俄国人喜食热食,肉类、家禽及各式各样的肉饼菜均烧得很熟才吃,爱吃鱼肉、肉末、鸡蛋和蔬菜制成的小包子和肉饼等,各式小吃颇有盛名。俄式菜肴口味较重,喜欢用油,制作方法较为简单。口味以酸、甜、辣、咸为主,酸黄瓜、酸白菜往往是饭店或家庭餐桌上的必备食品。烹调方法以烤、熏、腌为特色,咸鱼和熏鱼大都是生吃,调味喜用酸奶油。

俄式菜肴的名菜有什锦冷盘、鱼子酱、酸黄瓜汤、冷苹果汤、鱼肉包子、黄油鸡卷等。

6. 啤酒、自助——德式菜肴

德国人对饮食并不讲究,喜吃水果、奶酪、香肠、酸菜、土豆等,不求浮华,只求实惠、营养,首先发明自助快餐。德国人喜喝啤酒,每年的慕尼黑啤酒节大约要消耗掉100万升啤酒。

(二)西餐的上菜顺序

1. 头盘(Appetizers)

西餐的第一道菜是头盘,也称开胃品、开胃菜。开胃菜旨在开胃和刺激宾客的食欲,一般都具有特色风味,味道以咸和酸为主,而且数量较少,质量较高。开胃品的内容,一般有冷头盘或热头盘之分,常见的品种有鱼子酱、鹅肝酱、熏鲑鱼、鸡尾杯、奶油鸡酥盒、焗蜗牛等。

2. 汤(Soups)

西餐的第二道菜就是汤。西餐的汤大致可分为清汤、奶油汤、蔬菜汤和冷汤四类。汤的制作要求原汤、原色、原味。品种有牛尾清汤、各式奶油汤、海鲜汤、美式蛤蜊汤、意式蔬菜汤、俄式罗宋汤、法式焗葱头汤等。冷汤的品种较少,有德式冷汤、俄式冷汤等。

3. 副菜（Side dish）

鱼类菜肴，一般作为西餐的第三道菜，也称为副菜。品种包括各种淡水和海水鱼类、贝类及软体动物类。通常水产类菜肴与蛋类、面包类及酥盒菜肴品种均称为副菜。因为鱼类等菜肴的肉质鲜嫩，比较容易消化，所以放在肉类菜肴的前面，叫法上也和肉类菜肴主菜有所区别。西餐吃鱼类菜肴讲究使用专用的调味汁，品种有鞑靼汁、荷兰汁、酒店汁、白奶油汁、大主教汁、美国汁和水手鱼汁等。

4. 主菜（Entree）

肉、禽类菜肴是西餐的第四道菜，也称为主菜。主菜制作考究，既考虑菜肴的色、香、味、形，又考虑菜肴的营养价值。

肉类菜肴的原料取自牛、羊、猪、小牛仔等各个部位的肉。其中，最有代表性的是牛肉或牛排。牛排按其部位又可分为沙朗牛排（也称西冷牛排）、菲利牛排、T骨牛排、薄牛排等。其烹调方法常用烤、煎、铁扒等。肉类菜肴配用的调味汁主要有西班牙汁、浓烧汁精、蘑菇汁、白尼斯汁等。

禽类菜肴的原料取自鸡、鸭、鹅，通常将兔肉和鹿肉等野味也归入禽类菜肴。品种最多的是鸡，有山鸡、火鸡、竹鸡，可煮、可炸、可烤、可焖。主要的调味汁有黄肉汁、咖喱汁、奶油汁等。

5. 色拉（Salads）

蔬菜类菜肴，在西餐中称为沙拉。蔬菜类菜肴，可安排在肉类菜肴之后，也可与肉类菜肴同时上桌，因此，可以算做一道菜，也可称之为一种配菜。与主菜同时服务的沙拉，称为生蔬菜沙拉，一般用生菜、西红柿、黄瓜、芦笋等制作。沙拉的主要调味汁有醋油汁、法国汁、千岛汁、奶酪沙拉汁等。沙拉除了蔬菜之外，还有一类是用鱼、肉、蛋类制作的。此类沙拉一般不加味汁，在进餐顺序上可以作为头盘食用。还有一些蔬菜是熟食的，如花椰菜、煮菠菜、炸土豆条等。熟食的蔬菜，通常是与主菜的肉食类菜肴一同摆放在餐盘中上桌，称之为配菜。

6. 甜品（Desserts）

西餐的甜品是主菜后食用的，可以算做是第六道菜。从真正意义上讲，它包括所有主菜后的食物。甜品有冷热之分，冷甜品有冰激凌、布丁等，热甜吕有派、蛋糕、煎饼等。

7. 咖啡、茶（Coffee/Tea）

西餐的最后一道是上饮料、咖啡或茶。饮咖啡一般要加糖和淡奶油，茶一般要加香桃片和糖。

（二）西餐服务方式

西餐服务源于欧洲贵族家庭和王宫，经历了多年的发展，各国和各地区形成了各自的特色，使西餐服务的方法和模式丰富起来。目前西餐服务常用的方式有法式服务、俄式服务、美式服务、英式服务和综合式服务。

1. 法式服务

传统的法式服务，在西餐服务中是最豪华、最细致和最周密的服务，是在欧洲国家特别是英国、法国高级餐厅里一代接一代沿袭下来的一种服务方式。在一些高级餐厅里，这种服务称为"理查服务"。因为这种用于高星级豪华餐厅的服务标准是恺撒·理查于20

世纪初创立的。

1）法式服务的特点

法式服务通常用于法国餐厅，即扒房。法国餐厅装饰豪华高雅，以欧洲宫殿式为特色，餐具常采用高质量的瓷器和银器，酒具常采用水晶杯。通常采用手推车或旁桌现场为宾客提供加热和调味菜肴及切割菜肴等服务，所以又称车式服务。在法式服务中，服务台的准备工作很重要，通常在营业前做好服务台的一切准备工作。法式服务注重服务程序和礼节礼貌，注重服务表演，注重吸引宾客的注意力，服务周到，使每位宾客都能得到充分的照顾。但是，法式服务节奏缓慢，需要较多的人力，用餐费用高，餐厅利用率和餐位周转率都比较低。

2）法式服务的方法

传统的法式服务由两名服务人员共同为一桌宾客服务。其中一名是经验丰富的正服务员，另一名是助理服务员，也可称为服务员助手。正服务员请宾客入座，接受宾客点菜，为宾客斟酒、上饮料，在宾客面前烹制菜肴、为菜肴调味、分割菜肴、装盘、递送账单等。服务员助手帮助正服务员现场烹调，把装好菜肴的餐盘送到宾客面前，撤餐具和收拾餐台等。在法式服务中，除了面包、黄油和配菜从宾客左侧送上、右侧撤盘，其他所有菜肴均采用右上右撤的方式。

2. 俄式服务

俄式服务又称银盘式服务，因其服务过程中会使用大量的银质餐盘而得名。俄式服务起源于俄国，在拿破仑战争时，于欧洲大陆初次出现。当时欧洲以英式服务和法式服务为主，俄式服务以其简单、快捷凸显出它的优越性，立即成为皇宫中最受欢迎的服务方式。在现今有些豪华饭店中也有采用这种服务方式的。

1）俄式服务的特点

俄式服务讲究优美文雅的风度，将装有整齐和美观菜肴的大浅盘端给所有宾客过目，让宾客欣赏厨师的装饰和手艺，同时也刺激宾客的食欲。俄式服务中，每一张餐桌只需要一名服务人员，服务的方式简单快速，服务时不需要较大的空间。因此，它的效率和餐厅空间利用率都比较高。俄式服务使用大量的银器，并且服务人员将菜肴分给每一位宾客，使每一位宾客都能得到尊重和较周到的服务。由于俄式服务是在大浅盘里分菜，可以将剩下的、没分完的菜肴送回厨房，从而避免不必要的浪费。但是俄式服务的银器投资很大，如果使用和保管不当会影响餐厅的经济效益。俄式服务主要用于西餐宴会服务，尤其是大型宴会。

2）俄式服务的方法

在俄式服务方式中，服务人员动作须优雅、敏捷；菜肴在厨房全部制熟，每桌的每一道菜肴放在一个大浅盘中，然后，服务人员从厨房内将装好菜肴的大银盘用肩上托的方法送到宾客餐桌旁，盖好盖子，站立于宾客餐桌旁。分发餐盘时，用右手按顺时针方向绕餐桌把餐盘从宾客右侧送到宾客面前。分菜时，服务人员站立于宾客左侧，左手胸前托盘、右手操作服务叉和服务勺，按逆时针方向绕桌派菜。斟酒、上饮料和撤盘都在宾客右侧操作。值得注意的是，俄式服务中唯一能够采用两种方法服务的情形是上汤服务。一种方法是用汤盘盛，热汤盘放在大银盘里，中间垫上一块叠好的方餐巾。接着，从厨房内把汤端到宾客面前。如果汤盛在大餐碗中，应从大餐碗舀到宾客的汤盘里。另一种方法是将汤盛在一个银杯里,直接将盛汤的银杯端给宾客。

3. 美式服务

美式服务又称盘子服务,是餐厅服务中最普通、最有效的服务方式之一。美式服务是西餐零点和西餐宴会理想的服务方式,广泛用于咖啡厅和西餐宴会厅。

1) 美式服务的特点

服务简单,速度快;餐具和人工成本都比较低;空间利用率及餐位周转率都比较高。

2) 美式服务的方法

在美式服务中,由厨师按照宾客所点的菜肴,在厨房完成烹饪后,按宾客的人数装盘并加以简单装饰,每人一份。服务人员将菜肴从厨房直接端送到宾客面前。热菜要盖上盖子,并且在宾客面前打开盘盖。传统的美式服务,上菜时服务人员在宾客左侧,用左手从宾客左边送上菜肴,从宾客右侧撤掉用过的餐盘和餐具,从宾客的右侧斟倒酒水。目前,许多餐厅的美式服务上菜服务从宾客的右边,用右手按顺时针进行。

4. 英式服务

英式服务又称家庭式服务。英式服务家庭气氛很浓,许多服务工作由宾客自己动手,用餐的节奏较缓慢。英式服务中,由服务人员从厨房将烹制好的菜肴传送到餐厅。主人亲自动手切肉、装盘,并配上蔬菜。服务人员把装盘的菜肴依次端送给每位宾客。调味品、沙司和配菜都摆放在餐桌上,由宾客自取或相互传递。英式服务总是从右边服务,清理盘碗却是从左边开始,这与其他西餐服务方式是有区别的。

值得注意的是,在英式服务中,菜式所伴酱汁不能和食物一起放在分餐碟内,而应单独分开服务。服务时,需使用酱汁盅和分餐勺或是一个特别的酱汁勺。在服务酱汁时,永远不能将酱汁从酱汁盅中直接倒在食物上,必须使用分餐勺或是酱汁勺才行。酱汁服务按逆时针方向依次服务,最后是主人。

5. 综合式服务

综合式服务又称大陆式服务,是一种融合了法式服务、俄式服务和美式服务的综合服务方式。不同的餐厅或不同的餐次选用的服务方式组合不同,这与餐厅的种类和特色、宾客的消费水平、餐厅的销售方式有密切的联系,一般以方便宾客就餐、方便服务人员操作为原则。通常用美式服务上开胃品和沙拉,用俄式或法式服务上汤或主菜,用法式或俄式服务上甜点。

二、西餐零点服务

(一) 西餐零点餐厅早餐服务

西式早餐用餐场所主要在咖啡厅,采用的主要是零点服务。常见的西餐早餐类型有欧陆式早餐、英式早餐、美式早餐、行政式早餐等,本书着重介绍英式早餐和欧陆式早餐两种类型。

1. 早餐的分类

1) 英式早餐(English breakfast)

英式早餐内容丰富,数量充足,营养全面,包括咖啡、茶或可可,果汁、番茄汁或蔬菜汁,各式面包,黄油、果酱、蜂蜜,冷或热的谷物食品,鸡蛋及鱼类,香肠、熏肉等肉类。

2) 欧陆式早餐(Continental breakfast)

欧陆式早餐又称标准早餐,内容简单,无蛋无肉。包括咖啡、茶或可可,果汁、番茄汁或蔬菜汁,面包、牛角面包或小圆面包(其中一种)、黄油、果酱(限量)。

2. 西餐零点餐厅早餐服务程序

1) 餐前摆台

西餐早餐摆台讲究效率,一般不铺台布,只在餐桌上摆放餐具垫布,或者"十"字布巾便于翻台。摆台规范详见项目二。

2) 餐前准备

备好咖啡、茶、果汁、面包、黄油、果酱等,将餐具摆放在规定位置上,以便于取用。服务人员要注意仪容仪表,做到仪表整洁,按要求佩戴员工号牌及穿着制服,做好开餐前的一切准备工作。检查餐饮环境卫生、设备设施卫生、服务用品卫生和服务人员个人卫生。

3) 敬语迎宾

当宾客进入餐厅,服务人员应微笑问候、礼貌待客,主动引领,拉椅让座,注意女士优先。待宾客坐定,立即呈上菜单和酒水单,递送菜单时应遵守先宾后主、女士优先的原则。

4) 值台服务

(1) 站在宾客右侧,铺开餐巾。

(2) 询问宾客饮用咖啡、茶还是可可,主动为宾客介绍当日新鲜的果蔬汁。

(3) 准备点菜单,按规范为宾客点菜,对宾客的特殊要求和细节性内容也要记录清楚,如点到鸡蛋时应问清宾客烹制方法。

(4) 根据宾客所点早餐食品,按照果汁类、谷物类、蛋类、早餐包或早牛扒、水果等顺序上菜。上菜时尽量不要打扰宾客,并报上菜名,请宾客慢用。

(5) 宾客用餐期间勤巡台、勤收空杯碟、勤换烟灰缸(不能超过2个烟蒂)、添加咖啡、茶等。

5) 结账送客

值台服务员准备好账单,宾客用餐完毕准备结账时,按宾客熟悉的付款方式送上账单,请宾客核实后,为宾客结账并真诚致谢。

宾客起身离座时,要帮助拉椅,并提醒宾客带上自己的物品,再次礼貌地向宾客道谢,欢迎宾客下次光临。

6) 结束工作

收餐巾,整理台面,摆好餐椅,重新摆台,准备迎接下一批宾客。

(二)西餐零点餐厅午、晚餐服务

1. 接受预订

西餐午餐和晚餐比较讲究用餐情调,就餐时间长,所以餐位周转率低,往往需要提前预订。在餐厅应设有电话机、计算机等相应设备,随时接受宾客的预订。

预订方式有电话预订和宾客来餐厅预订两种方式。领位员须能熟练地回答宾客的问题,积极向宾客提出就餐建议,与宾客商讨特殊要求,并准确记录宾客姓名、用餐时间、用餐人数及特殊要求。填好预订单后,要根据宾客的预订留好餐台,并提前通知厨房。

2. 准备工作

1) 准备物品

根据预订登记表所记宾客人数选定餐桌,在餐桌上放置留座卡,根据宾客预订要求对餐厅的台面进行布置;每个餐位按西餐正餐所要求的规格摆放餐具。备足所需服务用具、餐具,备好各种调味品。

2）餐前检查

按西餐厅卫生要求进行清洁工作,包括餐饮环境卫生、设备设施卫生、服务用品卫生和服务人员个人卫生。检查摆台是否符合要求,有无遗漏,盐、胡椒瓶、牙签盅等有无加满,外观是否清洁。

开餐前半个小时由餐厅经理按规定召集餐前会,介绍当日客情、当日特别菜肴,布置当餐工作,进行任务分工,提醒接待宾客的注意事项,并检查服务人员的仪容仪表是否符合服务要求。

3）迎宾服务

宾客来到餐厅后,领位员首先应热情问候宾客。如果是常客,应道出宾客的姓名,然后确认宾客预订,引领宾客入位。如果没有预订,则根据宾客需求和餐厅营业状况引领宾客入座。引领宾客时,应走在宾客右前方,保持1～1.5米的距离。来到餐台前,领位员应在值台服务员的协助下帮宾客拉椅让座,并为宾客展开餐巾,要注意女士优先。待宾客坐定,立即呈上菜单和酒水单,递送菜单时服务人员应按宾客人数,呈送相应数量的菜单,应遵守先宾后主、女士优先的原则,依次将菜单送至宾客手中。

4）点菜服务

宾客看菜单时,应向其征询是否需要餐前酒、鸡尾酒服务,可以向宾客介绍或推荐。服务人员应准确记录每位宾客所需的酒水,3～5分钟后,用托盘从宾客右侧提供餐前酒服务。

当宾客饮用餐前酒时,服务人员可以上前询问宾客是否可以点菜,若同意,应从女宾开始,依次为宾客点菜。服务人员应主动向宾客介绍菜单内容,回答宾客提出的问题,帮助宾客点菜。对宾客的特殊要求给予积极的回答,准确记录每位宾客的座位号及所点菜肴并复述订单内容,以得到宾客确认。对宾客的特殊要求和细节性内容也要记录清楚,如:宾客订牛排、羊排时,应询问生熟程度,需配何种酱汁;宾客订沙拉时,应询问需何种沙拉汁。点单完成后,将订单送交厨房,并准确传递有关宾客对食品特殊要求的信息。

5）推销佐餐酒

点完菜后,应询问宾客需要什么佐餐酒,服务人员应主动推荐与所点菜肴相配的葡萄酒,并提供葡萄酒展示、开启、品评酒质、斟酒等服务。并记下宾客所点的酒水。开完单后,送上酒水。具体内容详见项目二。

6）用餐服务

（1）传菜服务。

当传菜员同时为一桌以上宾客送菜时,要特别记住点菜单的先后顺序,做到先来的宾客先服务,后到的宾客后服务。

当传菜员为同一桌的几位宾客传菜时,要按照餐位编号——为宾客传菜,应遵循宾客所订的主菜全部同时上桌这一原则。

（2）上菜服务。

① 服务面包和黄油。一般面包从宾客左侧上,准备多种供宾客选择,同时上黄油。注意女士优先。

② 重新摆换餐具。服务人员根据订单重新摆换餐具,按每位宾客上菜顺序摆换刀、叉、勺。最先食用的菜肴餐具放在最外侧,其他餐具按用菜顺序依次向里侧摆放。

③ 按照西餐的上菜顺序依次上菜,即头盘、汤、副菜、主菜、甜品、咖啡或茶。注意应遵循先女宾后男宾、最后主人的顺序。

④ 调整餐具。根据订单和上菜顺序,调整餐具。每上一道菜前都要撤去上道菜的餐盘。注意在撤盘时不要单独帮一位宾客撤餐具(除非宾客要求),应等所有宾客都用完后同时撤。撤盘时,须征求宾客意见,徒手从宾客右侧撤下。随之用托盘更换刀叉,使每道菜肴与餐具相配。

⑤ 甜品服务。在上甜品前,应撤掉主菜盘、刀叉、面包与黄油,并用台刷清理面包屑,摆上甜品叉、甜品勺,然后送上甜点。如今,有不少餐厅将各色各样的甜品摆在服务车内,推到宾客面前,让宾客自选,再按要求切分,很受宾客欢迎。个别甜品如火焰香蕉等可以直接在宾客面前表演。

⑥ 咖啡或茶服务。宾客用完甜品后,问清宾客饮用咖啡还是茶。先用托盘撤走甜品用具,根据需要送上糖缸、奶缸,摆上咖啡用具或茶具后再斟倒,并注意随时添加。

(3) 席间服务。

① 撤盘。在调整餐具时已经提到过具体的服务要求。

② 撤空饮料杯。从宾客右侧用托盘撤走。通常在上完咖啡或茶后,桌上仅留水杯及香槟杯,其他杯子一律取走。

③ 撤换烟灰缸。西餐就餐过程中一般不吸烟,宾客要待餐后喝咖啡等饮料时才能在征得女宾许可的情况下吸烟。此时,服务人员应主动为宾客点烟,并随时撤换超过2个烟蒂的烟灰缸。

④ 添加冰水、佐餐酒,补充面包、黄油。

⑤ 宾客席间离席要帮助拉椅和整理餐巾,回座时,再帮助拉椅和递铺餐巾。注意女士优先。

除此之外,宾客用餐过程中,服务人员要不断地巡视照顾台面,随时满足宾客提出的合理要求。

7) 餐后结束服务

(1) 结账送客。

宾客用餐完毕,准备账单。当宾客示意结账时,服务人员应采用宾客要求的方式(收取现金、信用卡、住店宾客签单记账等)把账单送给宾客,并按服务程序请宾客结账,结账时应真诚地感谢宾客的惠顾。

宾客起身离座时,要帮助拉椅,穿外套,并提醒宾客带上自己的物品,礼貌致谢,欢迎宾客下次光临。

(2) 结束工作。

在宾客离开后,迅速检查宾客是否有遗留物品,如有,立即归还宾客或交餐厅经理处理。

整理餐椅,用托盘、干抹布清理台面,分类收拾好餐具,按撤台服务程序进行清理。换上干净台布,重新摆台,准备迎接下一批宾客。

知识链接

品味西餐饮食礼仪：酒与食物的搭配

饮酒时应该搭配什么食物，这个问题时常困扰着人们。几百年来，饮酒时选择适当的食品似乎已经成为一条规律。但是，随着现代社会中新食品和新型酒类的不断涌现，这些规律已显得陈旧，越来越不适用了。如果再有朋友告诉你喝白葡萄酒必须吃鱼的话，你就可以说现在是21世纪了，那些19世纪的陈规旧俗已经过时了。饮酒时搭配食物，重要的是根据口味而定。食物和酒类可以分为四种味，这也就界定了酒和食物的搭配范围，即酸、甜、苦、咸。

酸味：你可能听说过酒不能和沙拉搭配，原因是沙拉中的酸极大地破坏了酒的醇香。但是，如果沙拉和酸性酒类同用，酒里所含的酸就会被沙拉的乳酸分解掉，这当然是一种绝好的搭配。所以可以选择酸性酒和酸性食物一起食用。酸性酒类与咸味食品共用，味道也很好。

甜味：用餐时，同样可以依个人口味选择甜点。一般来说，甜会使甜酒口味减淡。如果你选用加利福尼亚查顿尼酒和一小片烤箭鱼一起食用，酒会显得很甜。但是，如果在鱼上放入沙拉，酒里的果味就会减色不少。所以吃甜点时，糖分过高会将酒味覆盖，失去了原味，应该选择略甜一点的酒类，这样酒才能保持原味。

苦味：仍然适用个人喜好原则。苦味酒和带苦味的食物一起食用，苦味会减少。所以，如果想减淡或去除苦味，可以将苦酒和带苦味的食物搭配食用。

咸味：一般没有咸味酒，但有许多酒类能降低含盐食品的咸味。世界许多国家和地区食用海产品，如鱼类时，都会配用柠檬汁或酒类，主要原因是酸能降低鱼类的咸度，食用时使味道更加鲜美可口。

（资料来源：http://www.docin.com/p-611269598.html。）

三、西餐宴会服务

西餐宴会服务与零点服务相比，表演的性质强于服务本身的实用性。由于西餐宴会所需的物品相对较多，除精美的餐具外，还需准备鲜花、烛光、音乐等调节宴会气氛，所以宴会必须提前预订，为宴会前的准备工作留出足够的时间。西餐宴会预订服务与中餐宴会的服务要求基本相同。

除了预订服务外，西餐宴会服务还可以分为宴前准备服务、宴会迎宾服务、宴会就餐服务、宴会结束服务四个环节。

（一）宴前准备服务

1. 掌握情况

接到宴会通知单后，服务人员应详细了解宴会人数、宴会标准、开餐时间、台型设计、宾主身份、主宾和主人的特殊爱好、主办单位和房号、付款方式、生活忌讳、特殊需要、菜单内容和服务要求等。

2. 宴会场地布置

（1）宴会厅的布置。根据宴会通知单的要求提前布置好宴会厅，营造出高雅、豪华、协调、清洁的舒适环境。同时，宴会厅墙壁装饰的图案具有西方特色，符合西方人的欣赏习惯和艺术特色。

（2）台型设计。宴会的台型设计要根据宴请活动的性质、形式、人数、宴会厅的形状面积以及客人要求来灵活设计。西餐宴会台型常见形式有"一"字形长台、U形台、E形台和回形台。

3. 物品准备与摆台

（1）物品准备。席位上每桌两份菜单置于台面，重要宴会人手一份；准备好各种餐具、器皿；配备足够的服务用具；根据宴会通知单的要求，备好鲜花、酒水、香烟、水果等物品。

（2）工作台准备。根据宴请人数和菜单要求设置工作台，在工作台上摆放咖啡具、茶具、冰水壶、托盘、干净的烟灰缸及服务用具刀、叉、勺、烛灯、胡椒瓶、牙签盅等；在备餐间内准备面包盘、黄油、各种调味品及酒水等。

按照西餐宴会摆台要求（详见项目二）和宴会菜单摆台。

4. 宴前检查

为了确保宴会的顺利进行，宴会负责人在组织准备工作全部就绪后，要对卫生、物品、设备、安全、服务人员的仪容仪表等进行全面检查。

5. 召开餐前会

由经理召开餐前例会，强调宴会注意事项，对人员进行分工。

（二）宴会迎宾服务

当宾客到达时微笑问候，热情引领宾客到休息室休息。根据宴会通知单，在宴会开始前半小时或15分钟左右，在休息室内或宴会厅门口为先到的宾客供鸡尾酒会式的酒水服务，由服务人员托盘端送饮料、鸡尾酒，并巡回请宾客饮用；茶几或小桌上备有虾片、干果仁及小吃等。当宾客到齐，主人表示可以入席时，迎宾员应及时引领宾客到宴会厅。当宾客到服务人员服务的区域时，服务人员应遵循女士优先、先宾后主的原则，主动为宾客拉椅让座；待宾客坐下后，从右侧为宾客铺上餐巾，服务餐前酒水。

（三）宴会就餐服务

在宴会开始前5分钟，将面包、黄油摆放在宾客的面包盘和黄油碟内。

1. 上菜服务

西餐宴会服务多采用美式服务，有时也采用俄式服务。上菜服务程序是头盘、汤、副盘、主菜、甜点水果、咖啡或茶。上菜时，要严格遵循宾主顺序，按先宾后主、女士优先的原则，从宾客右侧上菜进行服务。上每一道菜之前，服务人员都应将前一道菜用完后的餐具撤下。

（1）头盘。如果是冷头盘，可在宴会前10分钟左右事先上好。根据头盘配用的酒类，服务人员应先为主宾斟酒。宾客用完头盘后，服务人员应从主宾右侧开始撤盘，连同头盘、刀、叉一起撤下。

（2）汤。清汤盛放在带耳的汤盅内，其他汤则盛放于无耳汤盅内。注意汤盅应在使用前根据汤的温度进行加热或冷却处理。所需用的调味汁一律从宾客左侧送上。

（3）海鲜等菜肴。服务人员应先斟好白葡萄酒,再为宾客从右侧上海鲜菜肴。当宾客享用完海鲜菜肴后,服务人员可从主宾右侧开始撤下鱼盘及鱼刀、鱼叉。

（4）主菜。上主菜前,服务人员应先斟好红葡萄酒。主菜菜肴的服务程序是：

① 服务人员从宾客的右侧撤下装饰盘,摆上餐盘。

② 服务人员在左侧为宾客分主菜,应将菜肴的主要部分靠近宾客。

③ 另一名服务人员随后从宾客的左侧为宾客分派沙司。

④ 若配有色拉,服务人员也应从左侧为宾客依次送上。

（5）甜点水果。宾客用完主菜后,服务人员应及时撤走主菜盘、刀、叉以及色拉盘、黄油碟、面包盘和黄油刀,摆上干净的点心盘,之后托送奶酪及配食的饼干,并从宾客的左侧分派。上奶酪前先斟酒,可以是香槟酒或波特酒。水果由服务人员托着水果盘在宾客的左侧派送,并跟上洗手盅和水果刀、叉。

（6）咖啡或茶。上咖啡或茶时,服务人员应送上糖缸、淡奶壶、咖啡壶（或茶壶）（每3个一套）。在宾客的右手边放置咖啡具或茶具,然后用咖啡壶或茶壶依次斟上。宾客饮用咖啡或茶时,服务人员应向宾客推销餐后酒或雪茄烟。

2. 席间服务

在宾客用餐过程中应时刻注意宾客的酒杯、烟灰缸等,适时添酒、换烟灰缸；注意询问宾客是否要加黄油、面包,始终注意应女士优先。若席间有宾客离座,要帮助拉椅、整理餐巾,当宾客回座时,也要帮助拉椅、落餐巾。

（四）宴会结束服务

1. 结账服务

宴会接近尾声时,服务人员应清点所用的酒水饮料,交收银台算出总账单。当主人示意结账时,按照规定帮助宾客结账。一般不签单,而是收取现金或用信用卡、支票结账。

2. 送客服务

主要是拉椅送客和取递衣帽,具体要求与中餐宴会服务相同。

3. 结束工作

主要是检查台面、收拾餐具和清理宴会现场,具体要求与中餐宴会服务相同。

四、西餐自助餐服务

西餐自助餐服务是餐厅提供全部或部分菜肴,并在事先布置好的餐台上展示各种开胃品、热冷主菜、蔬菜和色拉等,餐台通常放在宾客从不同方位都能挑选菜肴的地方,由宾客进行自我服务的用餐形式。自助餐接待对象是零散宾客或团体宾客。

西餐自助餐的特点是形式气氛活泼；种类齐全,挑选性强,实际消费的菜肴品种选择余地大；不拘礼节,打破了传统的就餐形式。

（一）自助餐台的设计与布局

自助餐台也叫食品陈列台,可以安排在餐厅中央、靠墙或餐厅角落,也可以摆成完整的大台或由一个主台和几个小台组成。常见的台型有 I 形台、L 形台、O 形台和其他台型（如扇形、半圆形等）。

设计自助餐台时要遵循一定的原则。第一，美观醒目。自助餐台要布置在显眼的地方，让宾客一进餐厅就能看见。设计要有层次，错落有致；装饰要美观大方，意在烘托气氛；食品摆放要有立体感，颜色搭配要合理。第二，方便宾客。自助餐台的高度和大小要方便宾客迅速顺利选取菜肴，要根据宾客的人数、菜肴品种的多少、宾客取菜的人流方向等来合理安排。第三，贴合主题。要紧扣餐厅经营的主题，突出文化内涵，围绕主题进行布置。第四，结合空间。自助餐台台型的设计应结合餐厅场地特点即大小和形状来进行。

（二）西餐自助餐服务程序

1. 餐前准备工作

（1）按本餐厅的要求整理仪容仪表，按时到岗，接受任务。

（2）按餐厅卫生要求进行清洁工作，包括餐饮环境卫生、设备设施卫生、服务用品卫生和服务人员个人卫生。

（3）摆设自助餐台。遵循自助餐台设计原则来进行摆设。注意在摆设多张餐台时突出主桌，预留通道。如果菜品过于丰富，除了设置完整的自助餐台外，也可将一些特色菜分立出来。如色拉台、甜品台、切割烧烤肉类的肉车等。

（4）布置自助餐台。布置餐台时，先在餐台上铺台布。台中央可布置冰雕、果蔬雕、鲜花、水果或餐巾花等装饰物点缀，以烘托气氛，增加立体感。

（5）按规范摆放菜肴及其他物品。

① 宾客取菜的餐盘放置于自助餐台最前端（即靠近入口处的一端）。20个餐盘一叠，要摆放整齐，不可堆得太高，以免倒塌。把餐刀、餐叉、汤匙及餐巾纸整齐地放置于餐碟前。

② 按色拉、开胃品、汤、熏鱼、热菜、主菜、甜品、水果的顺序摆放菜点，摆放的图案新颖、美观。某些特色菜肴分类摆放，如甜品、水果台或切割烧烤肉类的服务台。

③ 热菜必须用保温锅保温，始终保持热菜的恒温。

④ 饮料区应备好果汁、咖啡、茶等，并注意供应温度，该凉的要凉，该热的要热，并备好杯具，整齐地排列在餐台上。

⑤ 取食菜点的服务叉匙或点心夹，应统一放在菜点盘中或放在菜点盘旁边的餐碟中。

⑥ 菜肴前应摆放中、英文菜牌。各种菜肴要跟搭配的沙司、调味品等放在一起，以方便宾客取用。

（6）西餐自助餐摆台。西餐自助餐厅的桌椅应摆放整齐，摆台采用西餐零点摆台方式。

（7）召开餐前会。由自助餐厅经理召开餐前例会，进行员工仪容仪表、个人卫生和精神面貌的检查，强调注意事项，对人员进行分工。

2. 迎宾服务

宾客进入餐厅时，服务人员应礼貌地向宾客问好，如果住店宾客享用免费自助早餐，则应请宾客出示房卡或收取免费早餐券；如果住店宾客无免费早餐券，或是非住店宾客，则应问清人数后礼貌地请宾客去收银台付款或签单；如果是团队宾客，则应与旅游团的导游（或领队）或会议主办单位的负责人一起统计宾客人数。

3. 餐台服务

（1）为宾客递送餐盘等餐具,热情地为宾客介绍菜点。

（2）注意整理菜点,使之保持丰盛、整洁、美观,必要时帮助宾客取用菜点。

（3）如果某些菜点消费较快,应通过传菜员及时通知厨房予以补充,以防宾客因菜点不丰盛或因取不到菜点而产生不满。

（4）检查菜点温度,保证热菜要热、冷菜要凉。

（5）值台服务员或厨师应为宾客分切大块烤肉或现场烹制等。

4. 巡台服务

（1）根据宾客的需要,服务人员应迅速为宾客取送煎煮食品或其他菜点。

（2）随时为宾客添加酒水,更换烟灰缸,撤下空盘、脏盘等餐具和空杯、空瓶等。

（3）宾客用完甜点后,服务人员须询问宾客要咖啡还是茶,然后为宾客提供服务。

（4）宾客用餐结束后,服务人员要及时、准确地进行酒水的结账工作,主动向宾客告别,然后迅速清理台面,重新摆台,以便后来的宾客用餐。值得注意的是,一般社会自助餐厅实行的是先付费的制度,饮料含在餐费里,但规定以外的酒水需现付或最后付费。旅游酒店通常是以先用餐后付费或者住店宾客直接计入房费的方式来结账。

5. 餐后结束工作

（1）清点酒水,核实人数,汇总账单。

（2）等宾客全部离开后,厨师将可回收利用的食品整理好,撤回厨房。服务人员负责清理餐台,将用过的餐具、物品送洗涤间。

（3）妥善保管好自助餐台的装饰品。

（4）做好餐厅清洁卫生,关空调、关灯和门等。

任务三 房内送餐服务

房内送餐服务又称客房送餐服务,是指根据宾客要求在客房中为宾客提供的餐饮服务。它是星级酒店为方便宾客、减轻餐厅压力、体现酒店等级所提供的一项特殊服务,也是酒店的收入渠道之一。房内送餐服务由于服务周到、涉及环节多、人工费用高,其产品和服务的价格一般比餐厅售价高20%～40%。现在许多酒店的客房送餐部隶属于西厨房,分为订餐部和送餐部。

一、订餐服务

客房餐饮订餐方式有两种,一是门把手菜单预订,二是全天候电话预订。

（一）门把手菜单预订

门把手菜单预订一般适用于早餐预订,宾客须将填写好的"门把手早餐菜单"在前一晚12点前挂在客房门外侧的门把手上。主要为宾客提供欧陆式、美式和零点式早餐。

早餐门把手菜单服务程序如下:客房送餐部夜间服务员在指定的时间（晚12点以前）至楼层收订单;将订单按房间号排序,注意核对房号;将订餐时间、房号、数量及特殊要求抄在订餐记录单上；打印出账单，交给当班领班。

（二）全天候电话预订

全天候电话预订是宾客在 24 小时任意时间需要进餐时，临时打电话通知客房送餐部送所需食物到客房的一种订餐方式。全天候点菜菜单一般放在客房服务指南内。

全天候电话订餐服务程序如下：

第一，接受宾客预订。订餐员须在电话铃响 3 声之内接听电话，首先向宾客问好，然后仔细聆听宾客预订要求，掌握宾客姓名、房号、用餐时间、订餐种类、数量、人数及特殊要求，并解答宾客提问；可以主动向宾客推荐，说明客餐服务项目，介绍当天推荐食品，描述食品的数量、原料、味道、辅料及制作方法；复述宾客预订内容及要求，得到宾客确认后，告知宾客等候时间并向宾客致谢；待宾客将电话挂断后，方可放下听筒。

第二，填写订单并记录。订餐员按用餐顺序将宾客所订食品依次填写在订单上，订单一式四联，厨房、冷菜、收款、酒吧各执一联；若宾客需要特殊食品或有特殊要求，需附文字说明，并同订单一同送往厨房，必要时可向厨师长说明；在客餐服务记录本上记录宾客订餐情况，包括订餐宾客的房间号码、订餐内容、订餐时间、服务人员姓名、账单号码等。

二、送餐服务

（一）房内送餐服务程序

1. 餐前准备

（1）准备好送餐用具，备好餐具及布件等用品。

（2）备好账单，取验宾客所订食品和饮料。

（3）送餐服务员检查自己的仪表仪容。

2. 客房送餐

（1）送餐途中，保持送餐用具的平稳，避免食品或饮品溢出。

（2）食品、饮品、餐具需加盖洁净布巾；热菜使用保温箱，冰冻食物使用冷藏设备。

（3）使用饭店规定的通道或电梯送餐。

（4）核对房号，按门铃，轻声说："Room service！"

3. 房内用餐服务

（1）宾客开门后，微笑向宾客问好，并以宾客姓名称呼，并询问是否可以进入房间，得到宾客允许后进入房间，并致谢。

（2）礼貌地征求宾客的用餐位置，并进行摆放，依据订餐类型和相应规范进行服务。

4. 结账

（1）将账单夹双手递给宾客，请宾客签单或付现金，并向宾客致谢。

（2）询问宾客是否还有其他要求，若宾客又有新的要求，应尽量满足。

5. 道别

结账后，祝宾客用餐愉快，礼貌地退出房间，将房门轻轻关上。

6. 收餐

若宾客来电要求收餐时，应核查订餐记录，确认房间号码前去收餐；若宾客未来电要求收餐时,一般早餐过 30 分钟后打电话收餐,午餐、晚餐过 60 分钟后打电话收餐。打电话时应主动问候宾客并介绍自己,询问是否用餐完毕,再为宾客收餐。服务人员收餐完毕即刻通知订餐员,订餐员要详细记录。值得注意的是,如果打电话房内无人接听,且宾客不在房间时,可以请楼层服务员开门,及时将餐车、餐盘等用具取出;若宾客在房间,收餐完毕,须询问宾客是否还有其他要求并道别。

7. 结束工作

返回客房送餐部后,送餐员要将签好的账单或现金送到收银台,并在送餐日记簿上记录送餐时间、返回时间与收取餐具时间。

(二)客房送餐特别服务

1. 送 VIP 宾客水果篮

了解当日 VIP 客情,根据等级和酒店规定配备水果;按规格准备刀、叉、口布、甜食盘、洗手盅;提前 20 分钟送达房间,按要求摆放在统一位置;检查,确保水果保鲜洁净卫生,确认用具及食品摆放的合理性。

2. 生病宾客的服务

了解患病宾客的病情、饮食禁忌和所需的特殊服务;积极向宾客推荐清淡可口、营养丰富、易于消化的菜肴、食品,送餐时根据宾客的病情合理安排就餐位置,言行举止体现对宾客的关切、安慰;为宾客提供白开水或矿泉水,方便宾客服药,根据酒店有关规定送上鲜花和水果,祝宾客早日康复。

项目小结

本项目有三个任务,任务一是中餐服务,阐述了中国菜的分类、特点,中餐各种服务方式,中餐零点服务和宴会服务的工作流程及标准;任务二是西餐服务,阐述了西餐主要流派菜式,各种服务形式以及西餐零点服务和宴会服务的工作流程及标准;任务三是房内送餐服务,阐述了房内送餐服务内容和服务程序。通过以上三个项目任务的学习,能够使学生充分了解和掌握中、西餐餐饮服务流程和规范,并能根据餐饮的不同类型、不同特色和不同场合,选择适用的服务方式,娴熟地开展服务工作,并能够处理和解决餐饮服务与管理中的一般性问题,使他们的实际应用能力和创新能力得到一定的锻炼。

项目实训

一、知识训练

1. 中式菜肴的主要特点是什么?
2. 西餐服务方式及其特点有哪些?
3. 简述西餐零点早餐服务的工作流程。
4. 如何做好房内送餐服务?

二、能力训练

1. 分组模拟练习客房送餐的服务程序。

目的:通过实训练习,使学生了解客房餐饮服务的主要内容,掌握客房送餐服务程序。

要求:做好实训场地、用品的准备;与课人员身着职业装,女生化淡妆、盘发。

2. 分组模拟练习西餐零点午、晚餐服务的服务程序。

目的:通过实训练习,使学生了解西餐零点午、晚餐服务准备工作,使学生掌握西餐零点午、晚餐服务的操作要领。

要求:做好实训场地、用品的准备;与课人员身着职业装,女生化淡妆、盘发。

3. 选择当地四星、五星级酒店,调查这些酒店的中餐厅设计组织、提供宴会服务的情况,并进行比较分析。

目的:通过调查分析使学生了解中餐宴会服务的工作流程及标准在实际中的应用情况。

要求:小组调查后提交报告,酒店选择本地四星以上酒店。

三、案例实训

大型宴会的预订

小张是南京某饭店预订部的秘书。她第一次接到一家客户的大型宴会预订电话时,在记录宴会日期、主办单位、联系人情况、参加人数、宴会的类别和价格等基本情况后,就急忙带上预订单和合同书要亲自去客户单位确认。同事老王阻止了她,并告诉她最好先请对方发个预订要求的传真过来,然后根据要求把宴会预订单、宴会厅的平面图和相关资料反馈给对方,并要求对方二次传真预订。小张按老王说的去做了,几天后,她接到客户的传真。果然,这一次对方对宴会预订的很多方面都有了变动,而且在价格上提出了意见。小张与之商谈后,客户最终签订了预订合同并交纳了订金。

(资料来源:www.docin.com/p-501340174.html。)

思考:

1. 宴会预订的步骤有哪些?
2. 有多少种预订方式?这些预订方式各有什么优点?

项目四 菜单的设计与制作

项目目标

知识目标:
(1) 了解菜单的作用、菜单的种类、菜单的内容。
(2) 熟悉菜单设计的程序。
(3) 掌握菜单设计的方法。
(4) 掌握菜单的制作与评估。

能力目标:
通过系统的理论知识学习,能设计出不同类型的菜单。

素质目标:
掌握不同类型的菜单设计,并能有所创新,从而培养学生的创新能力。

项目任务

任务一 认知菜单知识
任务二 菜单设计的程序
任务三 菜单设计的方法
任务四 菜单的制作与评估

> **案例导入**
>
> **"全鱼宴"菜单设计**
>
> 　　某酒店接待了一对老夫妇华侨,他们每天用餐时都喜欢点鱼类菜肴。有一天,老华侨突然向服务员提出一个要求:"20 世纪 40 年代离开祖国时,有位名厨全部用鱼做成了一桌酒席,我至今记忆犹新,终生难忘。不知你们的厨师现在能否制作,我们很想还能品尝到这样的宴席。"老华侨的这种怀旧欲望,引起了服务员及餐饮部经理的重视,当天召开厨师长及厨房技术骨干会议,研究怎样满足老华侨的心愿,制作出一桌全鱼席的宴会。在厨师长及厨房技术骨干的共同努力下,终于设计出了一张全鱼席的菜单,并征求老华侨的意见,做了一些必要的修改。当老华侨正式饮宴时,他们惊叹不已,整桌宴席色彩鲜艳、香味浓郁、味道各异、形态优美。他们深感祖国饮食文化的博大精深,也十分感谢酒店工作人员给他们制作了这一特色宴会。
>
> 　　(资料来源:http://www.btdcw.com/btd-3166554ec850ad02de8041ce-1.html。)
>
> **思考:**
>
> 酒店应如何进行特色宴会菜单设计?

　　菜单设计是餐饮经营的重要内容,一份菜单必须具备完整说明餐厅所提供的餐饮服务的功能,内容包括各式菜点品名、价格、做法等。而一份出色的菜单还要注重创新,即切合时代潮流,增加审美情趣,讲究营养卫生,展现文化气质,在设计思想、席面编排、肴馔制作和接待礼仪上都有重大的突破。怎样设计和制作菜单,怎样设计出满足不同人群饮食要求的菜单,正是本项目所要探讨的主要内容。

任务一　认知菜单知识

一、菜单的含义与起源

　　餐饮销售工作是从菜单开始的。了解了菜单的起源及意义,才能设计出具有市场说服力的菜单。

(一)菜单的含义

1. 狭义的菜单

　　狭义的菜单,英文名为"menu",源于法文,有"细微"之意。根据牛津词典,其意思为在宴会或点餐时供应菜肴的详细清单,或者账单。在有的餐馆中亦被称为食谱。

　　菜单是餐厅最重要的商品目录,通常以书面形式呈现,供光临餐厅的宾客从中进行选择。一份完整的菜单,其内容应包括食物名称、种类、价格、烹调方法、图片展示及相关知识的陈述等。

2. 广义的菜单

广义的菜单是餐饮产品和服务的宣传品,是餐饮经营过程中最佳的指导方针,也是餐饮企业与宾客之间讯息交流的工具。

(二)菜单的起源

在我国,菜单又称为食谱、席单。食谱产生的历史非常悠久,有记载,最早的筵席席单出自《周礼·天官》:"凡王之馈,食用六谷、膳用六牲、饮用六清、羞用百二十品。珍用八物,酱用百有二十瓮。王日一举,鼎十有二。物皆有俎,以乐侑食。"

战国时期,《楚辞·招魂》、《楚辞·大招》中招祭亡灵用的菜单客观反映出楚地宴饮的盛况。《楚辞·招魂》中的菜单列出楚地主食 4 种、菜品 8 种、点心 4 种、饮料 3 种;《楚辞·大招》中的菜单列出楚地主食 7 种、菜品 18 种、饮料 4 种。长沙马王堆西汉古墓中出土了迄今最早的一批竹简菜单。

在西方国家,最初的菜单并不是为了向宾客说明菜肴的内容和价格,而是厨师为了备忘而写的单子。关于菜单的起源有多种不同的说法。

英国人认为菜单始自 1541 年的布朗斯威克公爵。当时厨师都有一份用来记录烹饪菜肴的备忘录。某一天,布朗斯威克公爵在家宴请朋友时,忽然产生一种念头,要求厨师将当天准备的菜名抄在一张小纸条上,使他能预先知道将要上的是什么菜,以保留胃口来吃最喜爱的菜。这种做法受到大家的欢迎,广为流传,菜单也成为餐桌上不可或缺的东西。

法国人认为菜单源自 1498 年的蒙福特公爵。他在每次宴会中,总用一张羊皮纸写着厨师所要做的菜的菜名,以便明白当天要吃些什么。第一份详细记载各项菜肴目录的菜单出现在 1571 年一名法国贵族的婚宴礼上。后来菜单逐渐成为王公贵族及富豪宴客时不可缺少的物品。19 世纪末,法国 Parisian 餐厅把制作精美的商业菜单首次介绍给大众,当年有名的画家雷诺阿、高更及罗特列克,更以素描或绘制菜单换取食物或报酬。图 4-1 是由法国名印象大师雷诺阿为 Parisian 餐厅画的插画,借以换取免费餐饮。此画的内容是描述一位厨师忙于穿梭在一日的菜单中。

二、菜单的作用与特点

(一)菜单的作用

美国餐饮管理协会理事可翰博士在评论菜单的重要性时说:"餐饮经营的成功与失败关键在菜单。"菜单是餐饮销售种类和价格的一览表,直接影响餐饮经营成效,其具体作用如下:

1. 菜单是餐饮经营的主要依据

根据市场需求制定出菜单后,餐饮经营方向也就基本上确定了。在经营过程中,餐饮企业在决定产品材料采购的种类和数量时,要考虑到菜单中菜点种类和制作方法的不同,考虑到餐厅设施、设备的配置及人员的多少、专业水平的高低。

2. 菜单是餐饮宣传促销的工具

一份制作精美的菜单,不但可以提升用餐气氛,更能反映餐厅的格调,让宾客乐于多

图 4-1　法国印象派大师雷诺阿画的插画

（资料来源：蔡晓娟，《菜单设计》，南方日报出版社 2002 年版。）

点几道菜。还可以利用菜单内容引导宾客尝试高利润菜，以增加餐饮收入。

3．菜单是沟通消费者与接待者之间的桥梁

消费者通过菜单来选购自己所喜爱的菜肴，而接待人员通过菜单来推荐餐厅招牌菜。两者之间由菜单开始交流信息，形成良好的双向沟通模式。

4．菜单可促进餐饮成本及销售的控制

菜单是管理人员分析餐饮销售状况的基本资料。管理人员要定期检视与菜单相关的各种问题，协助餐厅更换菜单种类，改良生产计划和烹饪技术，改善菜肴促销方式和定价方法。

5．菜单象征餐饮特色和等级水准

菜单上的菜点、饮料的品种、价格及质量等，都能显现出餐厅所提供的餐饮的特色和水准，给宾客留下良好和深刻的印象。

（二）菜单的特点

菜单设计除了要满足宾客需求之外，更要让酒店餐饮产生最大的经济效益。好的菜单应具备下列条件：

1．菜单具有广告宣传效果

菜单是餐饮的重要组成部分，体现着餐饮的内容与格调。同时菜单还具有广告效应，精美的菜单能够激发宾客品尝美味的欲望，是无言的餐饮推销者。

2. 菜单具有季节变化性

菜单上的各类品种，既要保持菜点的特性，也要随季节变化做出调整。

3. 菜单内容简单明了

简单明了的菜单内容不仅能节省宾客点菜的时间和精力，而且也能够提高餐饮销售能力。

4. 菜单分类排列规范

菜单品类排列有序，能展现菜单结构的整体性。如西餐菜单排列一般按照西餐用餐顺序进行，方便宾客点菜，同时也体现西方餐饮服务的特色。

5. 菜单外观设计美观实用

干净美观的菜单让宾客心情愉悦，体现出餐饮经营者的用心经营，也能增加菜单的翻阅频率。

三、菜单的种类

菜单是餐饮产品说明书和目录表，是餐饮销售的工具。根据市场需求的多样性，酒店采用灵活的经营策略，设计出不同类型的菜单，以满足宾客的需求。具体而言，菜单可进行如下分类：

（一）根据供餐性质区分

根据餐饮的供应性质，可分为套餐菜单、零点菜单和混合菜单。

1. 套餐菜单(Table d'Hote)

又称为订餐菜单，其特色是仅提供数量有限的菜肴。如西餐套餐菜单内容包括汤、鱼、主菜、甜点、饮料等。

2. 零点菜单(A La Carte)

零点菜单是宾客根据自己的喜好选择偏爱的单个产品，主要适用于一般的中、西餐厅的零餐点菜及旅客的客房服务等。零点菜单菜色种类比套餐丰富，宾客可依自己的喜好选择偏好的菜肴，每道菜还依据大、中、小分量予以个别定价。

3. 混合菜单(Combination)

混合菜单是套餐菜单与零点菜单的综合，此种菜单的特点是某些菜点（如主菜）可以进行组合，但某些菜点则是固定不变的（如开胃菜、饮料、甜点等），价格也根据主菜的不同而有变化。

（二）根据用餐时间区分

根据宾客进餐时间，可以分为早餐菜单、早午餐菜单、午餐菜单、晚餐菜单和消夜菜单。

1. 早餐菜单(Breakfast)

早餐包括中式早餐与西式早餐，其中西式早餐又包括美式及欧式两种。

1) 中式早餐

我国地域广泛，早餐品种繁多，从北方的烧饼油条配豆浆，到南方的地瓜稀饭配小菜，都是老少皆宜、百吃不厌的传统早点。

2）美式早餐

美国人对早餐极为重视,内容十分精致丰富。有开胃品(以果汁或新鲜水果为主)、面包类(各式薄饼及土司,配合使用果酱或奶油)、谷物类(玉米片或麦片粥为主)、肉类(常见的有火腿、培根或香肠)、蛋类(常见烹调方式有单面煎、双面煎、炒蛋、水煮蛋和蛋卷等)、芝士(有硬、软及半硬软之分)、蔬菜类(包含西红柿、芦笋及马铃薯等)、饮料(以咖啡及红茶为主,另有牛奶、巧克力或其他饮料等)。

3）欧式早餐

菜色内容比美式早餐简单,包括面包、果汁或其他饮料。

2. 早午餐菜单(Brunch)

早午餐菜单用餐时间约在早上 10 点,介于早餐与午餐之间,在欧美各国较为流行。其特点是供应混合式菜肴,一方面有清淡可口的早餐食品,另一方面也有丰盛的午餐菜色。

3. 午餐菜单(Lunch)

一般商业午餐多以简单、客饭、定食、便当为主,其特点是快速、简便。在西方国家,午餐常以一个三明治或一个汉堡为主。

4. 晚餐菜单(Dinner)

晚餐用餐时间一般较长,也较正式,所以餐饮内容较为丰富。而且晚餐时用餐者心情较为轻松愉快,餐厅有更多机会推销酒水类产品,增加餐饮收入。

5. 消夜菜单(Supper)

供应时间多在晚餐后,菜色及口味有多种变化,以点心、小食及粥类为主。

(三)根据用餐对象区分

由于用餐者年龄、身份的差异性,酒店设计出餐饮特别菜单,如儿童菜单、老人菜单、情侣菜单等。

1. 儿童菜单(Children)

儿童菜单以简单、营养为原则,分量不必太多。主要目的是吸引儿童,促成全家一起前来用餐。营造出愉快热闹的用餐环境十分重要,常见的儿童餐厅以可爱的卡通人物或动物造型来装饰,并随餐赠送玩具或小纪念品等。

2. 老人菜单(Aged)

随着人口老龄化的到来,社会人口结构的变化势必带来餐饮市场的变化。餐饮业面对高龄宾客时,应设计营养丰富、低脂高纤、少盐低糖的菜单食品,以满足他们的需求。

3. 情侣套餐(Sweet)

相对一般的消费者,情侣用餐需求具有特殊性。他们讲究情调,对价格不太敏感,因此在设计菜单时要注重浪漫气息和美感,菜品组合要有特殊的意义,比如天长地久之类。

(四)根据用餐场地区分

由于受用餐场地的限制,食物的烹调方式和服务流程会有变化,因此设计菜单应考虑到场地因素。常见的特殊场地菜单有宴会菜单、客房菜单和外卖菜单。

1. 宴会菜单(Banquet)

宴会是餐饮营业收入的主要来源,宴会种类多样,如会议、培训、聚餐、婚宴、寿宴等。此类菜单一般结构完整,菜点安排有一定规格,制作精细,围绕一定的主题安排菜品。除了注意菜点的成套性外,还讲究用餐过程的礼仪性。

2. 客房菜单(Room Service)

客房服务用餐是酒店经营的一大特色,这类菜单安排的菜品以烹调容易、快速且运送方便为原则,菜品内容有限。客房用餐服务一般加收15%～20%的服务费。

3. 外卖菜单(Take-out Menu)

外卖是宾客亲自到餐厅点餐或打电话订购,产品制作好后由餐厅派专人负责送到指定位置或宾客自己带走。外卖菜单内容往往是消费者熟悉的菜品。

(五) 根据经营范围区分

根据经营范围不同,可以分为咖啡厅菜单、中餐厅菜单和西餐厅菜单。

1. 咖啡厅菜单(Coffee Shop)

一般咖啡厅菜单以快速、简单、方便为特色,菜单上品种有限。

2. 中餐厅菜单(Chinese Restaurant)

中餐厅种类繁多,菜单各具特色。中国的四大菜系或八大菜系都是根据区域对菜品及口味进行的区分。如粤菜多取材昂贵,以生猛海鲜为主;川菜以口味取胜;湘菜以肉食类为主。

3. 西餐厅菜单(Western Restaurant)

西餐源于意大利,如今西餐主流以法国菜为主。西餐厅提供的菜肴种类大同小异,如汤类、开胃菜、主菜、沙拉、饮料等。不同类型的西餐厅特色各异,如法式餐厅强调用餐过程中美酒的功用,服务周到,价格昂贵,而意大利餐厅以面食和披萨为主;又如高级美食餐厅以牛排、海鲜食品为主,服务精致,而家庭式餐厅以菜品丰富为特色,价格适中。

(六) 根据餐饮周期区分

根据餐饮的周期性,可以分为季节性菜单、固定菜单和循环菜单。

1. 季节菜单(A Season Menu)

季节性菜单的设计主要是为了迎合不同季节宾客的需求。如冬季天气严寒,餐厅推出滋补汤锅,在炎热夏季则推出冷凉、清淡爽口菜品,这类菜单内容符合时令,季节性很强。

2. 固定菜单(Fixed Menu)

固定菜单是指一份菜单内容使用一年或两年以上,不发生较大变化的菜单。常见于中高档酒楼或连锁餐厅。

3. 循环菜单(Cycle Menu)

循环菜单的使用是指将备用的几个菜单轮流使用,多用于学校、单位食堂和员工餐厅等,既可以节省制作菜单的费用,又能使餐厅菜品有一定变化。

四、菜单的内容

一份完整的菜单除了介绍所提供的产品外,还必须告知宾客每道菜的价格,帮助宾客做出良好的判断。所以,菜单应具备封面、菜名、说明文字、价格及推销信息等五个部分。

(一)封面

菜单的封面是菜单的门面,因此在封面色彩及封面的图案设计上都要突出餐厅特色。菜单封面色彩要与餐厅环境匹配,色调应该柔和协调,让宾客感受到餐厅的整体性。菜单封面还要能展现餐厅的特征与特色,体现出餐厅的经营风格。如古典式餐厅,菜单封面设计要具有古色古香的文化特色,体现出艺术气息,这样才能达到相互辉映的效果。

(二)菜名

菜名最好是清晰易懂,能体现出菜肴的特色、品质或食品产地,如果可以的话,可将主要原料、分量和烹调方法说明附在后面。如果是外文菜单,除了要有顺畅的中文方便宾客阅读、使用外,也要提供原文对照以示负责。

(三)说明文字

有些菜肴的制作程序繁杂,而其口味的精髓就在其中,因此通过详尽的文字说明,帮助宾客了解菜的精华,也是餐饮经营者的责任。尤其是西餐菜单,加入说明文字后,使宾客点菜更加容易,既节省了点菜时间,又避免了点错菜的尴尬。

(四)价格

菜单上应明确列出每道菜的价格,目的是让宾客对餐饮产品价值有正确的认识。同时,有助于宾客点菜的时候就可以考虑到用餐经费,以免发生所带钱不够付费的尴尬。

(五)推销信息

菜单上应对提供的特色菜肴进行重点介绍,以增加菜肴的销量。为方便宾客及时到达或联络到餐厅,菜单上还应提供必要的信息,如餐厅名称、地址、电话号码、营业时间、服务费及消费标准等。

任务二 菜单设计的程序

菜单设计并不是将菜点名称简单地排列,它涉及的内容十分广泛,需要考虑的因素也很多。设计菜单时应考虑一定的因素,遵循一定的程序,使菜单成为餐饮销售的重要载体。

一、菜单设计的依据

设计菜单前应考虑餐厅本身条件和市场的需求,通常要考虑如下一些因素:

(一)市场需求

在设计菜单前,要对目标市场和消费人群做充分的了解,明确餐厅的目标市场及消费定位,考虑到目标人群有什么不同的生活习惯,有没有饮食禁忌,对菜点的选择有何偏好等。只有在及时、详细地调查了解以及深入分析目标市场的各特点和需求的基础上,企业才能有目的地在菜式品种、规格水平、餐饮价格、营养成分、烹制方法等方面进行计划和调整,从而设计出为宾客所乐于品尝和享用的菜单内容。

（二）餐饮经营客观条件

1. 厨房设备条件及员工技术水平

菜单制作应考虑餐厅的厨房设备和技术力量的局限性。厨房设备条件和员工技术水平在很大程度上影响和限制了菜单菜式的种类和规格。如果厨房现有烤箱的生产能力只能满足制作面包,菜单上就不可能增设需使用烤箱的其他菜式;如果现有厨师只能烹制川菜,那么菜单上也不便增加其他菜系的菜式。

另外,菜单上各类菜式之间的数量比例必须合理,以免造成厨房中某些设备使用过度,而某些设备却闲置的现象。同时,菜式数量的分配还应避免造成某些厨师负担过重,而另一些厨师闲着无事。

2. 季节性因素

随着季节的变化,消费者的需求会发生变化,在设计菜单时应分析季节所带来的影响。要考虑到菜点的时令性,时令菜一般供应充足、质量好、价格合理,应包含在菜单上。也要考虑一年中某一节日或某一段时间的特别菜点,如螃蟹、粽子等。

3. 原料供应

设计菜单相当于在制定计划书。餐厅对于菜单上各种菜点的材料,应保证供应,这是一项非常重要又容易被忽视的经营原则。在设计菜单时必须充分掌握各种原料的供应情况,熟悉采购原料的最佳时机,力求购买的原料价格合理并符合质与量的规格要求。

4. 菜品花式与营养

不论何种类型和规格的餐厅,菜品花式设计都应该具有诱人的魅力。制作新的花式品种并非一件容易的事情,以烹制荤菜而言,一般使用的原料种类无非是猪肉、牛肉、羊肉、鸡、鸭、水产、海味等。据统计,大部分餐厅中以猪肉为原料烹制的菜式往往占所有菜式的35%～40%。应努力通过不同的烹饪方法,使菜肴在色、香、味、形及温度方面达到调和或产生对比来取得丰富多彩的菜式品种。因此,要使菜单丰富多彩,菜单设计者必须掌握一定的食品原料知识、配菜知识和相当的烹调技术。

菜单的设计还应考虑人体营养需求这一因素。设计菜单时不仅要知道各种食物所含的营养成分,了解各类宾客每天的营养和热量摄入需求,还应当懂得该选择什么原料、如何搭配,才能烹制出符合科学原理的餐饮食品。

5. 餐厅经营特色

菜单设计要尽量选择体现餐厅特色的菜肴。因此,设计菜单一定要突出餐厅的特色,突出"拿手好菜"和"特色菜肴",并把它们放在菜单最醒目的位置,或单列出来,给宾客留下深刻印象。

（三）经济效益

餐饮经营的最终目的是为了盈利,所以设计菜单时不仅要考虑到菜品的销售情况,更要考虑其盈利能力。如果菜点价格过高,也许宾客就不能接受,如果价格过低,又会影响餐厅的利润,甚至可能会出现亏损。因此,设计菜单时,要找到菜点的合适价格点,考虑菜式的成本率和获利能力。

二、菜单设计的程序

在考虑到菜单设计的各类影响因素后,按照一定的程序进行菜单设计。具体程序可分为五步:

(一)设计准备

根据市场的需求,从食谱、烹调书籍、餐饮杂志中收集合适的菜色品种,包括:

(1)各类旧菜单,包括餐厅历史上和目前正在使用的菜单。
(2)标准菜谱档案。
(3)库存信息和时令菜单、畅销菜单等。
(4)每份菜成本或类似信息。
(5)各种烹饪技术书籍、普通词典、菜单词典。
(6)菜单食品饮料一览表。
(7)历史销售资料。

(二)设计构思

将收集到的资料进行整理加工,把可能提供给消费者的菜点、饮料、酒水等全部罗列出来,形成菜单的初步设计构思。

(三)分析筛选

仔细分析设计构思,从每一道菜点的原料选择、制作工艺难易程度、风味特色、营养价值等方面分析,结合餐厅实际制作水平和条件,去除不合适的内容。如删除因产地、区域或季节而产生变化的项目及员工无法完成的项目等。

(四)制定菜谱

菜谱是菜点的说明卡,上面列明了菜点的主料、辅料、调味料的名称、数量,操作方法,装盘要求,成品特点及其他相关信息。制定菜谱,使之标准化,不仅有利于控制菜肴的成本,同时也有利于餐饮经营人员充分了解菜点生产和服务要求,使餐饮经营产品质量标准化。

(五)装帧菜单

菜单的装帧不能完全依赖装帧印刷公司,应与装帧印刷公司一起,对菜单封面、样式、图案、色彩及菜点照片选择等进行仔细讨论,最终确定后再印刷成册。值得一提的是,在数字化时代,餐厅点菜不仅仅局限于印刷的菜单,餐厅引入手持终端点菜的数字菜单技术以后,在菜单装帧环节,也要考虑制作出有吸引力的数字菜单,以适应时代潮流与消费习惯。

知识链接

主流的"顾客点菜解决方案"

1. 传统精装菜单

在菜单制作中最为广泛通用。使用这类型菜单，菜品固定性强，不经常做调整（平均半年到一年做一次调整），比较适合中高档传统餐厅。但因为使用的人太多，不容易突出创意，而且制作成本也高。

2. 杂志型菜单

与动辄数百元一本的传统菜单相比，杂志型菜单价格便宜、易更新、便于与消费者形成互动、喜欢就可以带走，对餐厅起着宣传作用，因而吸引着不少餐饮企业对菜单进行杂志化改变。该类菜单尤其适合时尚型连锁餐厅。但因为杂志型菜单主要是用传统印刷工艺，所以对数量有要求，每次制作需要量大才能便宜，基本上每次制作在1000本以上。

3. 划单（勾单）

消费者拿只笔勾选菜式就好，火锅店较常见，一般配合精装菜单使用。这类型菜单消耗量大，使用成本低。

4. LED明档点菜

点菜明档区不用每天重复地摆档收档，可以节省食材浪费，消费者也能直观醒目地点菜。视觉效果好，费用一次性投入，后期只需要换换灯片就可以。

5. 微信点餐

餐厅不需要花钱购买点餐设备，不需要等服务员直接下单，不需要排队点餐。微信点餐方便快捷，符合年轻人新颖的口味，缺点是针对年龄大的人可能会不适用。目前只能当辅助点菜方式使用。

（资料来源：http://mt.sohu.com/20150827/n419914559.shtml。）

任务三 菜单设计的方法

菜单设计不等于对厨师提供的菜品进行简单的排列组合，而是一个复杂而仔细的系统工程。既要体现出酒店企业的价值定位，也要体现企业的技术实力，更要体现企业的特色与企业文化。以下是零点菜单、套餐菜单、中餐宴会菜单、西餐宴会菜单设计方法的介绍。

一、零点菜单设计

设计零点菜单的时候要选好菜单品种。菜单的品种是菜单的灵魂，它体现了企业经营理念与经营内容，同时也要考虑菜肴的价格与市场的匹配。

(一) 零点菜单设计要求

(1) 菜单上的菜点要按规律排列。一般的排列规律是按照菜点的类别分特色菜、冷菜、热菜、素菜、汤菜、点心、水酒饮料等有序排列。

(2) 设计零点菜单质价相符。菜品与实际相符,不欺骗消费者。

(3) 零点菜单设计要美观精致。零点菜单被认为是企业的名片,菜单的外观直接影响着消费者对企业的印象。应做到菜单干净,色彩搭配合理,排版合适。

(4) 零点菜单文字说明要有吸引力。一份好的零点菜单都配有文字说明,图文并茂,精确的文字说明可以使餐厅与消费者更好地沟通。

(二) 零点菜单设计方法

1. 零点菜单的品种设计

主要考虑品种来源、品种数量、营养设计、味型设计、品质设计、口感设计、菜名设计等方面。

(1) 品种来源。零点菜单品种是设计的关键,可从市场流行产品、竞争对手特色产品、地方风味产品、厨师创新产品等几方面考虑。

(2) 品种数量。产品数量把握好三条原则:企业规模、生产能力及餐饮性质。品种数量适中,既满足消费者选择的需求,又保证生产销售的效率。

(3) 营养设计。消费者用餐除满足社交、美食功能外,营养、养生也是消费者追求的目标。菜肴营养搭配尽量合理,也是吸引消费者的一个主要手段。

(4) 味型设计。根据研究,人的味蕾有复杂的多种需求,既需要清淡,也需要浓厚,还要有刺激,菜肴味型应多样化。一般来说,味型的设计根据地域变化而变化,四川、重庆地区以麻辣为特色,湖南、湖北、江西等以辣为特色,北方大部分地区口味以咸鲜为主,南方大部分地区口味偏甜。菜单设计需根据地方口味变化调整味型设计。

(5) 品质设计。产品品质设计决定了菜肴的质量优劣,它代表了企业的餐饮竞争力。如"鱼香肉丝"这道菜,小餐馆要求猪肉选料是瘦肉,刀工要求切成丝就行,而品质企业则要求猪肉选料必须是猪里脊,刀工要求是均匀的肉丝(8厘米×0.3厘米×0.3厘米)。产品品质根据企业价值定位进行合理设计,方能达到经营目的。

(6) 口感设计。口感变化的丰富多彩也是菜单设计的重要内容,菜品的香、酥、嫩、软、韧的搭配对口感变化起到重要作用。

(7) 菜名设计。菜肴命名力求名副其实,音韵和谐,文字简练,便于记忆。中式菜名大致分为两大类:一类是写实性菜名,菜名能直接如实反映菜肴的原料、成菜、烹饪方法、色香味形等情况,如"东坡肉";另一类是寓意性菜名,如"寿比南山",是用雕刻的寿星托着一个寿桃点缀而做成的菜,音义双关,寓情于礼。

2. 零点菜单的结构设计

1) 传统正餐菜单结构

一般分为冷菜、热菜(肉类、海河鲜类、山珍类等)、汤煲类、面点小吃类、酒水类等。

2) 现代正餐菜单结构

现代正餐菜单结构有所提升和改进,其主要结构为特色菜、冷菜、热菜、海鲜类、面点小吃类、饮料类、酒水类等。如：

　　冷菜　招牌菜　特色菜　经典燕鲍翅　生猛海鲜　风味川菜　乡情家常菜
　　环保养生菜　美味蒸菜　滋补靓汤　川粤精美面点

现代正餐菜单结构与传统结构主要区别在于特色菜的前置，热菜不再归类，而是结合消费者的需求来设置，风格多样。

　　3.零点菜单的规格设计

菜品规格设计是对定型的菜品进行不同的设计包装，以达到不同的视觉效果。主要包括餐具、装饰品等与菜品的配套设计。如某餐饮企业的田螺本是一道普通菜，但被配上特别设计的螺壳餐具后，就构成一道别具一格的菜品。再如，一道普通的鱼菜，若配上一个面塑的钓鱼翁，菜的档次立刻倍增。

二、套餐菜单设计

（一）套餐菜单设计要求

套餐菜单是根据一定的要求，将菜点进行合理组合搭配、包价销售的饮食形式。套餐报价销售，既方便消费者，同时又便于餐厅准备和制作。

套餐菜单设计要考虑以下问题：

（1）符合市场需求。套餐菜品的选择要经过市场检验，符合消费者需求，才会被消费者所接收。

（2）定价合理。既要充分考虑制作套餐成本，同时也考虑消费者的承受能力，根据具体情况制定出合理的套餐价格，既保证企业的利润，也能被消费者所接受。

（3）分量适中。分量合理是设计套餐菜单的重要要求，分量过多或过少都会有影响，因此应通过试吃等方法设计出合理的分量，满足消费者的需求。

（二）套餐菜单设计方法

1.早餐套餐菜单

早餐套餐内容一般包括主食、副食、蔬菜、水果等。主食多为各类面包、蛋糕、馒头、包子、粥类、面食等，副食有鸡蛋、火腿、腌肉、牛奶、豆浆等，蔬菜有咸菜、凉菜、拌菜等，水果有新鲜水果或水果罐头、果汁等。不同国家、地区的早餐套餐内容不尽相同，但基本上都满足提供适当的热量、提供人体必需的各种维生素和膳食纤维的要求。

2.正餐套餐菜单

正餐套餐一般包括冷菜、热菜、主食、汤类、水果等。菜单所列菜品要按正常就餐顺序排列，根据就餐者就餐目的和要求选择适当菜品。

套餐菜单设计的时候要注意菜品选择符合套餐主题，菜品口味符合消费者需求，营养搭配合理，制作规范，注重品质。

知识链接

团体套餐设计

团体套餐是为会议集体用餐、旅游团体用餐设计的,具有一定数量的菜品并成套销售的菜点组合套餐。其特点是就餐者人数多,出菜时间短,品种多样,菜单周期循环。团队套餐一般提前预订,餐厅可以提前准备。在设计团体套餐菜单时,首先应了解客人的来源与组成,了解客人大致情况。其次,根据所了解的情况,有针对性地安排菜点。

团体套餐安排的菜点一般包括冷菜、热菜、汤品、小吃、主食、水果等。设计菜品的量一般10人一桌,冷菜数量一般2~4个品种,热菜通常8~10道,汤品1道,再配以适当的小吃、水果,主食多为米饭和面食。按照习惯,会议膳食安排4道冷菜、6道热菜、1道汤菜。

(资料来源:沈涛、彭涛,《菜单设计》,科学出版社2010年版。)

三、中餐宴会菜单设计

我国的筵席文化源远流长,清代的"满汉全席"是中国最为有名的筵席。按照宴会的社会性质可分为国宴、公宴、家宴等;按照宴会主题可分为婚宴、寿宴等;按照宴会原料可分为全鱼宴、素宴等;按照区域可分为四川田席、洛阳水席等。正因为中式宴会种类繁多、形式多样,在菜单设计的时候应把握一定的原则。

(一)中餐宴会菜单设计原则

1. 因人配菜

设计中式宴会菜单首先要考虑的是"因人配菜"问题。从宾客的年龄、身体状况、禁忌等方面考虑菜品的选配。如,宾客中若有患慢性胃炎、十二指肠溃疡的,因其胃酸分泌过多,为了使这些宾客不致因赴宴而引起疾病或加重病情,应设计出一些对胃酸分泌具有抑制作用的菜肴。名菜"炒鸡淖"是用大量油脂将鸡肉、蛋清、淀粉和水制作成鸡浆再炒出来的一款风味菜,由于脂肪在胃中停留时间可达五六个小时,具有抑制胃酸分泌的作用,适宜胃炎患者食用。

2. 应时配菜

一方面,在不同的季节有不同的新鲜原料上市,如早春的蒜薹、韭黄、蚕豆、香椿,夏季的豆类、黄瓜,秋天的鱼类最为肥美,冬季的白菜、萝卜、青菜等。这些都是菜单设计应考虑使用的原料。另一方面,在不同的季节适宜不同的菜肴。如炎热的季节配以凉拌、卤制、汤类,寒冷的季节里烧、蒸、烩、焖等多一些。"秋冬季进补"已是民间常识,菜单设计要掌握一定的保健、食疗常识,顺应天时的养生之道。

3. 因事配菜

根据实际情况,如设宴目的、主人具体要求、习俗、档次等设计菜单。在设计菜品时应考虑一些忌讳,如:丧宴一般忌讳双数,最好是7个菜,而喜宴一般要双数;在香港地区,结婚喜宴万万不能出现豆腐、飘香荷叶饭这一类的菜肴饭点。

知识链接

国宴的起源

《周礼》、《仪礼》、《礼记》中已有奴隶制国家王室为招待贵宾而举行国宴的记载。唐代的"闻喜宴"是朝廷为新科进士举行的国宴。宋代的"春秋大宴"、"饮福大宴"也是国宴。元代的国宴——"诈马宴"通常举行三天以上。明代永乐年间,"凡立春、元宵、四月八日、端午、重阳、腊八日,永乐间,俱于奉天门赐百官宴",这也是国宴。到了清代,国宴名目更多,如"定鼎宴"、"元日宴"、"冬至宴"、"凯旋宴"、"千秋宴"、"千叟宴"等等,规模最大者达 3000 余人。现今中国的国宴,在文化传统、民族风情和社会制度的影响下,既有规范的礼仪和格局,又有多姿多彩的席谱和饮宴方式,在国家政治生活中发挥出重要作用。

(资料来源:http://www.btdcw.com/btd-6239c91bc281e53a5802ff6a-1.html。)

4. 随价配菜

根据宾客预定宴会的金额来确定宴会的等级,从而确定菜肴品种。按照宴会等级可分为高级宴会、中级宴会、普通宴会等。不同等级的宴会,其定价原则有所不同。如表 4-1 所示。

表 4-1 传统宴会定价原则

等　　级	冷菜	正菜	小吃	饭菜	水果
高级宴会	20%	60%	10%	5%	5%
中级宴会	15%	75%	5%	5%	无
普通宴会	10%	85%	无	5%	无

(资料来源:沈涛、彭涛,《菜单设计》,科学出版社 2010 年版。)

(二)中餐宴会菜肴设计

中餐宴会菜肴设计应考虑色、香、味、形、器、意的整体配合。

1. 色的配合

根据一定的审美知识,考虑到菜肴的色调和光泽,使菜肴与菜肴之间色泽搭配、层次分明、和谐美观。原则上,在炎热的季节应考虑多用冷色系列,寒冷季节多用暖色调。在现实生活中,菜肴冷暖色的处理相当灵活。例如,在四川、重庆,即使是炎热的夏季,人们仍然热衷于吃色泽红亮的麻辣火锅。这种暖色调和麻辣烫鲜的感受更有助于使食客兴奋,胃口大开,进食过程中有一种酣畅淋漓的痛快感觉。

2. 香的配合

烹饪原料很多都含有不同的醇、酯、酚、酮等呈香物质,经过烹调,尤其是加热,使它们释放出来,再经过化学反应使之相互作用,从而构成诱人的新香气。一桌菜肴散发出不同的香气,加上形、色、味等巧妙搭配,使人食欲大增。

3. 味的配合

中国菜肴讲究"吃味",味美是中国菜肴的核心。味在不同的季节有不同的侧重,《礼记》从四时五味须合五脏之气的角度提出"凡和,春多酸,夏多苦,秋多辛,冬多咸,调以滑甘"。中医五行学说认为酸入肝,苦入心,甘入脾,辛入肺,咸入肾,五味入口,各有所归。另外,在菜单设计时应考虑到味的起伏幅度,味与味之间的对比强烈程度,以及味与味的衔接、中和等。

4. 形的配合

菜肴的形状包括天然形态,如整鸡、整鸭、整鱼等整形原料,经过加工后的形态,如丝、丁、片、条、块等,还有经过艺术手法加工的形态,如花刀、食雕等。中高档宴会菜单设计中要考虑工艺性较为高级的形态配合。

5. 器的配合

餐具的搭配,是中国菜肴的一大亮点。对餐具的要求一般符合三个条件:一是要配套;二是要多种多样的专用餐具;三是要质地优良。

6. 意的配合

意的配合在中餐宴会菜单设计中是很重要的一环,其实在色、香、味、形、器中就有了体现。如果在意的配合上给人联想,让人思绪回味无穷,那么中餐宴会菜单设计就达到了一种意的境界。

(三)中餐宴会菜单设计实例

实例 4-1:红楼诗席菜单

冷菜

　　十二金钗缠护宝玉

热菜

　　妙玉品茶龙井虾
　　熙凤高谈茄子香
　　探春油煎炒枸杞
　　宝钗论酒食鸭信
　　可卿山药健脾胃
　　李纨敬老撕鹌鹑
　　湘云围炉烤鹿肉
　　迎春牛乳蒸糕羊

汤菜

　　皇妃元宵满堂春

点心

　　林黛玉滋阴燕窝粥
　　巧姐儿凤里吃糕饼
　　小惜春素志馒头庵

【菜单简析】

此菜单为四川成都岷山饭店红楼宴菜单。此菜单的特点是全部菜品的设计素材和命名均取自小说《红楼梦》，宴席整体格局与现代常见宴席的四段式结构类似，只是省略了最后的水果，同样体现了设计者较高的文化素养，有一定创意。

(资料来源：http://3y.uu456.com/bp_1xe1h32nv46r0ta505ou_3.html。)

实例 4-2：中式寿宴菜单

冷菜

　一彩盘：

　　松鹤延年（象生图案）

　四围碟：

　　五子献寿（5 种果仁镶盘）

　　四海同庆（4 种海鲜镶盘）

　　玉侣仙班（芋芳鲜蘑）

　　三星猴头（凉拌猴头菇）

热菜

　八热菜：

　　儿孙满堂（鸽蛋扒鹿角菜）

　　天伦之乐（鸡腰烧鸽鹑）

　　长生不老（海参炼烹雪里蕻）

　　洪福齐天（蟹黄油烧豆腐）

　　罗汉大会（素全家福）

　　五世祺昌（清蒸鲳鱼）

　　彭祖献寿（茯苓野鸡羹）

　　返老还童（金龟烧童子鸡）

汤

　一座汤：

　　甘泉玉液（人参乳鸽炖盆）

点心

　二寿点：

　　佛手摩顶（佛手香酥）

　　福寿绵长（伊府龙须面）

水果

　二寿果：

　　河南仙柿果

　　上海北茫蟠桃

另配

　一寿烟：

　　吉林人参烟

　二寿茶：

　　湖南老君眉茶

湖北仙人掌茶

一寿酒：

山东至宝三鞭酒

（资料来源：http://3y.uu456.com/bp-a73dsae281c7s8fsf61f67fs-1.html。）

【菜单简析】

这是一份典型的贺寿宴菜单，是庆贺宴的代表。整个宴席菜单围绕一个"寿"字做文章，宴席设计以"寿星"为中心进行，菜谱安排也考虑到寿星的爱好和需要，突出表现敬老爱幼、家庭和睦、享受天伦之乐的宴饮主题。

从菜肴结构和数量方面来看，设计者充分考虑到老人饮食应该少而精的特点，整个菜品数量较之婚宴、生日宴等要少。一般一彩碟应配8个冷碟，这里却只安排4个冷碟（老人不宜多食冷食）；热菜也只有8道，也比一般宴席要少；汤只有1道，考虑到多数老人不喜欢甜食，所以省了甜汤。老人大多喜欢品茶，所以筵席上特地安排了宴前、宴后2道茶，而且品种各异，供老人品鉴。

在菜品选择方面，品种符合老年人的饮食需要。一般来说，老年人喜欢软烂、清淡、素雅、滋补的菜品。整个菜肴品味都比较清淡，没有大甜、大酸、重麻、重辣的菜肴，适应老年人的口味。从菜肴质地来看，大多是烧、烩、蒸、熬、扒等烹调方法制作的菜肴，质地软嫩、酥烂，受到大多数老人的欢迎。菜肴在选料上也充分考虑到了滋补功用，如芋艿、猴头、鸽蛋、鸡腰、鹌鹑、海参、茯苓、野鸡、金龟、人参、乳鸽等原料，针对老年人中气虚弱、体倦乏力，能起到滋肾益气、清利湿热、益阴补血等滋补疗效。

这份菜单的另一个特点，就是菜肴名称吉祥、文雅而又贴近主题。彩盘"松鹤延年"，一下子点中宴席主题——庆贺延年益寿。紧随其后，"五子献寿"、"玉侣仙班"、"长生不老"、"彭祖献寿"、"返老还童"、"福寿绵长"等菜均围绕"贺寿"而铺开。"四海同庆"、"儿孙满堂"、"天伦之乐"、"洪福齐天"、"五世祺昌"、"罗汉大会"等，则表现了家庭和睦、享受天伦之乐的美好生活。我们从菜单的命名可以看出，菜单设计者具有较高的文化素养和丰富的文史知识。

实例4-3：人民大会堂国庆十周年国宴菜单

冷菜

麻辣牛肉、桂花鸭子、叉烧肉、熏鱼、童子鸡、松花蛋、糖醋海蜇、酱黄瓜、姜汁扁豆、鸡油冬笋、珊瑚白菜

热菜

元宝鸭子　鸡块鱼肚

点心

裱花大蛋糕

水果

时鲜水果

【菜单简析】

长期以来，人民大会堂一直是我国举行国宴的主要场所之一。国庆十周年国宴是1959年9月30日晚在人民大会堂举行的。

从宴席的格局来看，完全按照普通宴席四段式结构设计；从内容上看，安排11道冷

菜、2道热菜、1道点心、1道水果,看似冷热菜比例失衡,但这种设计是符合当时的客观条件和实际情况的。因为宴席规模为5000人,若按10人一桌计,就是500桌。如果以热菜为主,每一道菜的总量(单份按800克计)大约是400公斤,而且要求现炒现上席,要做到质量统一,每桌同时上菜而又不出任何差错是不太可能的。尤其是当时人民大会堂餐厨部炉灶不够用,须从北京饭店将菜肴烹调成熟后运到大会堂宴席厅,因此客观上也不允许安排太多的热菜。而选用大量冷菜就可最大限度地避免这样的麻烦,可以先将冷菜烹调出来,甚至在宾客入座以前就上席,这样就避免了临时烹调上菜的紧张。主食选用蛋糕,也是同样的道理。

从11道冷碟来看,7荤4素,比例合理;麻辣、酸甜、鲜香、咸酸、鲜辣、咸鲜等调味手段多样;红、白、黄、深褐、琥珀、绿等各种颜色杂陈;片、丝、条、块、花等多种刀工形状变化;从原料使用来看,营养搭配科学合理。

仅有的2道热菜——元宝鸭子和鸡块鱼肚,亦是经过许多专家和领导深思熟虑、认真推敲而确定下来的。设计500桌筵席的热菜,首先要考虑的问题就是上菜节奏和上菜速度。从烹调工艺的角度出发,常见的爆、炒、熘、炸、煎、焖等烹调方法,皆不适应上菜速度(包括分菜)的要求和上菜节奏的控制。"元宝鸭子"系碗扣菜,它可以提前大批量同时烹制,成熟(蒸)后保温等候上席,上菜速度快,成型好,解决了因现烹现炒而带来的一系列问题,如上菜速度慢、菜品质量难以保证等。因此,选定"元宝鸭子"是很科学的。"鸡块鱼肚"虽是一道烩菜,相对于"元宝鸭子"来说烹调质量的控制要难一些,但这道菜也是可以提前一二十分钟烹调出来保温等候上席的,并且基本不影响风味。烩菜不存在菜型问题,因此,上菜速度也相对较快。主菜以鸡、鸭、鱼肚为主要原料,是考虑到许多宗教人士和少数民族代表忌食猪肉的缘故。鱼肚质地软嫩鲜滑,是一种名贵的原料,也适宜年纪大的人食用,而这三种原料又能为大多数人所接受。

(资料来源:http://chihe.sohu.com/20130927/n387355827.shtml。)

四、西餐宴会菜单设计

由于中西文化的差异性,与中餐宴会文化崇尚"和"不同的是,西餐宴会讲究个性突出,以"独"为美,并通过各种方式追求形式美。按照地方风味分,西餐宴会分为法式宴会、美式宴会、英式宴会等。在宴会格局上,强调以菜为中心、酒与菜配合,菜点讲究简洁实用,菜单设计突出个性。

(一)西餐宴会菜单的内容

西方人的生活节奏较快,早餐、午餐内容通常较为简单,晚餐作为正餐比较重要,周末晚宴更为重要,通常持续四五个小时。菜肴数量通常为6~11道不等,注重营养搭配,菜肴质地偏鲜嫩。

传统的西餐宴会菜单内容比较繁杂,包括冷前菜、汤类、热前菜、鱼类、大块菜、热中间菜、冷中间菜、冰酒、炉热菜(附沙拉)、蔬菜、甜点、开胃点心及餐后点心等13道程序,种类繁多。现代西餐宴会进行改良和简化,减少油脂的用量,注重菜品的外观设计,强化工艺造型,菜式精美。内容包括前菜类、汤类、鱼类、主菜类、冷菜或沙拉、点心类及饮料等7项。

除此之外，西餐宴会酒水单也是菜单的重要组成部分。可以根据进餐顺序编排酒单，如餐前酒（鸡尾酒、调和酒、啤酒、葡萄酒）、餐间酒（葡萄酒、啤酒）和餐后酒（葡萄酒、香甜酒、白兰地、烈性甜酒）；也可以根据菜肴与酒类搭配编排酒单，这样编排说明了餐食与酒水的搭配关系，便于宾客选择，方便推销。

知识链接

葡萄酒单的顺序编排

(1) 按产地编排：法国、意大利、德国、美国等。

(2) 按类型编排：有气葡萄酒（香槟酒、有气勃艮地酒）、无气葡萄酒。

(3) 按酒味风格编排：带酸味的葡萄酒、酸甜适中的葡萄酒、带甜味的葡萄酒。

(4) 按酒色编排：红葡萄酒、白葡萄酒、玫瑰葡萄酒。

(5) 按年份编排：标年份的葡萄酒、不标年份的葡萄酒。

(6) 以"☆"号标注，表明其是葡萄酒中的优品。如 V.S.O.P、X.O 等。

（资料来源：蔡晓娟，《菜单设计》，南方日报出版社 2002 年版。）

（二）西餐宴会菜单设计的原则

西餐宴会菜单设计应依据宴会主题，突出个性化设计。具体原则如下：

1. 突出主题

西餐宴会菜单设计首先要考虑宴会主题，再结合实际情况与酒店条件来设计。

2. 考虑原料供应

原料是西餐菜单设计的关键点。如果原料数量和质量能满足供应、价格合理，那么菜肴可以列入菜单，否则只能舍弃。尤其是进口的原料，要考虑季节性、储藏的难易程度及库存情况等。

3. 提升烹饪技术

烹饪技术是制定宴会菜单的关键。菜单菜品的设计依赖于厨师的技术，先培养厨师，再革新技术，才会有新的菜品推出。

4. 控制成本

西餐原料及配料成本一般较高，如果不控制成本，设计菜单时价格就缺乏市场竞争力，企业利润率就不能保证。

5. 讲究菜品文化性

菜品既要体现传统风味，又要不断推陈出新，突出文化性、季节性等。

（三）西餐宴会菜单设计

西餐宴会菜单十分灵活，没有固定的模式。以下就早餐和正餐菜单设计做一简单介绍。

1. 早餐菜单设计

西方人的早餐比较讲究搭配，要求有荤、有素、有果、有茶，口味有咸有甜，质地有脆有软,色彩丰富,营养合理。

实例 4-4:某酒店欧陆式早餐

CONTINENTAL BREAKFAST
欧陆式早餐

Choice of chilled juice
Orange juice,apple juice,pineapple juice,grapefruit juice,tomato juice,mango juice
自选果汁:橙汁,苹果汁,菠萝汁,西柚汁,番茄汁,芒果汁

Seasonal precut fresh fruit platter
时令水果

Choice of cereals
谷物类
Corn flakes,all bran,rice kriespies,honey nuts,corn frosties,raisin bran,alpen muesli,
coco pops,served with your choice:milk,skim milk,hot milk or cold milk
玉米片,全麦维,卜卜米,甜甜圈,甜麦片,葡萄麦维,瑞士营养麦,可可米,
配以您喜爱的牛奶、脱脂牛奶、热牛奶或冷牛奶

Baker's basket
Freshly baked croissant,danish,toast,whole wheat,breakfast roll,served
with butter or margarine,jam or honey
面包篮:新鲜羊角包,丹麦包,吐司,全麦包,早餐包配黄油或植物黄油、果酱或蜂蜜

Freshly brewed coffee or decaffeinated coffee,tea,hot chocolate or fresh milk
新鲜咖啡或低咖啡因咖啡,茶,热巧克力或鲜牛奶

(资料来源:http://www.docin.com/p-26083516.html。)

实例 4-5:某酒店美式早餐

AMERICAN BREAKFAST
美式早餐

Choice of chilled juice
Orange juice,apple juice,pineapple juice,grapefruit juice,tomato juice or mango juice
自选果汁:橙汁,苹果汁,菠萝汁,西柚汁,番茄汁,芒果汁

Seasonal precut fresh fruit platter
时令水果

Choice of cereals

谷物类
Corn flakes, all bran, rice kriespies, honey nuts, corn frosties, raisin bran, alpen muesli, coco pops, served with your choice: milk, skim milk, hot milk or cold milk
玉米片,全麦维,卜卜米,甜甜圈,甜麦片,葡萄麦维,瑞士营养麦,可可米,
配以您喜爱的牛奶、脱脂牛奶、热牛奶或冷牛奶

Two eggs
Your choice of: boiled, scrambled, poached, fried or omlette with your choice of ham, bacon or sausage
鸡蛋(2只)
自选做法:煮蛋,炒蛋,水波蛋,煎蛋,或者蛋饼,配自选火腿、烟肉或香肠
Or
Fresh pancake or waffles with honey or maple syrup, served with bacon or ham
或者新鲜薄饼或华夫饼配蜂蜜、糖浆,配以烟肉或火腿

Baker's basket
Freshly baked croissant, danish, toast, whole wheat, breakfast rolls,
served with butter or margarine, jam or honey
面包篮:新鲜羊角包、丹麦包、吐司、全麦早餐包配黄油或植物黄油、果酱或蜂蜜

Freshly brewed coffee or decaffeinated coffee, tea, hot chocolate or fresh milk
新鲜咖啡或低咖啡因咖啡,茶,热巧克力或鲜牛奶
(资料来源:http://www.docin.com/p-26083516.html。)

实例 4-6:某酒店早餐零点餐单
BREAKFAST MENU A LA CARTE
早餐零点菜单

Juices
果汁
Choice of chilled juice
Orange juice, apple juice, pineappe juice, grapefruit juice, tomato juice, mango juice
自选果汁:橙汁,苹果汁,菠萝汁,西柚汁,番茄汁,芒果汁
Choice of squeezed fresh juice
Orange juice, watermelon juice, kiwi fruit juice, carrot juice, cucumber juice
鲜榨果汁:橙汁,西瓜汁,猕猴桃汁,胡萝卜汁,黄瓜汁

Choice of cereals
谷物类

Corn flakes, all bran, rice kriespies, honey nuts, corn frosties, raisin bran,
alpen muesli, coco pops, served with your choice: milk, skim milk, hot milk or cold milk
玉米片、全麦维、卜卜米、甜甜圈、甜麦片、葡萄麦维、瑞士营养麦、可可米，
配以您喜爱的牛奶、脱脂牛奶、热牛奶或冷牛奶

Baker's basket
面包篮
Freshly baked bread and pastries from the bakery, served with jams, marmalade,
honey, butter or margarine
5种早餐面包配以果酱、柑橘酱、蜂蜜、黄油或植物黄油

Eggs and omelets
Two eggs cooked to your liking: boiled, scrambled, poached, or fried, with cured ham,
crispy bacon or grilled sausages
自选做法：煮蛋，炒蛋，煎蛋，配自选火腿、烟肉或香肠
Omelette with your choice of ham, cheese, mushrooms or tomatoes
蛋饼配料自选：火腿，芝士，蘑菇或番茄

Eggs bendict
Two poached eggs on english muffins, topped with hollandaise sauce
水波蛋配英式松饼和荷兰汁

Cinnamon scented French toast
Seared French bread coated with eggs and cinnamon served with maple syrup,
fruit compot and whipped cream
煎肉桂法式吐司配以糖浆、糖渍水果和鲜奶油

Fresh pancake or waffles with honey or maple syrup
新鲜薄饼或华夫饼配蜂蜜、糖浆

Yoghurt or fruit yoghurt
原味酸奶或果味

Seasonal fruit platter
时令鲜果盘

Freshly brewed coffee or decaffinated coffee, tea or hot chocolate or fresh milk
新鲜咖啡或低咖啡因咖啡，茶，热巧克力或鲜牛奶

（资料来源：http://www.docin.com/p-26083516.html。）

2. 正餐菜单

西餐根据不同国家和地区,可分为法式、意式、美式、俄式、英式等。正餐菜单使用可灵活搭配,但程序一定不能乱。

实例 4-7:典型法国餐馆菜单

Apéritif　开胃酒

kir　基尔酒

gin　杜松子

rhum　朗姆酒 甘蔗酒

pastis　马赛名酒 茴香酒

Entrée　前餐

Carottes rapees vinaigrette　酸醋沙司胡萝卜丝

Oeuf dur mayonnaise　清煮蛋配蛋黄酱

Avocat sauce crevettes　鳄梨汁虾

Consomme vermicelle　清炖意粉

Salade de gesiers confits　油焖胘色拉

Salade d'endives au roquefort　羊乳干酪苦苣色拉

Salade frisee aux lardons　肉丁皱叶菊苣色拉

Salade de concombre　黄瓜色拉

Salade de tomate　番茄色拉

Salade de tomate et concombre　黄瓜番茄色拉

Salade verte melangee　绿蔬拼盘色拉

Celeri remoulade　蛋黄酱沙司芹菜

Saumon fume d'ecosse　苏格兰烟熏鲑鱼

Poireaux vinaigrette　酸醋沙司韭葱

Saucisson sec beurre　干黄油腊肠

Saucisson a l'ail beurre　黄油蒜肠

Museau de boeuf vinaigrette　酸醋沙司牛头肉

Rillette de porc　熟肉酱(猪肉)

Crevettes roses mayonnaise　蛋黄酱明虾

Filet de hareng pommes a l'huile　土豆油浸鲱脊

Bloc de foie gras de canard　鹅肝酱

Jambon de pays beurre　当地黄油火腿

6 escargots　6 只法式蜗牛

12 escargots　12 只法式蜗牛

Poisson　鱼

Bar au four a la graines de fenouil　茴香烤狼鲈

Quenelle de brochet sauce nantua　nantua 酱汁串鱼肠

Plat   正菜
Entrecote grille maitre d'hotel   招牌烤牛排
Steak hache sauce poivre vert frites   绿胡椒炸碎牛排
Pave de rumsteck au poivre   胡椒牛腿排
Pot au feu menagere   家庭炖锅
Pot au feu pommes frites   炸薯条炖锅
Tranche de boeuf sauce tomate   番茄酱牛肉片
Steack cru sauce tartare frites   芥末蛋黄汁炸当地牛排
Tete de veau sauce gribiche   蛋黄酱小牛肉
Cotes d'agneau grillees frites   烤小羊排
Poulet fermier roti frites   烤农场鸡
Andouillette de troyes aaaaa grillee frites   烤特洛伊香肠
Boudin puree   猪血香肠
Choucroute alsacienne   阿尔萨斯腌酸菜
Escalope de veau normande   诺曼底小牛肉片
Pave de rumsteack grille frites   炸牛腿排

Legume   蔬菜
Pommes frites   炸薯条
Pommes a l'anglaise beurre   英格兰炸薯条
Spaghettis   意大利面
Choucroute legume   腌酸菜
Legumes du pot au feu   炖菜
Haricots verts a l'anglaise   英式四季豆
Champignons a la provencale   普罗旺斯菇
Assiette vegetarienne   素盘

Fromage   奶酪
Bleu d'auvergne beurre   奥弗涅霉干酪
Camembert   卡门贝干酪
Saint nectaire   圣蜜腺
Emmental   （瑞士）爱芒特干酪
Fromage de chevre   羊干酪
Fromage blanc de campagne   乡村白干酪
Pont l'eveque   勒维克奶酪
Yaourt   酸乳

Dessert   餐后甜点
Compote de pommes   苹果酱

Creme de marron vanillee 香草栗子奶油

Ananas frais 新鲜菠萝

Salade de fruits 水果色拉

Pruneaux au vin glace vanille 香草冰激凌李子酒

Ile flottante 甜岛（一种奶油蛋白甜食）

Coupe de creme chantilly 甜味攒奶油

Delice au chocolat creme anglaise 美味英式奶油巧克力

Coupe mont blanc（creme de marron chantilly） 勃朗峰（栗子味攒奶油）

Pomme ou orange 苹果或橘子

Glace 冰激凌

Souffle glace au grand marnier 海之气息

Profiteroles au chocolat chaud （夹心巧克力酥球）热巧

Peche melba 冰激凌糖水桃子

Peche melba chantilly 甜味冰激凌糖水桃子

Dame blanche 白夫人

Vin du Moment 酒

Médoc 2004 梅多克葡萄酒

Comtesse de BY BY伯爵夫人

（资料来源：http://www.doc88.com/p-3804242617736.html。）

3. 自助餐餐单

自助餐是目前世界各国酒店常用的一种餐饮方式。自助餐中冷菜的比例较大，其次是热菜、主食、汤品、甜品和水果。菜品的选择可根据宴会的主题、宴会举办的季节来搭配。国内酒店的自助餐基本上由西餐厅来承办，菜品通常是中西合璧，以丰盛、营养、便捷赢得消费者的青睐。

实例4-8：西式自助餐宴席菜单

汤

　　乡村浓汤（配胡椒粉）

小食

　　意大利薄饼炸马介休球　吉列石斑鱼条咖喱牛肉饺　日式墨鱼仔　腌肉肠仔卷

冷盆

　　鲜虾多士　巴玛腿蜜瓜卷　芒果带子船

沙律

　　意大利海鲜沙律　青瓜鲜鱿沙律　华杜夫鸡沙律　俄罗斯蛋沙律

客前分割

　　烤羊腿　新西兰西冷

热盆

　　西洋烧小口鲈（大）　红酒煨牛腩（小）　黑椒汁扒牛排骨（小）　椰汁葡国鸡（小）

火腿猪柳炒西芹(小)　牛油西兰花(小)　腌肉炒肉豆(小)　干炒火腿意粉(小)　西洋烩马介休鱼(小)　日式炒面(小)　勃艮第蜗牛(小)

甜品
士多啤梨批　花生朱古力饼　圣诞卷　曲奇饼

合时鲜果
西瓜　菠萝　苹果　香蕉　荔枝

(资料来源:http://www.docin.com/p-774426794.html。)

实例4-9：中西混合自助式宴席菜单

汤
海鲜浓汤

小食
咖喱茨仔饼　脆炸鲜鱿圈　葡国马介休球　脆皮炸鸡　腌肉肠仔卷　意大利薄饼　吉列鱼条　日式墨鱼仔　咸水饺　炸茨枣　炸芋头　油香饼　煎年糕　莲蓉糯米糍

沙律
龙虾沙律　海鲜沙律　火腿鸭丝沙律　芝士火腿沙律　鲜什果沙律　吞拿鱼虾沙律

冷盆
烧新西兰西冷　腌猪柳　法式瓢鸭翼　菠萝拼火腿　炸鹌鹑　鲜果拼鸳鸯卷

席前分割
苏格兰腌三文鱼　乳猪全体　烤火鸡

客前烹调
新西兰牛柳　扒鲜大虾

热盆
柳汁葡国鸡　苹果烩腌猪柳　蒜蓉沙丁鱼　西洋烧鲩鱼　黑椒汁牛排骨　意式酿鲜鱿　海鲜西兰花　酸辣肉排　蚝油鲜菇　甘笋白菌炒珍珠笋　干炒火腿意粉　扬州炒饭　星洲炒米　九州银芽炒伊面　腌肉炒露笋

甜品
士多啤梨批　瑞西米布丁　大苹果批　葡式饼　果子布丁　朱古力花球　曲奇饼

合时鲜果
苹果雪梨　香蕉　柑

(资料来源:http://www.docin.com/p-774426794.html。)

任务四　菜单的制作与评估

一、菜单的制作

制作一份严谨的菜单,是餐饮经营制胜的先决条件。一份好的菜单应具备"3S",即简单化(simple)、标准化(standard)及特殊化(special)。菜单设计完成,制作成精美的菜单,除考虑价格合理外,还要考虑其他内容。

(一)菜单制作的原则

1. 菜单形式多元化

菜单的样式、颜色与餐厅气氛相呼应,能引起消费者的注意,还应顺应潮流,设计菜单手机APP等多种形式,全方位展示菜品信息,方便消费者点菜。

2. 菜单内容多样化

设计出循环菜单、周末菜单、假日菜单等,丰富菜单内容,引起消费者兴趣。

3. 菜单命名专业化

既要反映菜肴实质与特点,也要增加艺术性与文学色彩。

4. 菜单价格合理化

菜单的价格反映了餐饮企业的经营理念,制定合理的价格才能吸引消费者前来消费。

5. 菜单推销人性化

菜单推销尽量贴近消费者,融入当地人的生活,达到最好的宣传效果。

知识链接

粤菜菜单设计的定名方法

1. 以烹调的方法定名

如煎焗生蚝、红烧乳鸽、清蒸东星斑等。这些都是在主料之前加上一个烹调的方法而定名。

2. 以调味品的味料而定名

如X.O酱花枝片、豉油王银鳕鱼、黑椒三文鱼头腩、西柠汁牛柳等。这些菜名都是在主料名称前面加上调味品,用这些菜名的通常是一些汁酱风味有特色的菜肴。

3. 以烹调工具(或盛器)定名

如挂炉烧鹅、铁板黑椒牛柳、各式煲仔菜、砂窝鱼头(重点介绍砂窝)、锅仔菜等。此类方式定菜名突出烹制和盛装此菜的特殊烹制工具(盛器),从而表现了此菜的独特风味。

4. 以形状定名

如麒麟吉品鲍、大展宏图翅、松子鱼、琵琶翅、桂花炒瑶柱等。这些菜的菜名反映了菜肴的形状,使菜名栩栩如生。

5. 以地名定名

如湛江白切鸡、海南东山羊、大良炒牛奶、陈村粉、深井烧鹅、避风塘炒蟹、顺德煎鱼嘴、凤城小炒皇等。此类菜名标明了菜肴的原产地,反映了菜肴的地方特色。

6. 以色泽定名

如翡翠扒鱼片、碧绿醉翁鹅、七彩炒牛柳丝、锦绣腰果丁、大红乳猪全体等。此类菜肴名称侧重反映菜的色彩。

7. 主、辅料混合及烹调方法定名

如西芹炒响螺片、瑶柱扒瓜脯等。此类菜名比较确切地标明了菜肴的主、辅料。

8. 以风味特色来定名

如脆皮鸡、酥脆葱油饼、盐水凤爪、香滑鳜鱼球等。用这样菜名的一般是一些有特色风味的菜肴。

9. 以企业的招牌或菜肴的创始人定名

如公主鲍鱼、南国苑餐包、金牌烧鹅、阿一炒饭等。

附：

粤菜名称解释

粤菜许多菜肴，不但色香味俱佳，而且一部分菜肴的名称还冠上瑰丽别致的词语，给人一种艺术美的享受。现将这些粤菜的名称列举如下。

蟹黄：又称红梅、牡丹、珊瑚，如红梅大裙翅、牡丹虾仁、珊瑚四宝蔬。

鸡蛋：又称凤凰，如凤凰粟米羹。

鸡：又称凤，如金华凤吞翅、龙凤呈祥等。

鸽：又称鹊，如喜鹊迎新巢、鹊浴瑶池。

虾胶：又称百花，如百花酿鱼肚、锦绣百花球。

猫：又称虎，如龙虎凤大会。

蟹钳：又称虎爪，如虎爪珊瑚翅。

金银、鸳鸯：是由两种原料或两种颜色合拼，如金银馒头、碧绿鸳鸯鱿。

北菇：又称金钱，如玉树挂金钱、满地金钱。

生菜：又称生财，如生财好市大利。

菜心：又称碧绿、玉树，如碧绿鲈鱼球、金华玉树鸡。

西兰花：又称翡翠、碧绿，如翡翠花枝玉带。

鸡肝：又称凤肝，如生炒凤肝鸽片。

芥蓝：又称玉兰，如玉兰双宝。

带子：又称玉带或太子，如龙皇迎太子、玉带花姿。

榆耳：又称如意，如如意鸳鸯。

百合：又称百年好合。

莲子：又称连生贵子。

瑶柱：又称干贝、金瑶，如金瑶烩鱼肚。

蚝豉：又称好市、富豪等，如坐上皆富豪。

白果(福果)：又称银杏果。

万寿果(福寿果)：又称木瓜。

(资料来源：http://www.360doc.com/content/14/0930/21/16273306_413561732.shtml。)

(二) 菜单制作技巧

在具体设计和制作菜单时，要合理运用下述几项技巧。

1. 菜单的制作材料

菜单的制作材料好,不仅能很好地反映菜单的外观质量,同时也能给消费者留下较好的第一印象。因此,在菜单选材时,既要考虑餐厅的类型与规格,也要顾及制作成本,根据菜单的使用方式合理选择制作材料。一般来说,长期重复使用的菜单,要选择经久耐磨又不易沾染油污的重磅涂膜纸张;分页菜单,往往是由一个厚实耐磨的封面加上纸质稍逊的活页内芯组成;而一次性使用的菜单,一般不考虑其耐磨、耐污性能,但并不意味着可以粗制滥造。许多高规格的宴会菜单,虽然只使用一次,但仍然要求选材精良,设计优美,以此来充分体现宴会服务规格和餐厅档次。

2. 菜单封面与封底设计

菜单的封面与封底是菜单的"门面",其设计将在整体上影响菜单的效果,所以设计封底与封面时要注意下述四项要求:

(1) 菜单的封面代表着餐厅的形象。因此,菜单必须反映出餐厅的经营特色、餐厅的风格和餐厅的等级等特点。

(2) 菜单封面的颜色应当与餐厅内部环境的颜色相协调,使餐厅内部环境的色调更加和谐。这样,当消费者在餐厅点菜时,菜单可以作为餐厅的点缀品。

(3) 餐厅的名称一定要设计在菜单的封面上,并且要有特色,笔画要简单,容易读,容易记忆。这一方面可以增加餐厅的知名度,另一方面又可以树立餐厅的形象。

(4) 菜单的封底应当印有餐厅的地址、电话号码、营业时间及其他的营业信息等。这样,可以借此机会向消费者进行推销。

3. 菜单的文字设计

菜单作为餐厅与消费者沟通交流的桥梁,其信息主要是通过文字向消费者传递的,所以文字的设计相当重要。

一般情况下,好的菜单文字介绍应该做到描述详尽,起到促销的作用,而不能只是列出菜肴的名称和价格。如果把菜单与杂志广告相比,其文字撰写的耗时费神程度并不亚于设计一份精彩的广告词。菜单文字部分的设计主要包括食品名称、描述性介绍、餐厅声誉的宣传(包括优质服务、烹调技术等)三方面的内容。

此外,菜单文字字体的选择也很重要,菜单上的菜名一般用楷体书写,以阿拉伯数字排列、编号和标明价格。字体的印刷要端正,使消费者在餐厅的光线下很容易看清楚。

除非特殊要求,菜单要避免用外文来表示菜品。即使用外文,也要根据标准词典的拼写法统一规范,符合文法,防止差错。

当然,菜单的标题和菜肴的说明可用不同型号的字体,以示区别。

4. 菜单的插图与色彩运用

为了增强菜单的艺术性和吸引力,往往会在封面和内页中使用一些插图。使用图案时,一定要注意其色彩必须与餐厅的整体环境相协调。

菜单中常见的插图主要有菜点的图案、中国名胜古迹、餐厅外貌、本店名菜、重要人物在餐厅就餐的图片。除此之外,几何图案、抽象图案等也经常作为插图使用,但这些图案要与经营特色相对应。

此外,色彩的运用也很重要。赏心悦目的色彩能使菜单显得有吸引力,更好地介绍重点菜肴,同时也能反映出一家餐厅的风格和情调。色彩在人的心里会有不同的反映,能体现出不同的暗示特征,因此选择色彩一定要注意餐厅的性质和消费者的类型。

5. 菜单的规格和篇幅

菜单的规格应与餐饮内容、餐厅的类型和面积、餐桌的大小和座位空间等因素相协调,使消费者拿起来舒适,阅读时方便,因此菜单开本的选择要慎重。调查资料表明,最理想的开本为23厘米×30厘米。经营人员确定了菜单的基本结构和内容,并将菜品清单列出后,选择几种尺寸较适合的开本,排列不同型号的铅字进行对比。在篇幅上应保持一定的空白,通常文字占总篇幅的面积不能超过50%。

6. 菜单的照片和图形

为了增加菜单的营销功能,许多餐厅都会把特色菜肴的实物照片印在菜单上,加快消费者订菜的速度。但是在使用照片或图片时一定要注意照片或图片的拍摄和印刷质量,否则达不到预期效果。此外,许多菜单上的彩色照片还存在着没有对号入座的毛病,即没有将彩色照片、菜品名、价格及文字介绍列在一起。解决这一毛病的最简单的办法就是用黑色线条将其框起来,或用小块彩色面使其突显出来。

二、菜单的评估

菜单制作完成后,应该对菜单进行分析研究,并对菜单进行恰当的评估。

(一)菜单评估方法

1. 菜单的内容评估

菜单内容评估主要是对菜单的结构、品质和收益三方面进行评估。

(1)菜单的结构评估。主要评估菜单的产品比例是否合理、市场需求是否达成、促销成效如何及经营特色表现程度如何等。例如,一般菜单中冷菜和汤的比例占总数的10%~15%,热菜和主菜的比例占55%~75%,点心的比例占5%~10%,酒水单独列算。

(2)菜单的品质评估。主要是对菜单中餐饮品种组合和餐饮价格组合的评估。评估菜单中各类产品的质量是否符合消费者的需求与偏好,评估菜单品种组合是否能发挥厨师技艺和厨房设备,评估菜单是否能与现实市场原料的供求相配合,评估菜单中各类餐饮价格的高、中、低水准比例分配是否恰当,评估价格组合调整幅度是否会提高竞争力及市场占有率等。

(3)菜单的收益评估。评估菜品成本及毛利率,同时结合实际销售状况、利润状况、同业价格等因素,评估消费者喜爱程度和菜单获利能力。

2. 菜单外观评估

菜单的外观评估主要是对菜单的准确性、菜单的实用性、菜单的宣传性三方面的评估。

(二)菜单的修正

菜单的修正主要包括定期进行口味调查、随时与同行比较、淘汰不受欢迎的菜及推出季节性菜品等几个方法。

1. 定期进行口味调查

利用问卷调查形式进行研究,了解消费者的意见,掌握消费者的口味需求,作为改进的参考(见表4-2)。调查频率要适度,最好是每半年或一年举行一次。

表4-2 消费者口味调查表

满意度 问项	非常满意	满意	一般	不满意	非常不满意
口味					
分量					
价格					
香味					
热度					
装饰					

2. 随时与同行比较

与同行比较是了解竞争对手的方式。要把握好同类或同等级比较的原则,取长补短,提升菜品品质,修正菜单,更好地完成餐饮经营工作。

3. 淘汰不受欢迎的菜品

淘汰不受欢迎的菜,简化菜单项目,保留口碑品质高的菜品,集中精力推销,提升顾客满意度。

4. 推出季节性菜品

推出季节性菜品可丰富菜单内容,一方面满足消费者好奇求新的心理,另一方面增加企业的销售收入。

项目小结

本项目有四个任务,任务一是认知菜单知识,阐述了菜单的含义、菜单的作用与特点、菜单的种类及菜单的内容;任务二是菜单设计的程序,阐述了菜单设计的依据和菜单设计程序;任务三是菜单设计的方法,阐述了零点菜单、套餐菜单、中餐宴会菜单、西餐宴会菜单设计的方法及内容;任务四是菜单的制作与评估,通过对菜单内容和外观的评估,修正和完善菜单内容。通过以上四个项目任务的学习,能够使学生充分了解和掌握菜单设计的基础知识和方法,并能针对不同类型的菜单进行设计、评估和修正。

项目实训

一、知识训练

1. 简述菜单设计的基本要求。
2. 菜单设计的程序有哪些?
3. 不同类型菜单设计的方法是什么?

4. 如何对中式菜单进行评估？

二、能力训练

1. 选择当地 2 家四星或五星级酒店，调查中、西餐厅零点菜单和套餐餐单，并对其设计进行比较分析。

目的：通过调查分析使学生了解中西菜单样式、内容、主题等基本情况。

要求：小组调查后提交报告。

2. 某省人民政府为了欢迎美国政府代表团来本省考察而举办晚宴招待客人。请设计一张中式正式宴会菜单，具体要求如下：

(1) 时间：秋季。

(2) 地点：省政府所在地某大酒店。

(3) 人数：中外客人共 30 人。

(4) 宴会标准：每位 150 元，酒水除外，销售毛利率 55%。

(5) 菜肴规定：一主盘、八围碟、五热菜（含甜菜、蔬菜）、一汤、二道点心、一水果拼盘。

目的：使学生根据实例充分理解并掌握中式宴会菜单设计的方法。

要求：具体省份不固定，菜肴风格、口味不固定，至少设计 2 个不同省政府的接待菜单。

三、案例实训

欢迎宴会菜单

某城市为了接待一批英国政府访华团，由当地政府在该市一家最好的星级酒店举办欢迎宴会，共 10 桌。总厨师长根据领导要求，认真考虑，精心设计出一份自我感觉较理想的宴会菜单。可在实施过程中出现了很多问题，一是菜单确定后采购部去采购原料，由于只写明所需原料的质量和数量，而没有写明各原料的规格，而造成采购员采购回来的原料不合乎菜肴制作的要求。例如申购单中写明购鳜鱼 7.5 千克共 10 条，采购员购回来的鳜鱼一条不少，数量正好，但就是大小不一致，有的一条 1.5 千克，有的一条 0.5 千克。根据菜单做成清蒸鳜鱼，可每桌鳜鱼大小不一致，造成很不好的影响。二是厨师长在设计菜单时，只注意菜肴品种和质量，而没有加强成本核算，待第二天财务报表出来时，这 10 桌宴会毛利率只有 20%，远远低于酒店所规定的毛利率 50% 的要求，这么多员工忙了一天，造成企业还亏损，真是劳而无功。

（案例来源：http://www.docin.com/p-460049501.html。）

思考：

1. 案例中为什么会产生这些问题？

2. 在菜单设计过程中应如何规避此类问题？

项目五　厨房生产与管理

 项目目标

知识目标：
（1）了解和熟悉厨房设计的原则、位置。
（2）掌握厨房区域和部门的布局。
（3）掌握厨房作业区和工作岗位布局。
（4）掌握厨房生产质量各阶段的内容。
（5）掌握厨房安全管理。

能力目标：
（1）通过系统的理论知识学习，能针对不同的厨房区域和部门进行布局。
（2）能够对厨房生产流程环节进行监控管理。

素质目标：
让学生掌握不同类型的厨房的设计、布局和管理，并能有所创新，从而培养学生的创新能力。

 项目任务

任务一　厨房设计与布局
任务二　厨房生产流程管理

> **案例导入**
>
> H大酒店是广州一家提供粤菜的餐饮企业，以其优质服务和可口菜品赢得了众多顾客的光顾。在竞争激烈的广州餐饮市场，保持稳定可靠的菜肴出品质量是取胜的关键。该酒店取胜的一个关键因素在于制定了一套标准菜谱。
>
> 酒店对菜单上的所有菜肴都制定出了标准菜谱，列出这些菜谱在生产过程中所需要的各种原料、辅料和调料的名称、数量、操作程序、每客份额以及装盘器具、围边装饰的配菜等。同时，酒店在标准菜谱上规定了菜品标准烹调方法和操作步骤。掌握和使用好标准菜谱，使无论是哪位厨师在何时为谁制作某一菜肴，该菜肴的分量、成本和味道以及装盘器具、围边装饰的配菜都保持一致，保证顾客以同样的价格得到同样的享受。按照已制定好的标准菜谱进行制作，对外有利于经营，对内有利于成本控制，一举两得，事半功倍。
>
> （资料来源：吉根宝，《餐饮管理与服务》，清华大学出版社2009年版。）
>
> **思考：**
> 除标准菜谱之外，还有哪些因素对厨房的生产会产生影响？

没有满意的员工，就没有满意的宾客；没有使员工满意的工作场所，也就没有使宾客满意的环境。合理的生产场所的设计布局是生产餐饮产品、体现高超烹饪技艺的客观要求。因为餐饮生产的工作流程、生产质量和劳动效率，在很大程度上受到厨房设计布局的影响。生产场地设计布局的科学与否，不仅直接关系到员工的劳动量和工作方式，同时还影响到生产场地内部以及生产场地与餐厅间的联系，影响到建设投资是否合理和确有成效。

任务一 厨房设计与布局

一、厨房设计原则

厨房的布局，依据餐饮企业的规模、位置、档次和经营策略的不同，表现出不同的风格。科学的设计和布局不仅能帮助厨房减少浪费、降低成本，还能方便管理，提高厨房工作质量，提高生产效率，减少员工外流。

厨房的设计和布局必须注意以下几个方面：

（一）生产线畅通、连续，无回流现象

不论中餐还是西餐，生产都要从领料开始，经过加工、切配与烹调等多个生产程序才能完成。因此，厨房的每个加工部门及部门内的加工点都要按照菜肴的生产程序进行设计与布局，以减少菜肴在生产中的受阻现象，减少菜肴流动的距离和单位菜肴的加工时间。同时，降低厨师体力消耗，充分利用厨房的空间和设备，提高工作效率。因此，必须保证厨房的工作流程通畅、连续、无回流现象。

（二）厨房的各个部门应在同一层楼

为了方便菜肴生产和厨房管理，提高菜肴生产速度和保证菜肴质量，厨房的各部门应尽量安排在同一层楼。如果厨房确实受到地点的限制，其所有的加工部门和生产部门无法都在同一楼层内，可将其初加工厨房、面点厨房和热菜厨房分开。但是，应尽量使它们在各楼层的同一方向，由此节省管道和安装费用，也便于用电梯把它们联系起来，方便生产和管理。

（三）厨房应尽量靠近餐厅

厨房与餐厅的关系非常密切。首先，菜肴的质量中规定，热菜上菜时一定要保持较高的温度，而冷菜上菜时则要保持凉爽，否则，会影响菜肴的味道和脆嫩度。这样，菜肴的温度会受到厨房通往餐厅距离的影响。其次，厨房与餐厅之间每天进出大量的菜肴和餐具，厨房靠近餐厅可缩小两地之间的距离，减少传菜这一工作环节的人力配备，提高工作效率。

（四）厨房各部门及部门内的工作点应紧凑

厨房各部门和各个部门内的工作点应紧凑。同时，每个工作点内的设备和设施也应当以菜肴的加工流程为基础，进行合理的安装和布局，以方便厨师工作，减少厨师的体力消耗，提高厨房的工作效率。

（五）设有分开的人行道和货物通道

厨师在工作中常常接触炉灶、滚烫的菜肴、加工设备和刀具，如果发生碰撞，后果不堪设想。因此，为了厨房的安全，避免干扰厨师的生产工作，厨房必须设有分开的人行道和货物通道。同时，传菜通道也应分为出入两条，以免在营业高峰期发生人员碰撞。

（六）创造良好安全和卫生的工作环境

创造良好的工作环境是厨房设计与布局的基础。厨房工作的高效率来自于良好的通风、温度和照明。同时，低噪音措施和适当颜色的墙壁、地面和天花板都是创造良好的厨房工作环境的重要因素。此外，厨房应当购买带有防护装置的生产设备，保证充足的冷热水和方便的卫生设施，同时还应配备充足的灭火装置。

（七）留有调整发展空间

厨房在设计布局时要留有发展空间，应考虑到中长期的发展规划和厨房设计出现的新形式，以便在以后的厨房调整中留有余地。

二、厨房位置

由于厨房负有菜肴或食品生产加工这一特殊的功能，需要安装大量的食品加工生产设施、设备，以方便大量的各种物资进出。此外，厨房中劳动密集度较大，所以为厨房选择适当的位置显得尤为重要。

厨房在设计时需要注意以下问题：

（1）厨房要选择地基平且位置偏高的地方，以方便进入厨房货物的装卸及污水的排放。

（2）为了方便食品原料的运输，减少食品污染，厨房的位置应靠近交通干线和储藏室。

（3）厨房应当接近自来水、排水、供电、煤气等管道设施，以便合理地使用配套费，节省成本。

（4）厨房应当选择自然光线和通风良好的位置，但应尽量避免夏日日光直射，防止厨房温度过高，影响员工身体健康，降低生产效率。

（5）厨房通常设在餐饮企业的一、二层楼，以方便货物运输，节省电梯、管道的安装和维修费用，便于废物处理。

三、厨房面积

（一）厨房面积的范围

所谓厨房面积，是指包括食品粗加工、洗涤、切配、烹制、烘烤、冷菜、面点制作等所需的面积。厨房的面积在餐饮面积中应有一个合适的比例。

厨房面积对生产是至关重要的，它影响到工作效率和工作质量。面积过小，会使厨房拥挤和闷热，不仅影响工作速度，而且还会影响员工的工作情绪；面积过大，员工工作时行走的路程就会增加，既浪费时间又耗费精力，同时还会增加清扫、照明、维护等费用。

（二）影响厨房面积的因素

国内外厨房面积的差异很大，分析影响厨房面积的因素主要有：

（1）原料加工程度不同。发达国家对食品原料的加工已实现社会化，如猪、牛等各按不同部位及用途做了精细、准确、标准的分割，按质按需认价；而国内的原料加工仍是或简单分割、规格不准、分量不实，或以整片、整只出售，需饭店做重复过细的加工。

（2）供应菜肴品种的差异。中餐中有许多菜肴制作工艺复杂，如鱼翅、海参的涨发需要多道工序、多种设备的处理，故中餐厨房面积应大于西餐厨房。

（3）设备的先进程度与空间的利用率。

（4）社会的发展进程与社会观念。

虽然按上述四条分析，从理论与实践角度看，中餐厨房的设计面积应大于西餐厨房，但由于中西方社会发展进程上的差异，带来了社会观念上的不同，也带来厨房面积分配比例上的不同。现代西方文明已普遍认同，宽敞、舒适的工作条件能批量生产出优质的产品，因而西方国家的饭店厨房设计在面积、温度、照明等方面同餐厅完全相匹配，厨房面积加上后台其他设施，一般占到整个餐饮面积的50%左右；而国内饭店在安排餐饮布局时，往往将面积最小、楼层最次、条件最差的空间留给厨房。

（三）厨房面积的估算

确定厨房面积的方法一般有三种。一是以餐厅就餐人数为参数来确定（见表5-1）。使用这种方法，通常就餐规模越大，就餐的人均所需厨房面积就越小，这主要是因为小型厨房的辅助间和过道等所占的面积不可能按比例缩得太小。

表 5-1　厨房面积规格

厨房供餐人数/人	平均每位用餐者所需的厨房面积/平方米
100	0.697
250	0.48
500	0.46
750	0.37
1000	0.348
1500	0.309
2000	0.279

二是按餐厅或餐饮面积作为依据，来确定各部门之间的面积比例（见表5-2）。通常，厨房除去辅助间之外，其面积应是餐厅面积的40%～50%。占餐饮总面积的21%左右。

表 5-2　餐饮各部门面积比例表

部门名称	所占比例/（%）
餐饮总面积	100
餐厅	50
客用设施	7.5
厨房	21
仓库	10
清洗	6.5
员工设施	3
办公室	2

比例中应留有一定的弹性幅度，这是因为各酒店的餐饮定位、档次、功能以及用料情况、制作工艺、设备设施、场地的可用面积等因素的情况各异。

三是根据不同类型的餐厅每餐位所需厨房面积进行估算。不同类型的餐厅，由于供应食品的种类、规格、数量不同，对厨房面积的要求也有所不同。一般来说，酒店正餐厅，即各类餐桌服务餐厅，因其供应食品种类齐全、规格较高、烹调精细复杂、使用设备较多，其厨房面积也较大。

四、厨房区域与部门的布局

厨房由若干菜肴和面点的初加工部门、烹调部门和其他辅助部门构成，这些部门涉及各种食品设备、烹调设备和工作台。要保证厨房工作按基本操作流程顺利进行，就必须对厨房进行合理布局。

（一）厨房布局的原则

厨房布局应考虑以下原则：

（1）充分利用厨房的空间和设施。

（2）减少厨师制作单位菜肴的时间。

(3) 减少厨师操作加工设备和工具的次数。
(4) 减少厨师在工作中的流动距离。
(5) 易于厨房生产的管理。
(6) 利于菜肴的质量控制。
(7) 利于厨房的成本控制。

(二) 厨房的区域安排

厨房的区域安排是指根据餐饮生产的特点,合理地安排生产先后顺序和生产的空间分布。一般而言,一家综合型的酒店,根据其产品和工作流程(见图5-1),其生产场所大致可以划分成三个区域。

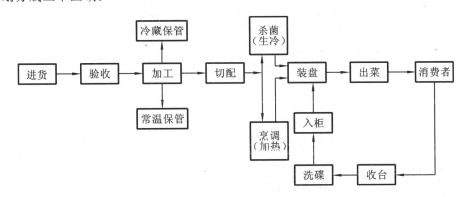

图5-1 餐饮产品流程图

1. 原料接收、储藏及加工区域

此区域是专门负责各厨房所需原料加工和储藏的作业区,其布局最重要的一点就是将接收、储藏、加工安排在一条流程上,这样不仅方便原料的储藏、领料和加工,还能缩短原料、餐饮服务与管理的搬运距离,提高工作效率。

此区域的干藏库、冷藏库、冷冻库等应靠近原料入口区域。应有相应的办公室和适当规模的加工间,根据加工的范围和程度,确定其面积的大小。

2. 烹调作业区域

此区域内应包括冷菜间、点心间、配菜间、炉灶间,以及相应的小型冷藏室和周转库。这个区域是形成产品风味、质量的集中生产区域,因此应设置可透视监控厨房的办公室。冷菜间、点心间、办公室应单独隔开,配菜间与炉灶间可以不做分隔。

3. 备餐清洗区域

布局时应包括备餐间、餐具清洗间和适当的餐具储藏间。小型厨房可以用工作台等做简单分隔。

厨房布局根据工作流程,必须呈流水线布局,保证工作流程通畅、连续,避免回流现象。餐饮生产从原料购进开始,经加工和切割配份到烹调出品,是一项接连不断、循序渐进的工作。因此,厨房原料进货和领用路线、菜品烹制装配和出品路线,要避免交叉回流,特别要注意防止烹调出菜与收台、洗碟、入柜的交错,以便提高厨房员工的工作效率,避免出现堵塞或事故。

知识链接

星级酒店厨房设计的基础构思图赏析

酒店厨房设计包括厨房的面积、厨房的布局、厨房的颜色、厨房的功能和厨房的设备。世界上没有两片完全相同的叶子,同样,世界上也不可能有两个完全相同的厨房。

如星级酒店的厨房,厨房设备都是配套统一,而且为了能够承接各种宴会、大型聚会的举办,要求厨房设计必须功能齐全、面积宽敞、布局合理。如果是中西餐结合的酒店,除了中式厨房,还要备有欧式厨房。大型酒店厨房的分工极其细致,而且厨房工作人员可能会比较多,因此在设计的时候,最好是易清洁、易传送,备餐间和冷藏室分开。连锁餐饮茶餐厅,是在休闲和商业洽谈时使用的,厨房设备整洁精美、节奏快。若是一般的快餐店,根据顾客流量和地理位置来设置厨房,格局设计合理,但功能上会比连锁餐厅的少一些。

商用厨房的最大不同就是,在设计的时候要从最大限度上去考虑厨房工作人员的容量分配和厨房格局。火锅厨房、面馆厨房、糕点厨房等等,又是另一番景象,需要更多地从功能上去考虑和突破格局的限制。

(资料来源:http://www.cfsbcn.com/news/27020635.html。)

五、厨房作业区与工作岗位布局

(一)厨房作业区

厨房各部门的布局应当根据菜肴生产中的运动方向进行。菜肴从原料到制成产品的全过程通常要经过五个部门,即食品原料验收区、食品储藏区、初加工厨房、烹调厨房和备餐间等。当然,不同的菜肴经过的部门不完全相同。例如,有些蔬菜可能无须进行储藏而直接进入初加工厨房;有些冷菜可能不会经过烹调厨房而需要在冷菜间完成。总之,厨房部门的多少和位置的确定必须根据其实际需要进行设计。

1. 食品原料验收区

食品原料的验收是餐饮企业提高产品质量的第一关。在大中型餐饮企业中,食品原料验收工作由财务部门或采购部门管理,设有专门的验收办公室和区域进行食品原料的验收。通常,这一区域都设计在企业的后部靠近食品储藏区的地方,以确保原料验收合格后能及时入库保存,防止发生食品污染变质和失窃。而在小餐饮企业,食品原料的验收工作常由餐饮部或厨房负责,为了节省空间,验货区常常设在厨房入口处。

2. 食品储藏区

餐饮企业的食品储藏区的设置跟企业的采购策略、菜单内容密切相关。根据食品原料的不同特性,餐饮企业的食品储藏区一般可分为干货原料库、冷冻库和冷藏库等三个部分。干货原料库用于存放那些不易变质的食品原料,如大米、面粉、淀粉、糖与香料等。干货原料库内应该凉爽、干燥且无虫害。最理想的干货仓库里没有错综复杂的上下水和蒸汽管道，库房内根据需要，设有数个透气的不锈钢橱架。贮存易腐烂变质的食品原料常用冷藏或冷冻的方法。如各种禽肉、牛羊肉、海鲜、鸡蛋、奶制品及新鲜的蔬菜和水果等食品原料都属于易腐烂变质食品。为了保证菜肴的质量，新鲜的蔬菜、水果、奶制品和蛋类食品需要冷藏贮存，而海鲜、禽肉、牛羊肉则需要冷冻贮存。冷藏库和冷冻库应靠近菜肴加工区域，方便领取。冷藏库和冷冻库都应当配有温度计，以方便管理人员记录和控制温度，同时还应当配有安全防盗装置。

3. 加工间与烹调间

加工间与烹调间是厨房的菜肴和点心等的生产区域，也是厨房的工作中心。该区域是食品加工设备的主要布局区。根据菜肴的加工程序，加工间应靠近烹调间。食品原料从加工间流向烹调间，然后，将烹制好的菜肴送到餐厅。这样既符合卫生要求，又不会出现回流现象。各部门内的作业点或加工点是厨房布局的最基本单位，所谓加工点就是一个厨师的全部作业区域。每个作业点的工作也各不相同。根据需要，一个工作点可负责一项菜肴加工工作或几项工作。作业点内的设备和用具的安排既要考虑工作人员身体伸展的局限性，又要考虑工作流程的科学性。

4. 备餐间与洗碗间

备餐间一般安排在餐厅与厨房之间，是连接餐厅与厨房的通道。通常，备餐间设有餐具柜及客房送餐设备、工具等。有些西式厨房的备餐间还兼有制作各种沙拉、三明治等菜肴的功能。因此，这种备餐间的布局中，常设有三明治冷柜、工作台、小型搅拌机等。

备餐间有时常被人称为出菜间，一些厨房将烹调好的而又暂时无法上桌的热菜也存放在这里。因此，在这类备餐间里需要配备存放热菜的保温设备。许多大型的备餐间中还包括洗碗间，洗碗间常设有洗碗机、洗涤槽和餐具柜。餐厅服务员把宾客用过的餐具送至洗碗间。洗碗工根据洗碗程序把餐具洗涤、消毒后，再摆放在餐具柜中备用。

5. 厨房员工更衣室

通常，餐饮企业需要为全体员工设立男、女分用的员工更衣室。更衣室内部分为两部分，一部分为更衣间，另一部分为卫生间，更衣间内每个员工都配有带锁的更衣箱。卫生间内配有卫生用具。根据厨房员工人数，通常每12～15人配备一套淋浴、洗手和卫生用具。

此外，许多餐饮企业在厨房前设立员工入口，并在入口处设立打卡机和员工上下班时间的记录卡。在厨房入口处的墙壁上设有厨房告示牌，用于张贴厨房近期的工作安排和员工一周的值班表等信息通告。

6. 人行道与工作通道

科学的厨房布局应设有合理的厨房通道。厨房通道包括人行道与工作通道。为了避免互相干扰，提高工作效率，人行道应尽量避开工作通道。同时，人行道和工作通道的宽度既要方便工作，又要注意空间的利用率。人行道和工作通道的具体标准：主通道的宽度不小于1.5米；人行道两个人能相互穿过，宽度不小于0.75米；工作台与加工设备之间的最小宽度是0.9米；烹调设备与工作台之间的宽度为1～1.2米。

（二）厨房烹调设备常见布局类型

厨房作业区的布局必须有利于菜肴制作的质量和效率，减少厨师在制作菜肴中的流动距离。除此之外,还要考虑各种设备的使用效率,同时依据厨房结构、面积、高度以及设备的具体规格进行设计。有以下几种类型可供参考:

1. 直线型布局

这种方法是将生产菜肴的各种设备,指所有的炉灶、炸锅、烤箱等加热设备,均做直线型布局。按照菜肴的加工程序,从左至右,以直线布局。这种布局通常是依墙排列,置于一个长方形的通风排气罩下,集中布局加热设备,集中吸排油烟,每位厨师按分工相对固定地负责某些菜肴的烹调熟制,所需设备工具均分布在左右和附近。适用于高度分工合作、场地面积较大、用餐时间相对集中的大型餐企的厨房。

2. 相背型布局

把主要烹调设备,如烹炒设备和蒸煮设备,分别以两组的方式背靠背地组合在厨房内,中间以一矮墙相隔,置于同一抽排油烟罩下,厨师相对而站进行操作。工作台安装在厨师背后,其他公用设备可分布在其附近地方。相背型布局适用于建筑格局呈方形的厨房,厨房分工不一定很细。这种布局由于设备比较集中,只使用一个通风排气罩而比较经济,但另一方面却存在着厨师操作时必须多次转身取工具、原料及必须多走路才能使用其他设备的缺点。

3. L形布局

L形布局是将厨房设备按英语字母"L"的形状布局,这种布局方法主要用于面积有限、不适于按照直线布局的西式厨房。通常将设备沿墙设置成一个犄角形,把煤气灶、烤炉、扒炉、烤板、炸锅、炒锅等常用设备组合在一边,把另一些较大的设备组合在另一边,两边相连成一犄角,集中加热排烟。这种布局方式在一般酒楼厨房或饼房、面点房得到广泛应用。它的特点是方便菜肴的加工和烹调,最适用于服务到桌的餐厅厨房。此外,L形布局方法还有利于提高厨师的工作效率。

4. 相对型布局

将两组设备相对排列,即面对面地排列,中间以工作台隔开但留有通道,便是相对型布局。相对型布局实际上是两组直线型布局,这类布局主要适用于不要求菜肴的制作和供应紧密衔接的厨房,如医院厨房、员工餐厅厨房等。

5. U形布局

将工作台、冰柜以及加热设备沿四周摆放,留一出口供人员、原料进出,出品可开窗从窗口接递。当厨房面积较小时,可采用此布局,如面点房、冷菜房、火锅原料准备间。U形厨房布局可以充分利用现有的工作空间,提高工作效率。这种布局多用于设备较多、人员较少、产品较集中的厨房部门。

(三)厨房作业间设计布局

厨房作业间是指在大厨房(即整体厨房)涵盖下的小厨房,是厨房不同工种相对集中、合一的作业场所。集中设计加工厨房的优点是:集中原料领购,有利于集中审核控制;有利于统一加工规格标准,保证出品质量;便于原料综合利用和进行细致的成本控制;便于提高厨房的劳动效率;有利于厨房的垃圾清运和卫生管理。一般餐饮企业为了生产、经营的需要,分别设立加工厨房,中餐烹调厨房,冷菜、烧烤厨房,面点、点心厨房,包房,饼房,西餐冻房等。

（1）加工厨房的设计要求：①应设计在靠近原料入口并便于垃圾清运的地方；②应有加工本餐饮企业所需的全部生产原料的足够空间与设备；③加工厨房与各出品厨房要有方便的货物运输通道；④不同性质原料的加工场所要合理分隔，以保证互不污染；⑤加工厨房要有足够的冷藏设施和相应的加热设备。

（2）中餐烹调厨房的设计要求：①中餐烹调厨房与相应餐厅在同一楼层；②有足够的冷藏和加热设备；③抽排烟气效果好；④配份与烹调原料的位置便捷；⑤设置急杀活鲜、刺身制作的场地及专门设备。

（3）冷菜、烧烤厨房的设计要求：①具备更衣条件；②设计成低温、消毒、可防鼠虫的环境；③设计配备足够的冷藏设备；④紧靠备餐间，并提供出菜便捷的条件。

（4）面点、点心厨房的设计要求：①单独分隔或相对独立；②配有足够的蒸、煮、烤、炸设备；③抽排油烟、蒸汽效果好；④便于与出菜沟通，便于监控、督查。

（5）包房：即面包房，负责制作餐饮企业生产、经营所需的各种面包。

（6）饼房：即制作西式小点心的厨房，其生产功能是制作零点、套餐、团队用餐、鸡尾酒会、自助餐、宴会所需的各式糕点。

（7）西餐冻房：即制作西餐冷、凉、生（未经烹调可直接食用）食品的场所，有与中餐冷菜厨房大致相同的功能。在冻房要完成冷头盘、色拉、凉菜、果盘的制作与出品。

（四）厨房相关部门设计布局

1. 备餐间

备餐间是配备开餐用品、创造顺利开餐条件的场所。

备餐间的作用：①便于配备完善厨房出品；②方便控制出品次序；③创造快捷服务条件；④集散销售信息；⑤区分生产与消费区域，创造良好就餐环境。

备餐间的设计布局要求：①备餐间应处于餐厅、厨房过渡地带；②厨房与餐厅之间采取双门双道；③备餐间应有足够的空间和设备。

2. 洗碗间

洗碗间的作用：①洗碗间的工作质量影响到厨房环境及其出品质量；②洗碗间的工作效率是餐饮生产和服务效率的重要依托；③洗碗间对控制餐具损耗起着决定性的作用。

洗碗间的设计布局要求：①洗碗间应靠近餐厅、厨房，力求与餐厅在同一平面；②洗碗间与管理碗间应有可靠的消毒设施；③洗碗间通、排风效果要好。

3. 热食明档、餐厅操作台

热食明档、餐厅操作台是厨房工作在餐厅的延伸或者说是厨房工作部分地被转移到餐厅进行。其具体表现形式通常有餐厅煲汤、餐厅氽灼时蔬、餐厅布置操作台表演及制作食品等。

热食明档、餐厅操作台的作用：①渲染、活跃餐厅气氛；②方便宾客选用食品；③宣传饮食文化；④扩大产品销售；⑤便于控制出品数量。

热食明档、餐厅操作台的设计布局要求：①设计要整齐美观，进行无后台化处理；②简便安全，易于观赏；③油烟、噪声不扰客；④菜品相对集中，便于宾客取食。

（五）厨房工作岗位布局

根据厨房布局要求和厨房生产特点进行合理的组合，确定各工作岗位的面积、设备和位置。充分利用现有的厨房面积,改善操作环境,提高工作效率。某酒店中餐厨房布局示意图见图5-2。

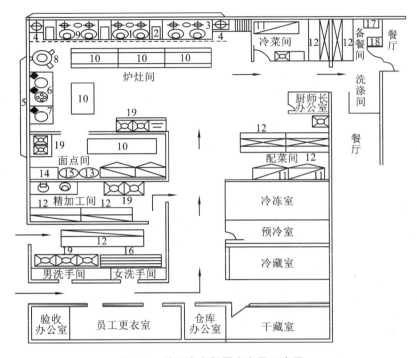

图 5-2　某酒店中餐厨房布局示意图

注:1.双头强力炒灶(连汤锅);2.调料柜;3.水龙头;4.低灶(又称矮仔灶、汤灶);5.油烟罩;6.中式蒸灶;7.大锅灶;8.烤鸭炉;9.炖灶;10.工作台;11.冰箱;12.带架工作台;13.和面机;14.电烤箱;15.木面工作台;16.货架;17.制冰机;18.保温箱;19.水池

从图5-2可以看出,厨房的工作岗位布局应考虑以下几个方面:

(1) 人流走向。从员工上班到更衣,到最后进入岗位,这条路线是畅通的。

(2) 物流走向。从原料的进货、验收、储藏,从领料、发料到加工、切配、烹调直至走菜,这条物流线也是畅通的。

(3) 各工作岗位的位置。从图上可看出,加工与切配的距离较远,由于该厨房面积较小,原料从洗涤、宰杀、刀工处理直至上浆、焯水都在加工间完成,配菜区只负责一些小料和配料的刀工处理,其主要任务是配菜,所以配菜区较小。点心操作间紧靠炉灶区的蒸锅,这是因为点心间内无蒸锅,凡上笼蒸的点心都必须在蒸锅上进行。炉灶区呈L形依墙排列,炒灶、炖灶、低灶(用于制汤摆放汤锅或汤桶的一种较低的炉灶)在一边,烤炉、蒸锅及组合在另一边,同置于通风排气罩下。这样厨师能较便利地使用每一组设备,减少行走路线,也便于排风设备的安置和换气。

(4) 厨房与餐厅的连接。厨房将菜肴烹制好后送至备餐间,再由服务人员送上餐桌,备餐间是不可忽视的,它是沟通前后台的连接点。从图上可以看到备餐间里有一台制冰机和一台保温箱,制冰机既可方便餐厅使用冰块,又可方便厨房使用冰块,而保温箱是用来对某些菜肴成品进行临时保温用的。洗涤区担当双重任务,一是洗涤烹调用具,二是洗涤餐厅用具。当然洗涤区并不一定要安排在备餐间,它只要能达到方便服务人员的餐具运送、方便厨房用具洗涤等目的就行。

（5）食品仓库与厨房内的冰箱。食品仓库尽可能地靠近厨房，特别是验收处，有些原料（鲜活原料）无须进仓库，就直接进入厨房，因此，验收处应安排在路口或方便进货的地方。食品仓库应尽量安排在一个区域内，以便于发料和储存。

（6）厨师长办公室。厨师长办公室的位置应尽量设在厨房内，要能便利地观察到每一个作业点的工作状况，其目的是：①能及时发现问题，及时解决；②便于工作的指挥和协调；③能有效地控制食品成本；④能有效地堵塞各种漏洞。

从图5-2可以看出，该厨房不足之处是服务人员直接进入厨房取菜、取点心，造成厨房内人员增多，服务人员与厨师在过道上相互碰撞；点心间离出菜口距离较远；烧烤炉在厨房内增加了厨房温度等等。

知识链接

厨房烧烤、面点区的设计布局

1. 烧烤区的布局

烧烤区主要是负责酒店各厨房所需烧烤食品的制作。中小饭店中如果设置烧烤区，一般都与冷菜（卤水制作）共用加工场所。烧烤类食品由于有着诱人的外观色泽，且加工相对独立，有的酒店将烧烤的切配加工设置在餐厅里，形成一个可视的加工场所，让消费者可以自由地挑选需要的菜肴，即通常所说的"明档"。在明档的布局中，设计者应该考虑采用更多的可以悬挂的器物，尽可能少将炉灶放入明档区，多采用不锈钢、电加热的设备，以保证明档区的清洁、卫生，使菜肴更具有诱惑力。

2. 面点区的布局

面点区负责点心、主食的烹制，有时还有甜点的制作。面点制作又称白案，与传统的红案操作相对应，可以单独存在。面点区的布局可以根据经营的方针与规模适当地选择，可以是划分区域辅助红案操作的，也可以单独成为厨房进行生产，比如有的酒店开办的"小吃一条街"，经营早市茶点、下午甜点茶食等形式的餐饮，就可以将面点区改成专门的厨房。

面点厨房在布局时，其烹调设备一定要单独设立，最好不要和红案炉灶并用。通常还可以选购专用的面点设备，比如醒发箱、蒸柜、烤箱等等设备。布局的流程严格按照面点的工艺流程来进行。

（资料来源：http://www.cfsbcn.com/news/18460295.html。）

任务二　厨房生产流程管理

厨房因餐饮类别、档次大小、菜系、分工细化的程度区别，有繁简不同的工作流程。厨房较大，专业分工较细，流程环节就会比较多。厨房生产流程管理就是针对厨房生产流程不同阶段的特点,明确制定操作标准,规定操作程序,健全相应制度,从而达到简化环节,使流程顺畅高效的目的。这是对厨房生产进行有效控制管理的重要工作。

一、原料初加工阶段的管理

厨房原料初加工是指对一切购进的原始原料,如活鲜原料等进行初步的整理加工的过程。原料的初加工一般包括对冰冻原料的解冻,对鲜活原料进行宰杀、洗涤和初步整理,对蔬菜、水果进行择叶、削皮、去根须、洗涤,对带骨、带皮的肉类原料进行砍、斩处理等。

原料初加工阶段的工作是整个厨房生产制作的基础。该阶段管理的重点是初加工质量、初加工出净率和初加工数量三个方面。

(一)原料初加工阶段管理的作用

食品原料的初加工阶段表面上看是一项较为简单的工艺过程,实际上它对整个厨房的生产过程都起决定性作用。

第一,初加工的加工质量直接关系到原料的出净水平,通常用出净率来表示,原料的出净率直接影响到菜肴的生产成本。

第二,初加工的加工质量还直接影响到原料的完整性、厚度、老嫩等指标。例如,初加工人员把一条完整的鱼肉剔得零零星星、带刺带骨,对于制作诸如熘鱼片、爆鱼丁一类的菜肴就无法使用。

第三,原料的分档取料、合理的留用割舍也是由初加工人员完成的。厨房生产讲究的是合理使用食品原料,以免造成不应有的浪费,如果初加工人员没有经过专业的训练,把原料弄得一塌糊涂、不成样子,就会严重影响整个厨房的菜点加工。如肥瘦不分、老嫩不分、内外不分、大小不分等。

第四,原料初加工的速度对厨房的生产也有一定的影响,如果初加工人员的加工速度太慢,所加工的原料不能满足生产的需要,就会严重影响厨房的出菜效率。尤其是现代酒店中对禽类、水产活料的现场加工,如宾客点选了一条活鱼,水台厨师接到活料后应迅速进行初加工处理,如果加工速度过慢,影响了烹调加热,让宾客等的时间太长,宾客就会不满意。

(二)初加工质量管理

初加工质量主要包括冰冻原料的解冻质量、加工的规格标准等。食品原料种类很多,初加工方法各不相同,为此,要合理加工,确保质量。具体加工方法为:①蔬菜、瓜果等鲜活原料由于加工要求不高,技术要求较低,一般可由徒工或临时工进行择洗,去皮加工成净料;②需要涨发的干货原料,由于其价格昂贵,加工技术要求较高,必须由专业厨师进行加工处理,以确保其涨发;③需要拆卸的肉类原料,需组织有经验的厨师按档取料,采用正确方法进行加工,保证出料标准和加工质量。

(三)初加工出净率控制

原料的初加工出净率是指加工后可供做菜的净料和未经加工的原始原料之比。原料的出净率越高,即原料的利用率越高,出净率越低,菜肴的单位成本就越大。因此,把握和控制初加工的出净率是十分必要的。不同的原料、不同的加工方法、不同的菜肴需要,原料的出净率是不相同的。如何来确定各种原料的标准出净率,就成为原料初加工阶段管理的重要内容之一。

原料的标准出净率的确定一般有三种方式:一是参考国家有关部门制定的现行标准,二是借鉴其他企业已有的标准,三是自己根据所使用的原料进行加工测量。现在的大多数酒店一般是将上面的三种方式综合运用,不仅可以节省时间,而且还可以节省大量的人力、物力。

控制食品原料出净率的具体措施有:①制定各种原料的出净率标准,并张贴于加工厨房,供加工厨师参照执行;②定期抽查原料和半成品重量,检查出净率的执行情况,发现问题及时改进;③定期或不定期检查垃圾桶和下脚料,检查是否还有可用部分未被利用;④加强厨师加工技术的培训,减少因操作失误造成的原料浪费;⑤将原料出净率的执行情况列入加工厨师的考核范围内,以加强加工厨师的责任心。

(四) 初加工数量控制

原料的加工数量,应以销售预测为依据,以满足生产为前提,留有适当的贮存周转量,避免加工过多而造成质量降低。酒店厨房内部可规定,各需要加工原料的厨房,应视营业情况,于当日统一时间(如中午开餐后、下班前),分别向加工厨房申订次日所需加工原料,再由加工厨房汇总,并折算成各类未加工原料,向采购部申购或去仓库领货,进行集中统一加工制作,再按各点需要发放。这样可较好地控制各类原料的加工数量,并能做到及时周转发货,保证餐饮生产的正常进行。

二、菜肴生产作业管理

厨房生产的特点之一,就是菜肴在整个生产中占的比重比较大。一般情况下,菜肴的生产数量和价值可以占厨房整个食品生产总量的70%左右。有时候,宾客评价一桌宴席水平的高低、优劣,也往往是以宴席中的菜肴质量为主要指标的。

菜肴的烹制加工,有赖于菜肴厨房各个岗位的协作。传统菜肴的加工分为切配岗位与烹调岗位,俗称"案"与"灶"两大环节。随着厨房管理水平的不断提高与厨房工作岗位的细化,原来的两大环节已增加到三大环节,即砧板、打荷、占灶。这种分工在很大程度上得益于粤菜厨房管理的交流与传播,由于这种分工的合理性,已被餐饮企业所广泛接受并运用于厨房的实际管理活动中。

(一) 制定规范作业程序与质量标准

要确保厨房生产的良好运行和出品优质的菜品,实际上关键在于对菜肴厨房生产上的三大环节进行有效管理。一切厨房生产的有效管理,总是体现在两个方面,即保证生产的运行秩序和菜肴的出品质量。这就需要制定规范作业程序与质量标准。此处仅以砧板规范作业程序与质量标准为例加以介绍。

在规模较大的厨房中,菜肴厨房的砧板岗位实际上是由两部分构成的,一部分是对原料进行切型处理的切制人员,另一部分是负责对菜肴生料进行配份的人员,负责对菜肴生料进行配份的厨师通常称为主配师。在一般的小型厨房中,这两个岗位是合二为一的,但一个岗位的工作内容与两个岗位的工作内容完全相同。

（二）建立菜品规范作业指导书

菜品规范作业指导书，也称作菜品规范作业书，一般酒店称为标准菜谱，是厨房用来规范厨师菜肴烹制时的操作流程的作业性文件，是厨房生产标准化控制的重要环节。标准菜谱是以菜谱的形式，列出菜肴（包括点心）的用料配方，规定制作程序，明确装盘规格，标明成品的特点及质量标准；标准菜谱是厨房每道菜点生产全面的技术规定，是不同时期核算菜肴或点心成本的可靠依据，是配料厨师和烹调厨师技术操作的依据和准则。

1. 标准菜谱的设计原则

1）以顾客需求为导向原则

标准菜谱的设计，首先是根据酒店所做的市场调查，确定餐饮食品的种类和质量水平。餐饮产品质量水平必须以能提高顾客满意度为目的。所以，标准菜谱的设计首先要以顾客需求为导向，筛选品种，并设计适应性强的质量水平。

2）体现本餐厅的经营特色，具有较强的竞争力

酒店首先要根据餐厅的经营方针来决定提供什么样的菜品、面点等，例如是鲁菜还是粤菜，是风味菜还是特色菜，是大众化的菜还是高档的菜。标准菜谱的设计要尽可能选择反映本店特色的菜品，并依据市场的竞争情况，制定具体的质量标准，使菜品富于较强的竞争力。

3）根据厨房的生产能力、技术水平设计菜品的质量

厨房生产设备的优劣与齐备程度、厨师的技术水平对于标准菜谱的设计有直接影响。操作工艺复杂、所需工具设备独特的菜品在设计中尤其要在充分了解设备情况的基础上做出决策，不能盲目设计。同时，厨师的技术水平因素也是标准菜谱设计的关键。如果设计的菜品厨师不会烹制，或烹制的成品达不到设计的质量要求，这样的标准菜谱对于生产而言就毫无意义。

4）考虑食品原料的供应情况

标准菜谱的设计虽然内容很多，但其中最主要的内容是食品原料。食品原料的供应往往受到供求关系、采购、运输条件、生产季节、生产地区、生产量等因素的影响。因此，设计标准菜谱时，必须充分考虑这一因素。比如，某酒店地理位置较偏远，或位于某山区风景景点内，交通不是十分便利，且属内陆，如果非要设计使用海鲜活品原料，显然是无法实现的。所以，标准菜谱在设计时要考虑原料的供应情况。

5）适应市场原料价格的变化情况

市场经济时期，食品原料因供求关系的变化、季节的变化、淡旺季的不同、生产量的不同，其价格也随时发生变化。因而在设计标准成本时就应保持一定的灵活性，留有充分的变动余地，以适应市场的变化，又便于生产成本的控制与管理。

6）求变求新，适应饮食新形式

标准菜谱，虽说不能经常变动，但设计时还是以求新求变为原则，注意各种菜品、各类食肴、各种风味的搭配。同时，菜肴在有一部分稳定的基础上，要经常更换，推陈出新，总能给常来就餐的宾客以新鲜感。还要考虑季节因素，安排时令菜肴，同时还应顾及宾客对营养的不同需求。宾客的健康状况、进餐要求等，这些都促使酒店在设计标准菜谱时不能有一劳永逸的观念，必须求变求新，才能吸引更多的宾客。

2. 标准菜谱的设计内容

一般来说,标准菜谱设计的内容主要有以下几个方面。

1)基本信息

标准菜谱中的基本信息,也可以称为基础技术指标,主要包括菜点的编号、生产方式、盛器规格、烹饪方法、精确度等。它们虽然不是标准菜谱的主要部分,却是不可缺的基本项目,而且它们必须在设计的一开始就要设定好。

2)标准配料及配料量

菜肴质量的好坏和价格的高低很大程度上取决于烹调菜肴所用的主料、配料和调料等的种类与数量。标准菜谱首先在这方面做出规定,就为菜肴的质价相称、物有所值提供了物质基础。

3)规范烹调程序

规范烹调程序是在烹制菜肴所采用的烹调方法和操作步骤、要领等方面所做的技术性规定。这一技术规定是为保证菜肴质量,对厨房生产的最后一道工序进行规范。它全面地规定了烹制某一菜肴所用的炉灶、炊具、原料配份方法、投料次序、型坯处理方式、烹调方法、操作要求、烹制温度和时间、装盘造型和点缀装饰等,使烹制的菜肴质量有了可靠保证。

4)烹制份数和标准份额

厨房烹制的菜肴多数是一份一份单独进行的,有的也是多份一起烹制的。标准菜谱对每种菜肴、面点等的烹制份数进行了规定,是以保证菜肴质量为出发点的。如一般菜肴为单份制作,也就是其生产方式是单件式;面点的加工一般是多件式,带有批量生产的特征等。

5)每份菜肴标准成本

标准菜谱对每份菜肴标准成本做出规定,就能够对产品生产进行有效的成本控制,可以最大限度地降低成本,提高餐饮产品的市场竞争力。标准菜谱对标准配料及配料量做出了规定,由此可以计算出每份菜肴的标准成本。由于食品原料市场价格不断变化,每份菜肴标准化成本也就要及时做出调整。

6)成品质量要求与彩色图片

通过标准菜谱对用料、工艺等的规范,保证了成品的质量,标准菜谱应对出品的质量要求做出规定。但因为菜点的成品质量有些项目目前尚难以量化,如口味的轻重等,所以在设计时,应制作一份标准菜肴,拍成彩色图片,以便作为成品质量最直观的参照标准。

7)食品原料质量标准

只有使用优质的原料,才能加工烹制出好的菜肴。标准菜谱要对所有用料的质量做出规定,如食品原料的规格、数量、感官性状、产地、产时、品牌、包装要求、色泽、含水量等,以确保餐饮产品质量达到最优效果。

3. 标准菜谱的设计过程

标准菜谱的设计制定是一项十分细致复杂的技术工作,也是厨房生产管理的重要手段,必须认真做好和高度重视。标准菜谱的设计制定应该由简到繁,逐步完成和完善,并充分调动厨师的积极性,反复试验,使标准菜谱中的各项规定都能科学合理,切实成为厨师生产操作的准则,以规范厨师烹调菜肴过程中的行为。设计制定的标准菜谱要求文字简明易懂,名称、术语确切规范,项目排列合理,易于操作实施。

标准菜谱的设计过程如下:

(1) 确定菜肴名称。

(2) 确定烹制份数和规定盛器。

(3) 确定原料种类、配份与用量。

(4) 计算出标准成本。

(5) 确定工艺流程与操作步骤。

(6) 编制标准菜谱初稿。

(7) 制出标准菜谱文本。

(8) 核对编册。

4. 编制标准食谱的一般程序

1) 确定主配料原料及数量

这是很关键的一步,它确定了产品的基调,决定了该产品的主要成本。数量的确定有的只能批量制作,平均分摊测算,例如点心、菜肴单位较小的品种。但无论如何,都应力求精确。

2) 规定调料品种,试验确定每份用量

调料品种、牌号要明确,因为不同厂家、不同牌号的质量差别较大,价格差距也较大。调料只能根据批量分摊的方式测算。

3) 根据主料、配料、调料用量,计算成本、毛利及售价

随着市场行情的变化,单价、总成本会不断变化,每项核算都必须认真全面负责进行。

4) 规定加工制作步骤

将必需的、主要的、易产生歧义的步骤加以统一,规定可用术语,精练明白即可。

5) 确定盛器,落实盘饰用料及式样

根据菜肴的形态与原料的形状,确定盛装菜肴餐具的规格、样式、色彩等,并根据餐具的色泽与质地选取确定对装盘后的菜肴进行盘饰的要求。

6) 明确产品特点及质量标准

标准食谱既是培训、生产制作的依据,又是检查、考核的标准,其质量要求更应明确具体才切实可行。

7) 填写标准食谱

将以上的内容,按项填写到标准食谱中。填写标准食谱时,字迹要端正,表达清楚,使员工都能看懂。

8) 按标准食谱培训员工,统一生产出品标准。

按标准食谱中的技术要求对各个岗位的员工进行操作培训,以规范厨师的作业标准,从根本上确保生产出品标准的统一。

三、生产过程质量控制

(一) 影响菜点质量的因素

在厨房的菜点生产过程中,影响其质量的因素有许多方面,但最为主要的还是厨房员

工的职业精神、食品原料的质量及生产因素等方面。

1. 员工的职业精神

厨房员工的职业精神是确保菜点质量优劣的根本因素。企业所提供的食品原料都是优质适用的,设备也是一流的,员工的烹调技术又精到娴熟,就一定能够烹制出宾客满意的菜点来吗?答案是不一定。还有一个关键的原因,那就是厨房员工的职业精神。如果厨房的所有员工都具有良好的职业精神,都以一种真诚的心情为宾客提供优良的服务,那么菜点的质量一定是上乘的。员工的职业精神应该包括如下几个方面:

1) 敬业精神

厨房员工的敬业精神,是指厨师是否从心里真正热爱、喜欢自己所从事的烹饪工作,也就是平常所说的是否热爱本职工作。从随机的调查可以约略知道,在厨房烹饪岗位上的员工出于种种原因,只有一少部分人真正从心里喜欢烹饪工作,而很大一部分厨师并不喜欢它,只是出于某种原因,不得不勉强为之。因此,要想培养厨房员工真正热爱本职工作的思想,厨房管理人员与餐饮管理者还有大量的工作要做。可以通过教育培训、企业文化的建设等,逐渐提高厨房员工的敬业精神,使厨师真正把烹饪工作当成自己的终身事业。唯其如此,才能从本质上确保菜点质量。

2) 职业道德

这里所说的职业道德,就是平时大家一致强调的"厨德"。每一个行业都有自己行业的特征,因而对产品的品质要求是不同的,但从业人员在长期的作业中所表现出来的道德观念与道德水平,却是共同的。现在烹饪界有一句话,叫作"要想学做菜,就要先学做人",其意义不言而喻。一个技术再好的厨师,如果没有良好的职业道德,很难为宾客提供优质的菜品。

3) 质量意识

菜点质量是厨房生产过程中工作质量和工艺质量的综合反映,而工艺质量最终也还是决定于厨房生产员工的工作质量。厨房中的每一个生产环节、每一个员工的工作质量都直接地影响到菜品质量。所以,菜点质量管理的一个重要特点就是要求厨房的全体人员都要参加到质量管理工作中来。就是每一位员工在树立强烈的质量意识的前提下,把自己的岗位工作做得好上加好,上至行政总厨、分厨房厨师长,下至厨师、厨工,乃至择菜工、水台工等,都应该如此。

由于菜点的生产过程是一个相对复杂的工艺流程,菜肴生产各个工序之间的衔接、生产环节之间的工作既相互影响,也相互制约,只靠少数管理人员设关口对质量进行把关是不能真正解决质量问题的。只有真正调动全体员工的积极性,人人关心质量,树立质量第一的观念,才能真正保证菜点的出品质量。

2. 食品原料的质量

有了技术高超的厨师,还要有优质适用的食品原料,才能烹调出美味可口的菜点来。如果食品原料质量不佳,甚至已经腐烂变质,或者是所购非所用,即使是技艺再超群的厨师,也无法烹制出优质的菜品来。

3. 生产因素

生产因素包括生产设备因素、生产技术水平、生产管理因素等方面。

首先,菜点质量的最终实现和形成,是通过厨师具体的生产加工来完成的。厨师的生产加工过程必须借助于一定的工具设备。因此,菜品质量的优劣与厨房生产设备的水平也有直接关系。

其次,厨房菜点的生产过程,都是靠富有烹饪技术的厨师来完成的。厨房工作人员技术水平的高低,会直接影响菜品的出品质量。一般情况下,厨师的技术水平全面、技艺精湛、对技术性指标的理解程度高,菜品质量就会在整体水平上高出一筹,而且产品质量有较强的顾客适应性特色。否则,厨师的技术水平一般,甚至低劣,操作上不熟练,对技术环节的理解上也是一知半解,菜品的出品质量自然就不会太高,甚至较低。

最后,菜肴、面点生产质量和出品质量的控制是由厨师直接完成的,但质量控制水平的高低却是由管理人员,尤其是厨房生产管理人员完成的。因此,厨房生产管理人员的管理水平直接决定了厨房质量控制水平的高低。

知识链接

菜品质量控制十大方法

菜品质量控制是目前中餐馆一直比较重视和关注的焦点。许多餐馆为了保证产品质量,或以质量特征取悦客人,采取了一些独特的方法,确实也起到了不少作用。且不管这些方法的利与弊,但从另外一个角度也反映了餐馆对质量控制的认真态度。

1. 制定菜品质量执行标准

包括菜肴名称、主副原料名称和数量、刀功成型、烹调方法、色泽、口味、质感、器皿、点缀、特点、成本、售价等。同时还可作为餐馆员工培训和操作的依据。

2. 按图做菜

很多餐饮制作的菜谱相当漂亮,但是出来的菜品和菜谱往往相差很大,让顾客有受骗上当的感觉。如果能够坚持做到诚信经营,图片和实物基本一致,是能够得到顾客和同行的高度认可的。

3. 大兑汁

菜肴加工程序多、技术复杂的手工劳动产品,在许多人操作同一道菜肴的情况下,要达到统一的质量标准,难度可想而知,尤其是两种或者两种以上的复合味菜肴的烹饪,更是如此。为此可以对复合味型的菜肴规定配方定量标准(占总菜肴的20%),每店专人负责大兑汁。这种科学、规范、统一的大兑汁方法,不仅可稳定复合味型菜肴质量,而且又能加快烹调速度,提高生产效率。

4. 烹调分流,专人专菜

为了稳定提高菜肴质量,可以对部分菜肴实行分流烹调。首先要根据炉灶厨师的资历、等级以及擅长哪个烹调技法,进行明确分工、专人专菜(冷菜也是由专人加工烹制、专人装盘成型)。这样分流烹调是提高保证出品的有效方法,大大提高了出品质量,更加强了每一个人的责任心。

5. 巡视、检查、点评

厨师长要具备组织能力、沟通能力、协调能力,更重要的是要具备发现问题的敏感能力,并做到发现细节、注重细节。厨师长必须每天巡视检查,并听取餐厅反馈的顾客意见,发现问题后在例会点评时提出解决方案。这不仅解决了问题,也起到了培训的作用,更保证了菜肴的质量。

6. 视觉效果、味觉效果、质感效果

如何真正让转盘成为舞台,菜肴成为演员,顾客成为观众,关键是要做好菜肴的视觉效果、味觉效果、质感效果,把最完美、最精彩、最和谐的菜品展示给顾客。

7. 批量兑汁

在质量管理方面,许多餐馆在西式烹饪制法的影响下,根据标准菜谱的内容,标准化、规范化的制作已经进入到各类菜肴烹饪中,由专人按标准统一兑汁已经深入到每个菜品。人们已经不局限于单个菜肴的标准制作,而是依照西式快餐的手法科学化地生产,使产品质量得到了有效的控制。

8. 挂牌服务

挂牌服务法就是将餐馆的大厨、名厨向外展示,如有些餐馆将骨干厨师的照片张贴在餐厅上方,并注明他们的拿手菜,顾客可以在餐厅直接点厨师炒菜,也可以根据所点菜指明哪位厨师烹制。将厨师挂牌展示,此举在凭借名厨、名师个人的威信和技术素质监控出品质量的同时,不仅宣传了本餐馆质量可靠、技术过硬的厨师形象,突出名师、大师的权威性,从另一方面,也保障了产品的质量,对餐馆经营、招揽顾客也起到了积极作用。

9. 带号上菜

带号上菜是20世纪90年代出现的质量控制办法。带号上菜一般有两种方式,一是把厨房人员编入号码上菜,另一种是直接写上厨师的名字,用小纸条贴在菜盘的旁边(最好贴在盘的下方,但是要告诉顾客)。其优点是:菜肴质量问题可以直接找到生产人员,使出品与员工荣辱直接联系,使烦琐的管理手续得到强化。

10. 电视点炒

电视点炒是采用电视转播的形式,将烹制过程在餐厅现场直播,即顾客点菜后,其中的一道或几道菜的烹制过程通过电视转播到餐厅,让顾客看到厨师是怎么样为自己烹制菜肴的。这样做,不仅会让厨师认真烹饪,把握质量关,而且会使顾客进餐兴趣高涨,食欲大开,产生冲动性消费。

11. 零距离烹制

零距离烹制即是将厨房与餐厅融为一体,它一反传统的"前堂后灶"式的方式,如一些餐馆就采取全开放的舞台式厨房,厨师面对顾客炒菜,顾客也可以与厨师一起烹制,或自己烹调。这种零距离接触的销售方式,不仅让顾客了解并信任食品加工的环境与环节,而且能让其领略饮食文化的魅力。

(资料来源:http://www.canyin168.com/glyy/chu/cfzlgl/201503/63030.html。)

(二)建立厨房生产的标准化体系

1. 厨房生产标准化的意义

厨房生产标准化是指为取得厨房生产的最佳效果,针对厨房生产的普遍性和重复性事物的流程,以制定标准和贯彻标准为内容的一种有组织的活动。标准分为技术标准和管理标准。技术标准是针对厨房生产过程中普遍、重复出现的技术问题所制定的技术准则;管理标准是针对厨房生产标准化领域中需要协调统一的管理事项所制定的标准,它是组织和管理厨房生产运行活动的依据和手段。中餐厨房生产标准化的实施,对于确保厨房生产的正常运转与产品质量的不断提高具有特别重要的意义。

1)能够确保生产过程的规范统一

中餐菜品的生产过程历来就是一个缺少操作规范的手工技术形式,而手工操作本来就误差较大,加之缺少规范工艺流程,因此造成同一种菜肴烹调后会有较大的特点差异,也就是菜肴质量的差异。这对于在现代餐饮市场树立稳定、优质的产品质量形象是非常不利的。所以,确定中餐厨房的生产标准,对于规范厨房生产的规范统一、确保菜品质量的始终如一,具有特别重要的意义。尤其对于培养厨房的质量标准意识,更是不可缺少的。

2)是菜点质量能够稳定提高的保证

目前,我国餐饮市场的竞争非常激烈,要想不断提高菜点的质量,赢得顾客的欢迎,并始终保持较高的顾客满意度,厨房的生产就需要在确保现有菜肴质量稳定的前提下,不断进行菜肴创新,不断提高菜品的质量,用现在的话说就是质量创新。菜品的质量创新不仅仅是推出几个新菜式,更重要的在于按照产品的标准化设计、规范化的加工工艺,使推出的菜品不仅富有新鲜感,而且确保质量有提高。

3)使厨房生产更加科学合理

在中餐厨房中建立或实施厨房生产的标准化,可以使厨房的生产更加科学合理。多年来,传统的中餐厨房生产一直处于定岗定员的模糊性、工作量的无法确定性,生产管理过程中的随意性的状态之中,导致产品质量不稳定。如果能够把厨房的生产过程标准化,使厨房工作人员作业规范化、厨房定岗定员科学化,使产品的质量更加稳定,这能够有效地避免在传统的中餐厨房里出现连一个小小的馒头都会大小不一的现象。

4)有利于树立餐饮企业的良好形象

标准化的厨房生产、稳定的菜品质量,有利于树立一个信誉度高、顾客满意度高的餐饮企业形象,这对于创造一个富有影响力的品牌企业是不可缺少的基础工程。如果一个餐饮企业连起码的菜肴、面点等食品质量都不能保证其稳定性,菜肴口味一天一个样,食品数量忽多忽少,还有什么企业的诚信可言?

2. 厨房生产标准化体系的内容

为了实现厨房生产标准化,首先要制定一系列的标准。厨房生产的特点决定着其标准的制定是一项十分艰巨而复杂的工作。在实践中,除了快餐业有的厨房生产标准比较完善外,一般酒店的厨房生产的技术标准应包括食品原料标准、标准菜谱、标准净料率、岗位规范作业指导书等。如果这些技术标准的制定能够与厨房生产的运转相适应,就能在厨房生产管理中发挥重要的作用。

1) 食品原料标准

制定食品原料标准有利于对食品原料采购、验收、保管和申领等进行控制。已如前述,食品原料采购、验收、保管和申领有了工作依据和准则,就能保证厨房生产所需要的食品原料规格和质量,减少原料损失,降低生产成本,这是为提高出品质量奠定基础。

2) 标准菜谱

编制标准菜谱是厨房建立标准化生产体系的基础性管理工作。

3) 标准净料率

确定标准净料率有利于提高原料的利用率,降低原料损失。食品原料在加工、切配和烹制过程中都会产生折损。不同种类、规格和质量的食品原料,其净料率是不同的;不同的原料,其加工、切配和烹制也有差异。有了食品原料标准,就可以规定对食品原料采取不同的加工、切配和烹制的标准净料率或折损率,从而规范厨师的加工方法,提高食品原料的出成率,降低原料的折损。这对于原料成本控制、保证出品的数量与质量都是非常重要的。

4) 岗位规范作业指导书

岗位规范作业指导书是针对厨房的每一个生产加工岗位,编写在生产中必须严格遵守的操作规程,包括该岗位整个工艺流程中的每一个工作环节、作业要领、操作细则、质量标准等内容。有了岗位规范作业指导书,可以使厨房员工在生产作业中实现规范化,避免上下环节上的脱节,使每个岗位都能按照规定的工艺流程和质量标准进行生产作业。

(三) 厨房各生产环节的质量控制措施

1. 厨房生产环节质量控制的基本原则

菜点质量控制是按照质量标准衡量质量计划的完成情况并纠正菜点加工过程中的偏差,以确保菜点质量目标的实现。在某些情况下,菜点质量控制可能导致确立新的目标、提出新的计划、改变组织机构、改变人员配备,或在质量管理方法上做出重大的改变等。比如,酒店为了变化经营品种,就要经常推出新的宴席菜单。新的宴席菜单就有新的质量标准,在原料采购、加工要求、技术人员配备上等就会发生一系列的变化。所以菜点生产质量的控制在很大程度上使厨房质量管理工作成为一个系统工程。

2. 厨房生产环节的质量控制内容

菜点的生产过程有若干生产环节组成,主要包括食品原料加工、配份、烹调等环节。

1) 食品原料加工的质量控制

食品原料加工是菜点质量控制的关键环节,对菜肴、面点的色、香、味、形起着决定性的作用。因此,厨房生产抓好食品原料采购质量管理的同时,必须对食品原料的加工质量进行控制。绝大多数食品原料必须经过粗加工和细加工以后,才能用于食品的烹制过程。

2) 食品原料配份的质量控制

食品原料配份,也叫菜肴配份、配菜,是指按照标准菜谱的规定要求,将制作某菜肴需要的原料种类、数量、规格选配成标准的分量,使之成为一份完整菜肴的过程,为烹饪制作做好准备。配份阶段是决定每份菜肴的用料及其相应成本的关键,因此,配份阶段的控制,是保证菜肴出品质量的关键一环。

菜肴配份,首先要保证同样菜名的原料的配份必须相同。例如,在一家当地很有些声誉的酒店就发生过这样的事：一位客人两天前在该店就餐，点用的"三鲜汤"，其配料为鸡片、火腿片、冬笋片，用料讲究，口味鲜美，而两天后再次点"三鲜汤"时，其配料则换成了青菜、豆腐、鸡蛋皮，色彩悦目，口味也不错。但前后两个同样名字的菜肴的价格是有很大差别的。从烹调技术而言，都是不错的菜肴，客人对此却不理解，究竟该酒店的"三鲜汤"有几种配法、几种价格，令客人不高兴。从厨房生产而言，同名同法制作，而用料殊异，质量难以保证始终如一的高水平。可见，配份不定，不仅影响菜肴的质量稳定，而且还影响到餐饮企业的社会效益和经济效益。因此，配菜必须严格按标准菜谱进行，统一用料规格标准，并且管理人员应加强岗位监督和检查，使菜肴的配份质量得到有效的控制。

3）食品烹调过程的质量控制

烹调是菜点生产的最后一个阶段，是确定菜肴色泽、口味、形态、质地的关键环节。它直接关系着餐饮产品实物质量的最后形成、生产节奏的快慢程度、出菜过程的井然有序等，因此是菜点质量控制不可忽视的阶段。菜点烹调阶段质量控制的主要内容包括厨师的操作规范、烹制数量、成品效果、出品速度、成菜温度以及对失手菜肴的处理等几个方面。

四、厨房质量检查与质量监督

厨房生产技术标准的制定仅仅是厨房生产实施标准化管理的一个重要方面，生产技术标准的有效实施，还有待于厨房管理者在厨房生产过程的标准化管理，因此，各餐饮企业还应根据自己厨房的管理特征，制定相应的管理标准。厨房生产管理标准的主要内容是建立标准化监督体系。

（一）建立自觉有效的质量监督体系

在厨房生产过程中建立起自觉有效的质量监督体系，不仅是一件非常不容易的事情，而且还是厨房管理工作中的一项长远目标。目前，厨房生产中最有效的自觉质量监督体系，就是在厨房中强化"内部顾客"意识与出品质量经济责任制同时并举。

1. 强化"内部顾客"意识

所谓"内部顾客"意识，就是按照餐饮企业最新的管理理念，把企业的员工看成是内部顾客，管理人员是否能够为内部顾客创造一个良好的工作环节与氛围，是非常重要的因素。同时，员工与员工之间也是客户关系，每下一个生产岗位就是上一个生产岗位的客户，或者说每上一个生产岗位就是下一个生产岗位的供应商。如果在厨房的生产过程中能够建立这样的一种客户关系，对于自觉地有效提高产品质量是意义重大的。试想，初加工厨师加工的食品原料对于切配岗位来说，就是供应商，如果初加工厨师所加工的原料不符合规定的质量标准，切配岗位的厨师就会拒绝接受，其他岗之间可以依此类推。这样一来，每一个生产环节都可以把不合格的"产品"拒之门外，从而在很大程度上保证菜肴的质量。

2. 质量经济责任制

将菜品质量的好坏、优劣与厨师的报酬直接联系在一起，有利于加强厨师菜品加工过程中的责任心。例如在生产中，对于"内部顾客"和"外部顾客"提出的不合格品，一一进行记录，并追求责任人的责任；管理人员除了要协助责任人纠正不合格的质量问题外，责任人还要接受一定的经济处罚,或者直接与当月的工作报酬挂钩,有助于有效降低菜肴、面点的不合格品,从而确保就餐顾客的满意度。如有的厨房规定,大厨每被顾客退回不合格菜品,当事人要按照该菜肴的销价买单,并接受等量款额的处罚,本月的考核成绩也要受到影响。如此一来,只要每个岗位的厨师在工作中都认真负责,就可以有效减少工作中的失误率、差错率与不合格品的出品率,大大提高菜品的出品质量。

对于大多数厨房而言,如果仅仅靠传统的检查方式对菜品质量控制,效果是不理想的,因为一个厨房中不可能配备更多的质量管理人员,确保每个环节都能检查到。所以,在厨房生产过程建立一套自觉的质量监督系统,使每个岗位、每个员工都能自觉地认真对待菜肴、面点的质量问题,是最为有效的质量管理方法。

(二)发挥质量检查部门的作用

在厨房生产过程中建立一套科学合理的标准化质量监督体系是厨房生产标准化管理的首要内容。质量监督检查体系的内容很多,因管理手段和方法的不同而有所不同,但质量检查人员在实施质量检查中起码应做好如下几个方面的工作:

1. 确定监督检查的项目和检查标准

中餐厨房传统的质量监督检查,是由管理人员根据对菜肴、面点质量的感觉来认定的,具有一定的随意性,是非常不准确的。而且质量标准的确定不是以顾客需要为基础,而完全是按照厨房生产管理者的质量标准进行的。因此,在厨房生产过程中,往往会出现甲厨师认为某菜肴质量不错,而乙厨师认为质量不好的情况。现代化的厨房生产管理,在建立标准化生产的基础上,还必须制定一套与之相适应的质量监督检查标准,科学合理地选取监督检查的点(作业环节),确定每个检查点的质量内容和质量标准,以使监督检查的过程有据可依,避免质量检查中的随意性。同时,对菜点质量检查还应以顾客的需求为根本,例如某顾客喜欢较辣的口味,那么厨房生产的菜肴就应加大辣味调味品的使用量,而不能局限于既定的调味标准。只有这样,才能把菜品的质量监督检查建立在以顾客满意为基础上来进行。

2. 真正做好各项工作的记录表格

上下班次的交接、不合格品的出现、食品原料的出成和使用情况、一桌宴席从开始到结束的上菜过程和时间等等,从科学生产管理的角度上看,都应该有文字记录,这是获得评价已经生产销售过的菜点质量优劣的证据。

3. 采用有效的监督检查方法

一般性的质量监督检查的方式方法,或者是比较随意的,或者是定期定时进行检查。随意也好,定期定时检查也好,检查或被检查双方都有为了应付检查而检查的思想,往往是越忙的时候越无人检查,而此时也正是最容易出现质量问题的时候;反而在不忙的时候进行检查,结果是什么问题也查不出来。没有把质量监督检查看成是确保菜点质量的重要手段,检查的效果当然不理想。这就涉及监督检查的方式方法是否科学合理的问题。厨房生产质量监督检查的方式可能各种各样,但从效果来看,应以问题检查为次,以解决质量问题为主,形式上采用常规性检查与非常规性检查相结合。常规性检查要立体化,就是做到多层面、多角度、全方位、全过程的检查;而非常规性检查要经常化,诸如客户回访、聘请客户暗访、进行新老客户调查、通过书信征求客户意见等等,应科学地设计使用密度,经常化、制度化,不能想搞就搞,或有时间就搞、时间紧时就不搞。

4. 分析质量问题的原因,制定纠正措施

菜肴质量的监督检查的目的,在于发现质量问题,并使问题能够得到有效的纠正,使同样的质量问题不再发生。因此,质量检查人员必须在发现质量问题后能够积极协助厨房认真分析出现质量问题的原因,并制定相应的纠正措施,督导厨房工作人员按照制定的纠正措施实施,以使质量问题得到真正解决,避免类似的质量问题再次发生。

案例分析

换汤不换药的菜

"晚上好,先生!今天吃点什么?"服务员热情地请已入席的李老板和他的朋友点菜。

"来个生炒麦菜、椒盐虾、蒸荷粉和白粥。"李老板答道。

"好的,请稍候!"服务员下单送到厨房。

过了一会儿,菜上来了,服务员介绍道:"盐水麦菜。请慢用。"

"服务员,请等一下,我们没有点这个菜啊!我们要的是生炒麦菜,你们弄错了吧?"

"是吗?对不起,我帮你换一下吧!"过了2分钟,送菜的服务员又端来了生炒麦菜。

"咦?生炒麦菜怎么这么多叶?切得也和刚才那个一样,煮得这么烂?"李老板边看菜边喊道。"服务员,这个菜换汤没换药吧?很像是把刚才那盘菜的汤倒掉,然后重新回下锅而已,哪里是生炒麦菜呢?算了,你还是给我换个别的吧!"

(资料来源:陆朋,《餐饮服务与管理》,中国物质出版社2009年版。)

案例分析:

本案例中,一是厨房的产品质量管理存在问题。厨师只注重减少浪费,目光停留在短期利益中,菜肴做错了,没有选择重新制作而是"换汤不换药"地重新回锅,这是对客人的一种欺骗行为;二是餐厅与厨房沟通做得不好,对客人投诉只是一种应付式的态度,没有做到真正地解决问题,同样是对客人的不尊重。

随着人们生活水平的提高,饮食消费追求的不再是温饱,人们讲究的是一种享受、一种生活品位。要做到与时俱进,酒店就要不断完善自己,加强管理、改进服务。本案例中,当客人点的菜做错了的时候,一种解决方法是厨房按规定重新严格制作客人原先点的菜肴,将做错的菜肴换下,使客人满意;另一种解决方法是主动与后厨沟通,可以将做错的菜肴免费送与客人,以显示酒店的诚意。

(三)厨房产品质量控制的一般方法

由于种种因素的影响,厨房产品质量具有随时发生变动和变化的可能性,而厨房管理的任务正是要保证产品质量的可靠性和稳定性。要实现这一目的,就应采取切实可行的措施,综合采用各种有效的控制方法与控制形式。

1. 阶段控制法

厨房生产运转,是从原料的购进到产品售出的完整过程,这个过程可分为菜点原料、菜点生产和菜点消费三大阶段。加强对每一阶段的质量检查控制,是保证餐饮生产全过程质量可靠的根本。

2. 岗位职责控制法

利用厨房岗位的有效分工,强化岗位职能并施以检查督导,对厨房产品的质量亦有较好的控制效果。此方法在实施过程中要注意两点:一是厨房所有工作均应有所分工落实;二是厨房岗位责任要分清主次。

3. 重点控制法

重点控制法,是针对餐饮生产与出品某个时期、某些阶段或环节的质量或秩序相对较差,或对重点客情、重要任务以及重大餐饮活动而进行的更加详细、全面、专注的督导管理,以及时提高和保证某一些方面、活动的生产与出口质量的一种方法。

知识链接

厨房管理必用的六项管理工具

1. 工具一:店铺制度设计——行为约束规范工具

常言道:"没有规矩不成方圆。"这规和矩就是管理所讲的制度。从古至今,大到社会、中到企业、小到家庭,制度无时不在影响人们的生活。我们并不想去谈什么是制度设计,只想就制度运用实效层面谈制度运用的实际问题,使制度成为厨务管理的强势工具。店铺制度有三大功能:提供责任范围,提供考核依据,提供奖惩标准。

在厨务管理中,要执行企业统一制定的基本制度、工作制度、责任制度:

(1) 厨务基本制度。

企业基本制度也是厨务基本制度,包括作息制度、考勤制度、奖惩制度、工资制度、奖金制度、福利制度、员工手册……基本制度是要求所有厨务人员都必须遵守和执行的制度。

(2) 厨务工作制度。

厨务工作制度是厨务功能的工作制度,是对厨务功能分工与协作的规范和约束,如预货管理规定、物品申领规定、物品管理规定、食材消耗标准、能源消耗标准……厨务工作制度是由各厨务工作人员共同遵守和执行的制度。

(3) 厨务责任制度。

厨务责任制度包括两部分内容:其一是不同工作站的责任制度(专门的工作制度);其二是不同岗位的责任制度(工作说明书所描述的工作责任内容)。责任制度是对工作站和工作人员的具体约束。

2. 工具二:工作说明设计——职位岗位设计依据

对厨务部门来讲,工作说明的作用要胜过其他部门,因为厨务工作是手工操作、技能性强的作业。但是,厨务工作特点决定了岗位说明和职位说明能够准确到位的难度。现实工作中,制定好的岗位说明和职位说明在实际运用中也存在诸多问题,导致了餐饮企业没有用好工作说明管理工具,工作说明也没能很好地对厨务管理提供支持。

厨务营运管理中,岗位说明与职位说明这两种工具的运用是不同的,虽然二者在规范人的行为上有共同性,但前者侧重于工作行为约束,后者侧重于管理行为约束。

(1) 岗位说明书。

岗位说明书是以文字形式对基层员工的具体工作岗位、工作内容、工作权限等进行详细的论述。岗位说明书通常包括岗位名称、直属上级、岗位职责、权力限制四项内容。岗位说明书不必根据每个人设计,相同岗位可以通用一个岗位说明书,但是应注意,相同岗位上,不同等级的岗位说明是有差异的。

(2) 职位说明书。

职务说明书是以文字形式对管理人员的具体工作岗位、工作内容、工作权限等进行详细阐述。职务说明书通常包括职务名称、直属上司、督导下级、工作范围、工作责任、权力范围、权力限制等内容。

职务说明不但要结合企业自身特点编写,而且要针对每个职位进行职务说明设计。一般来讲,职务说明书由该职务的直接上级编写,如厨师长职务说明书由店长编写,副理的职务说明由厨师长编定。如果店长对厨师长的职位了解不深(许多店长不是厨务出身),应协同专业人士一起完成。

3. 工具三:厨务手册设计——最具理性管理工具

手册是工作指南!城市手册能帮助人们了解一个城市;交通手册能为人们出行提供向导;管理手册能帮助厨务经理理性地实施营运管理。

店铺营运手册、厨务管理手册、厨务培训手册是厨务管理的常用手册工具。

(1) 店铺营运手册。

店铺营运手册是连锁经营店铺应遵守的作业手册,它规定了店铺从开市、转市、收市全过程的内容、流程、标准,是店铺所有手册中最重要的手册。在厨务工作中,管理人员要运用营运管理手册把握营运流程,并指导员工工作。

为应对营运过程中遇到的危机,理性的餐饮企业设计了危机处理手册。危机处理手册是以店铺营运为基础,把在营运过程中遇到的涉及企业人员、财产、顾客、声誉、品牌等能够给企业造成不良或负面影响的危机现象的处理过程、处理方法、处理结果编制成手册,供管理人员在遇到相似问题时作为危机处理的参考。

(2) 厨务管理手册。

厨务管理手册是厨务管理的"宝典",是把店铺营运过程中所需要的管理技能、技巧、方法按职位等级进行设计的管理工具,是管理组应学习的课程和工作指南。管理手册包括基础管理手册、专业管理手册、管理发展手册。呈梯度的厨务管理手册能够为管理人员的职业成长奠定基础。

(3) 厨务培训手册。

厨务培训手册是厨务训练的"宝典",是对店铺营运内容、流程、标准、规范按工作站和工作岗位的要求进行专门的、专人的、专项的训练,是工作人员应学习的课程和胜任岗位工作的指南。厨务培训手册包括初级培训手册、中级培训手册、高级培训手册三个层次。呈梯度的厨务培训手册是工作人员职业成长的晋阶阶梯。

4. 工具四：计划管理运用——最需要的管理工具

计划不在于大小与繁简，而在于理性与严谨。厨务管理做什么、如何做、谁来做、何时做、怎样做，如果事先能够理性设计，再付诸行动，就会减少盲目、减少失误、减少代价。这就是研修计划工具的价值所在！

厨务营运计划、厨务生产计划、管理工作计划是厨务管理的常用工具。

（1）厨务营运计划。

厨务营运计划是由店铺营运计划分解而来的，旨在落实店铺营运计划在厨务系统中的指标和任务，包括周营运计划和日营运计划。厨务营运计划是理性的厨务营运管理工具，由厨师长负责设计完成。

（2）厨务生产计划。

厨务生产计划是控制生产、防止浪费的有效工具。厨务生产计划运用的目的旨在实现预估额与生产量之间的吻合。店长准确的营业额预估是制订厨务生产计划的基础，根据营业额预估所进行的指标分解是制订生产计划的关键。运用厨务生产计划，确定生产内容、生产数量、生产结构，有利于人员、食材、物品的最佳配置。

（3）管理工作计划。

管理工作计划是管理人员实现理性厨务营运管理的前提。管理工作计划以厨务营运计划实施为基础，以管理为主线，是对厨务营运管理的设计和安排。厨师长有厨师长的工作计划，管理人员有管理人员的工作计划。与营运计划和生产计划不同的是，管理工作计划是管理人员的岗位工作计划。

5. 工具五：会议管理运用——不能缺的管理工具

会议作为组织与群体的集会，是沟通的平台，是管理的工具……厨务管理人员要理解、掌握、运用好会议管理工具。

厨务营运管理基础的会议工具包括每日晨会、总结会议、工作会议。

（1）每日晨会。

每日晨会是在每日开市前召开的会议，由厨师长、管理组、厨务人员参加，厨师长或值班厨师长主持。晨会通常有四大内容：总结工作、布置任务、分工要求、工作要求。通常晨会时间在15分钟左右。

① 总结工作：总结昨天工作、找出存在问题、肯定优秀表现。

② 布置任务：营业额的宣布、指标实现激励、实现工作方法。

③ 分工要求：工作站的任务、工作岗位重点、工作环节链接。

④ 工作要求：完成工作要点、完成工作时间、管理组的跟进。

与每日晨会相似的还有班前会议，班前会议在各班上岗前召开。在实行一班制的餐饮企业里，班前会议和每日晨会是相同的。

（2）总结会议。

餐饮企业常见的班后会议和饭市总结都是这种性质的会议。班后会议是指在各班次离岗前召开的会议，旨在简要交流与总结；饭市总结是指在每个饭市结束后围绕饭市情况的总结与检讨。

总结会议一般不需要太长时间,10分钟以内为佳,要注意会议的节奏与总结质量。总结会议与每日晨会相呼应,操作内容相对接,这也是提高会议管理实效的需要。二者区别在于,具体评价在第二天的晨会进行,总结会只对工作状况做出说明。

(3) 工作会议。

工作会议是每周定期会议,由厨师长主持管理组参加。工作会议主要围绕一周的工作总结、阶段工作安排、重要问题讨论等内容进行,一般选在周一或周二的餐饮经营低谷较为适合。工作会议一般时间较长,要提前做好准备,并注意把握会议总结、讨论、决议质量。

6. 工具六:表单管理运用——最精确的管理工具

厨务营运管理有一定量的表单工具,如员工班表、班前检查表、余货统计表、每日清洁表、安全检查表、盘点表、请购单、领货单、报损单等。

合理地运用工具才能达到预期的管理效果。有些管理看起来麻烦、繁多,但是实际操作起来我们就可以发现,管理工具的运用,不仅可以使企业的管理有序,而且能够促进企业的文化发展,更能促进企业的发展与强大。

(资料来源:http://www.canyin168.com/glyy/chu/cfzw/201506/63485.html。)

五、厨房卫生与安全管理

厨房卫生是餐饮卫生控制中最为重要的环节。由于厨房加工生产的菜品是供就餐宾客直接食用的,如果不能保持菜肴、面点等食品的良好卫生状况,使进餐者在食用时产生种种不良的影响,其结果是可想而知的。因此,厨房的卫生管理与控制,必须是全方位的、严格的,不能有半点马虎。从厨房的环境卫生,到厨房的设备设施卫生,以及厨师的个人卫生,都应该始终如一地保持清洁、无菌、无毒的良好状态。

(一) 厨房环境卫生

厨房环境卫生是指菜品加工过程中的空间环境,一般包括室内建筑环境卫生、废弃物处理情况、员工洗手间和厨房室外的环境卫生等。如果厨房环境清洁处理达不到卫生标准的要求,不仅可造成菜品加工过程的污染,也会影响加工人员的身体健康。

1. 室内建筑环境卫生

室内建筑环境包括地面、天花、墙壁、门窗等与建筑紧密结合的设施。这些设施如果不能保持良好的卫生状况,会对厨房的整体卫生产生严重的影响,甚至对食品的加工卫生构成威胁。因此,厨房室内的环境卫生必须要经常进行清洁、清洗和消毒处理。

2. 废弃物处理情况

厨房因每天都要进行菜品的制作,每天都会产生大量的垃圾及废弃的各种余料,如果不能及时得到妥善处理,特别是在高温的天气,不仅会产生腐败的臭味,也极易招来蚊、蝇、蟑螂、老鼠等,它们都是病菌的传播者,进而造成菜品等食品的污染。

3. 厨房环境卫生指标

这里所说的厨房环境指标是指对厨房卫生直接产生影响的一些因素,如设备的摆放

与卫生,通风照明、温度湿度以及对空气、细菌含量等方面的规定。而厨房卫生指标则是指国家有关部门对厨房内食品加工的一些具体的卫生要求。

(二)厨房生产设备与用具卫生

1. 厨房设备设施卫生

厨房是企业用于一切菜品加工的主要场所。厨房是加工菜品的地方,厨房环境的好坏、烹饪设备与用具等的卫生安全程度都会直接对菜品的卫生安全产生影响。因此,厨房的环境卫生、烹饪设备及各种用具的卫生就显得非常重要。厨房设备设施卫生主要包括如下方面:

(1)下水通道的卫生。

(2)油烟排风设备。

(3)备餐间卫生。

(4)冰柜使用卫生。

2. 厨房用具卫生要求

厨房内有各种各样的用具,这些小的用具如果管理或使用不当,而厨师使用这些不干净的烹饪用具来加工、烹制菜品,同样会使本来干净的菜品原料被有害物质污染。因此,烹饪用具的卫生安全也是不可忽视的一个环节。

厨房里的烹饪用具种类繁多、用途不一,主要有灶台用具、砧板用具以及划菜台和其他用具。灶台用具如调料盆罐、手勺、炊帚、锅铲、漏网、漏勺等,砧板用具如木墩、案板、各种刀具、配菜盘等,在每次使用结束后都要进行洗净与消毒处理。

1)灶上用具卫生

炉灶,特别是炒菜灶上的烹饪用具,品种比较繁多,常用就有炒锅(或勺)、锅铲、铁筷子、漏勺(漏网)、锅垫、油缸等,一般都是金属制品,比较容易清洗。

2)调理台用具卫生

调理台的用具也是很多的,有盛装生料的料盘及盛装各种调料的料罐。这些用具是非常容易形成交叉污染的,因此每餐用后一定要进行严格的清洗消毒处理。特别是盛装调料的盆罐,收台时,必须将剩余的调料倒出,对料罐进行认真的清洗,消毒后放置在专门的柜内存放。

3)砧板卫生

用于切割食品原料的砧板,也叫菜墩、菜板。若是使用不当,或者是未清洗干净,是很容易导致食品原料与饭菜成品污染的,尤其会导致交叉污染,因此必须加强对砧板的卫生清洁管理。

4)餐具卫生

所有的餐具不仅要经过清洗冲刷,还必须经过严格的消毒处理,尤其是尚未使用洗碗机的厨房企业更要严格消毒管理。常用的餐具消毒方法有物理消毒法(包括煮沸消毒法、蒸汽消毒法、远红外线消毒法和紫外线消毒法)和化学消毒法两种。

5)抹布卫生

在厨房所有的工具中,厨师手中的抹布是使用频率最高也是卫生状况最差的用具,是厨师手中最容易造成微生物的传播与污染的用具。厨房有些菜品形成的有害物质的交叉污染,往往是由厨师手中的抹布引起的,因此必须对抹布的清洁卫生和消毒处理进行严格的管理,每次使用结束后进行严格的洗净与消毒处理。

6)卫生用具卫生

所谓卫生用具是指厨房在整理打扫卫生是所使用的各种工具,这些卫生工具如毛刷、拖把、笤帚、铁簸箕、洗涤剂等不能妥善处理的话,也会造成污染。因此,厨房所使用的各种卫生工具必须由专人负责管理,每次用完后一定要清洗干净、消毒后晾干,于厨房以外的专门位置存放,不得放在厨房内。

(三)菜点食品卫生

1. 食品腐败变质的概念

菜品原料由于在生产、收购、运输、加工、包装、储藏时受到微生物污染而常常带有各种微生物。当放置一段时间后,受食品中微生物和环境条件的影响和作用,食品会出现长霉、变色变味、腐烂等现象。

所谓腐败变质,泛指在以微生物为主的各种因素的作用下,食品的色、香、味、形及营养成分发生了从量变到质变的变化,从而使食品质量下降,以致完全不能食用的过程。

从狭义的专业层面看,食品腐败变质是指在厌氧菌的作用下,使食品中的蛋白质分解产生臭恶气味为主的变化过程。而在食品加工、菜品加工范畴内,则泛指一切使食品发生臭恶、霉烂,导致不能食用的变化过程。

2. 食品腐败变质的原因

食品变质的原因是多方面的,一般可从食品本身、微生物污染和环境因素等三个方面来考虑。

1)食品本身的成分和性质

食品的营养成分构成、水分含量、pH值及渗透压等对食品中微生物的繁殖、菌相构成及优势菌种均有重要影响,从而决定食品腐败变质的进程及特征。食品的状态及所含的不稳定物质也对食品的腐败变质起作用。

2)微生物污染

在食品腐败变质过程中起主要作用的是细菌、酵母和霉菌,尤其是细菌更占优势。

3)环境因素

无论是食品自身的性质变化,还是微生物引起的变化而导致的食品腐败变质,都与环境条件如温度、湿度、氧气、光照等密切相关。

3. 食品腐败变质的危害

食品腐败变质时,因组织的改变与崩溃,产生黏液,出现异常色调,或强烈的刺激气味与特殊的味道等,这些都会使人产生厌恶的感觉。如蛋白质腐败形成的有机胺类、硫化氢、吲哚、粪臭素等。腐败变质的食品对人体健康的威胁,主要是微生物污染的问题。

腐败变质的食品中含有大量的污染严重的微生物,污染了的微生物中就有可能存在大量的病源菌,包括致病菌或致病性大肠杆菌或产毒霉菌等,食用后会引起食物中毒或消化道传染病等。

此外,食品腐败变质过程中,其他一些分解产物,如有一些鱼类的组织胺也可引起食物中毒。因此,应该重视食品腐败变质对人体健康的危害性。

4. 防止食品腐败变质的措施

防止食品腐败变质的预防措施主要是消除和减少微生物的污染,控制微生物的繁殖。为此,在食品生产、加工、运输、储存和销售的各个环节中,要保证食品所接触的环境保持清洁卫生,尽可能减少微生物对食品污染的机会,对食品采取抑菌或灭菌的措施,抑制酶活动等,以防止或延缓食品质量的变化。

(四)菜品加工过程的卫生要求

菜品制作过程中的卫生要求,一方面要注意最大限度地减少污染,同时还要避免异物的混入,另一方面要注意保护原料的营养素不受破坏。具体要求如下:

1. 对原料进行严格的卫生质量检验

餐饮业应对准备加工的食品原料、半成品进行感官检查,必要的时候要对批量的食品原料进行理化检验,不符合国家卫生标准的原料一律不能进行烹调加工。虽然,近几年来国家有关部门和许多地方行政管理部门对食品原料中一些有害物质的含量进行了严格的限制,但对于餐饮企业来说,还应在严格执行的基础上,把好控制关。

2. 科学解冻食品原料

冷冻的食品原料,目前在餐饮业中使用得极为广泛,但有些从业人员在对原料的解冻过程中存在许多问题。一般来说。冷冻的食品原料在解冻时,应经过缓慢的解冻后再进行烹制,解冻后的食品原料应一次使用完,不准二次冻结,以免影响原料的质量。

3. 加热过程严格控制火候

菜品在烹制加热过程中,是最容易形成有害物质的环节,因此要特别控制加热时火力的强弱与加热时间的长短,尽可能注意不要把菜品烧焦或烤煳,以防止化学性污染物的形成。如过不慎将菜品烧焦,应在食用前除去烧焦部位。

4. 菜品加热时用火要均匀

菜品制作加热时,应使食品原料均匀受热,尤其要注意块大、形整及较厚的菜品,一定要烧熟煎透,防止外熟里生,甚至外焦煳而内不熟的现象发生。不得使半生半熟的菜品过夜,从根本上保证菜品的卫生质量。

5. 生、熟食品一定要分开存放

无论是在菜品的加工烹制,还是菜品原料及菜品成品的存放时,都应严格执行生、熟食品隔离的原则,以防止食品的交叉污染,避免熟的菜品食品被生的食品原料再次污染。另外,熟的菜品食品与半成品在存放时还要与天然冰分开。

6. 尽量缩短加工时间

有些菜品的制作过程比较复杂,有时需要很长的时间,如冷荤菜肴的拼摆往往需要几个小时。由于长时间暴露在空气中,加之手工操作与各种工具的使用,会使菜品在过长的加工时间被交叉污染。因此,从业人员应特别注意菜品加工时的环境卫生,尽可能地缩短加工时间,尤其是冷荤菜肴的制作。要做到随制随销、现做现卖、以销定产的原则,有的必须隔夜的菜品制品或半成品,在食用前必须充分加热,经严格的杀菌消毒后才能销售或食用。

7. 保持良好的环境卫生

做好菜品加工制作场地和用具的清洁消毒工作,保持室内空气新鲜,严防尘土飞扬。

熟食品存放时应加罩或盖,以防微生物污染,凡接触过或盛放过熟食制品的用具和盛器,要做到使用一次、消毒一次。

8. 严格装盘时的卫生要求

菜品食品装盘之前,盛器必须经过严格的洗净消毒处理;装盘时手指要保持清洁,并且不要与菜肴发生接触,装盘时还要适当防止菜肴和卤汁外溢;如果溢出盘外,一般不要用抹布擦拭盘边,正确的处理方法是另换一只盘盛装。

9. 妥善保管剩余原料

对已打开并已使用的经过严格卫生包装的食品原料及半成品,以及冲制后的蛋、乳制品及其糊浆、调料汁等原料,预制时尽可能根据当天的业务量需要加工,有些允许现制现用的可以随时根据需要加工或开启包装,应一次使用完为妥。对剩余的部分原料,应对其清理油渍或复加热后,用专用设备盛好后放入冰箱保管,防止变味变质。

10. 加强从业人员个人卫生管理

所有从事菜品加工的烹饪工作人员,要树立良好的职业道德观念,坚持宾客安全第一的理念。在进行菜品加工的过程中,一定要把个人的卫生保持好,严格要求自己,加强个人的卫生管理,以确保菜品的卫生质量与就餐者的健康安全。

知识链接

关于《食品安全法》

2007年12月,《食品安全法(草案)》首次提交十届全国人大常委会第三十一次会议审议,用于取代1995年制定的《食品卫生法》。

2008年8月25日,《食品安全法(草案)》接受十一届全国人大常委会第四次会议审议。

2008年9月13日,国务院启动国家重大食品安全事故Ⅰ级响应,成立"三鹿"牌婴幼儿配方奶粉重大安全事故应急处置领导小组。

2008年10月23日,《食品安全法(草案)》提交十一届全国人大常委会第五次会议进行三审,提出了八方面重大修改,其中六个方面更是直接针对"三鹿事件"。

2009年2月28日上午,全国人大常委会以158票赞成、3票反对、4票弃权表决,高票通过了《食品安全法》。2009年6月1日,《食品安全法》正式实施,同时《食品卫生法》将废止。

(资料来源:陆朋,《餐饮服务与管理》,中国物质出版社2009年版。)

(五)厨房工作人员卫生

由于厨房工作人员的作业对象是菜品等食品的加工或者菜品消费过程的服务,其中心点是围绕以菜品等食品为内容而从事的活动。因此,当厨房工作人员自身的卫生标准不达标或者从事菜品加工过程中不能按规定的卫生安全标准去执行时,就会首先使菜品的卫生受到影响,甚至造成菜品的被直接或间接的污染,给宾客的身体健康或安全带来危害。所以,对厨房工作人员的卫生安全标准必须做出严格而明确的规定,并使厨房工作人员在从事厨房工作时能得到落实与执行。

1. 厨房工作人员的卫生要求

一般来说,对厨房工作人员的卫生要求是最为严格的,因为厨房工作人员,也就是厨师在工作中每时每刻都在与菜品等食品打交道,对菜品的卫生影响最为直接。为确保宾客的就餐卫生安全,必须对厨房工作人员的卫生要求做出严格的规定。

（1）厨房工作人员必须持有国家卫生防疫部门颁发的健康证书。

（2）熟悉《食品安全法》的相关内容,并能在工作中严格执行。

（3）养成良好的个人卫生习惯,加强个人卫生管理。

（4）严格操作规程中的卫生管理,确保菜品符合卫生要求。

2. 加强个人卫生健康管理

厨房工作人员的个人卫生健康管理,是厨房卫生安全的基础内容,也是厨房卫生健全发展的基本点。《食品安全法》第 34 条对此有明确的规定:"食品生产经营人员每年应当进行健康检查,取得健康证明后方可参加工作。"本条款中还明确规定:"患有痢疾、伤寒、病毒性肝炎等消化道传染病的人员,以及患有活动性肺结核、化脓性或者渗出性皮肤病等有碍食品安全的疾病的人员,不得从事接触直接入口食品的工作。"

这就非常明确地规定了所有食品和厨房工作人员必须接受国家卫生防疫管理监督机构的健康查体,而且工作人员的健康查体还分为新进人员的查体和对原从事食品行业人员的定期健康检查。只有这样才能使工作人员随时了解自己的健康状况,保证厨房工作人员自身的身体健康,确保厨房消费者的卫生安全。

3. 培养良好的工作卫生习惯

从严格的卫生安全意义上看,从事厨房菜品加工的工作人员,必须要养成良好的工作卫生习惯。企业应该加强对工作人员工作习惯卫生的管理,这样可以防止工作人员因不良的工作习惯与意外疏忽而导致菜品、餐具、器具等遭受有害物质的污染,确保菜品的卫生安全。

（六）厨房安全管理

1. 厨房生产安全

所谓安全,包括食品安全与生产安全两个方面。食品安全是指厨房所加工的提供给宾客的一切菜肴、面点等必须无害、无毒等,进餐后不能给宾客造成任何的伤害。生产安定全是指避免任何有害于企业、宾客及员工的事故。事故一般都是由于人们的粗心大意而造成的,事故往往具有不可估计和不可预料性,执行安全措施、具有安全意识,可减少或避免事故的发生。因此,无论是管理者,还是每一位员工,都必须认识到要努力遵守安全操作规程,并具有承担维护安全的义务。

1）厨房安全管理的目的

厨房安全管理的目的,就是要消除不安全因素,消除事故的隐患,保障员工的人身安全和企业及厨房财产不受损失。

厨房不安全因素来自主观和客观两个方面。主观上是员工思想上的麻痹,违反安全操作规程及管理混乱;客观上是厨房本身工作环境较差,设备、器具繁杂集中,从而导致厨房事故的发生。

2）厨房安全管理的主要任务

厨房安全管理的任务就是实施安全监督和检查机制。通过细致的监督和检查,使员工养成安全操作的习惯,确保厨房设备和设施的正确运行,以避免事故的发生。安全检查的工作重点可放在厨房安全操作程序和厨房设备这两个方面。

3）厨房安全管理制度

在确定厨房安全检查内容的基础上,各厨房还应制定相应的厨房安全管理制度,以便于所有员工都能很好地执行。

2．厨房食品安全

菜品食品从生产加工到销售的整个过程,有很多情况和因素可以使菜品成为具有"毒性"的食品,而且使食品产生"毒性"的有害物质是多种多样的,菜品食品被污染的方式和程度也是非常复杂的。虽然,这些具有"毒性"的菜品食品对人体健康所造成的危害程度和性质各不相同,但对人类的身体健康和人身安全却构成了很大的威胁,因而必须引起人们的足够重视,并能加强其预防措施。

1）食物中毒的含义

人们在日常生活中由于吃了被细菌、细菌毒素、化学物质污染的食物或含有毒性物质的食物,而引起的急性疾病,就是食物中毒。

因此摄取不可食状态的食品(如未熟水果)、摄取非正常数量食品(如暴饮暴食而引起的急性胃肠炎)、非经口摄取而由其他方式引入体内、食用者是特异体质而对某种食品(如鱼虾、牛奶等)发生变态反应性疾病、经食物而感染的肠道传染病(如伤寒、痢疾等)和寄生虫病(如旋毛虫病、囊虫病等),这些都不属于食物中毒的范围,也不能把这些引起发病的食品认为是有毒食品。所以,正确理解有毒食品和食物中毒的概念,对于病人是否按食物中毒患者急救治疗,对于引起发病的食物是否按有毒的食物进行处理及是否按《食品安全法》追究责任,在实际工作中有重要意义。

2）食物中毒的特点

（1）有共同的致病食物。所有的病人都在相近的时间内吃过某种共同的致病食物,与食物关系比较明显;没有进食这种食物的人,即使同桌进餐或同屋居住也不发病。发病范围局限在食用该种有毒食物的人群中,停止食用这种有毒食物后,发病就很快停止。

（2）潜伏期短。发病呈急性暴发过程,集体爆发食物中毒时,很多人在短时间内同时或先后相继发病,在短时间内达到高峰。一般潜伏期在24～48小时以内。

（3）患者的临床表现和治疗方法大致相同。大部分病人的症状相似,多为急性胃肠炎症状。

（4）没有传染性。停止食用有毒食物或污染源被清除后不再出现新的患者,人与人之间没有直接传染。

3）引发食物中毒的主要原因

（1）冷藏不当。

（2）烹调处理后放置过久。

（3）被已感染病毒的人接触过。

（4）加热处理不当。

(5) 含有毒素的食物再加热不当。

(6) 保温储存不当。

(7) 交叉感染。

(8) 容器、器具清洗不干净。

(9) 不良发酵。

(10) 添加物的误用或不当使用。

夏季高温多湿,利于细菌的繁殖,容易发生食物中毒。因此,在夏季应更加注意食品卫生,有针对性地采取相应措施,及时做好预防食物中毒的工作。

4) 食物中毒的预防措施

减少或完全杜绝餐饮业在经营中引发的食物中毒,关键是在菜肴食品的加工、保存、销售过程中做好预防工作,尤其是厨房工作人员,更应把食物中毒的预防工作放在首要位置。

预防食物中毒的三个主要方面如下:

(1) 清洁。厨房加工人员在开始烹饪前,一定要把手部彻底洗干净。餐具、砧板、抹布等厨房用品应该以水或消毒药水洗涤,砧板在洗干后晒太阳也很有效。抹布必须经常用清洁剂、餐洗净充分洗净后保持干燥,否则消毒过的餐具再用脏的抹布来擦拭,便会功亏一篑。手指如果有伤口或脓疮的话,应该套上手套或指套后再从事烹饪的工作,否则伤口或脓疮里面的细菌会污染到食品而引起食品中毒。食品应该注意保存,以免受到老鼠、蟑螂、苍蝇等病媒的接触而被污染。

(2) 迅速。食品买回来以后,不要放得太久,应该尽快烹饪供食,尤其是生食的食品原料愈快处理愈好,做好的食品也要赶快吃掉。由于细菌需要一段时间才能够繁殖到引起食品中毒的程度,所以时间愈短愈可以避免食品中毒。烹饪后的食品很容易繁殖细菌,所以最好不要做得太多,以每次能够吃完的量为限。

(3) 加热与冷藏。细菌通常不耐热,加热到 70℃ 以上,大部分的细菌都会被杀死,因此把食品加热以后再食用比较安全。细菌比较耐冷,但是冷却以后不容易繁殖,能够防止细菌繁殖的温度是在 5℃ 以下。因此原料可以冷藏储存。

(七) 厨房常见事故的预防

厨房常见事故有割伤、跌伤、撞伤、扭伤、烧烫伤、触电、盗窃、火灾等,这里简单介绍一下几个主要事故的预防。

1. 割伤

割伤主要是由于使用刀具和电动设备不当或不正确而造成的。正确使用各种用具可以防止割伤。其预防措施是:

(1) 使用各种刀具时,注意力要集中,方法要正确。

(2) 操作时,不得用刀指东画西,方法要正确。

(3) 不要将刀放在工作台或砧板的边缘,以免振动时滑落砸到脚上。一旦发现刀具掉落,切不可用手去接。

(4) 清洗刀具时,要一件一件进行,切不可将刀具浸没在放满水的洗涤池中清洗。

(5) 禁止拿着刀具打闹。

（6）在没有学会如何使用某一机械设备之前，不要随意去操作。

（7）在使用具有危险性的设备之前，必须先明确设备装置是否到位。

（8）在清洗设备时，要先切断电源再清洗。清洁锐利的刀片时要格外谨慎，洗擦时要将抹布折叠到一定的厚度，由里向外擦。

（9）厨房如有破碎的玻璃器具和陶瓷器具，要及时用扫帚处理掉，不要用手去捡。

（10）发现工作区域内有暴露的铁皮角、金属丝头、铁钉之类的东西，要及时维修处理好，以免划伤他人。

2. 跌伤

厨房发生摔跤的可能性较大，因此厨房工作人员要注意相关安全事项。厨房地面应保持清洁和干燥，油、汤、水泼洒在地上应立即打扫。工作人员应穿着防滑鞋，鞋带要系紧，禁止在厨房里跑跳。厨房内地面不得有障碍物，发现地面砖块有松动，要立即维修。在高处取物时，要使用结实的梯子。其预防措施如下：

（1）工作区域及其周围地面要保持清洁、干燥。油、汤、水洒在地面后，要立即擦掉，尤其是在炉灶操作区。

（2）厨房的工作鞋要有防滑性能，不得穿薄底鞋、已磨损的鞋、高跟鞋、拖鞋、凉鞋。平时所穿的鞋脚趾脚后跟不得外露，鞋带要系紧。

（3）所有通道和工作区域内应没有障碍物，橱柜的抽屉和柜门应随时关闭。

（4）不要把较重的箱子、盒子或砖块等放在可能掉落的地方。

（5）厨房内员工来回走路线要明确，尽量避免交叉相撞等。

（6）存取高处物品时，应当使用专用梯，用纸箱或椅子来代替是不安全的。过重的物品不能放在高处。

在饭店就餐时滑倒谁之过

节日期间，小李陪年迈的父亲到一家饭店吃饭，饭店生意很好，但卫生环境却不很好，地面油滑，一不小心就会跌倒。小李很小心地扶着父亲，可父亲在饭毕起身时还是因地面太滑重重摔了一跤，并造成手部轻微骨折。小李事后要求饭店方面赔偿，而饭店方面认为顾客应对自己的人身安全负责，饭店只是一个吃饭消费场所，不承担这样的赔偿责任。

（资料来源：陆朋，《餐饮服务与管理》，中国物质出版社2009年版。）

案例分析：

不管是《消费者权益保护法》还是《民法通则》，都对自然人的人身权受到侵害做了相应规定。作为餐饮消费场所，不仅要保证顾客在用餐过程中的食品卫生安全，还要保证顾客在自己的场所内不能因自己的原因受到伤害，否则就要承担一定的赔偿责任。此纠纷中，小李父亲的摔倒是因饭店没有搞好地面卫生所致，也就是说顾客受伤与饭店有直接的因果联系，饭店当然应承担赔偿责任。

3. 扭伤

扭伤是厨房常见的一种事故，多数是因为搬运超重的货物或搬运方法不当而造成的。具体预防措施如下：

（1）搬运重物前首先估计自己是否能搬动，搬不动应请别人帮忙或使用搬运工具，绝对不要勉强或逞能。

（2）抬举重物时，背部要挺直，膝盖弯曲，要用脚力来支撑，而不能用背力。

（3）举重物时要缓缓举起，使所举物件紧靠身体，不要骤然猛举。

（4）抬举重物时，应小步挪动脚步，切忌扭转身体，以防伤到腰部。

（5）搬运重物时当心手被挤伤或压伤。

（6）尽可能借助于载重设备或搬运工具。

4. 烧烫伤

烧烫伤多发生在炉灶部门，主要是员工接触高温食物或设备、用具时不注意防护引起的。其主要预防措施如下：

（1）在烧、烤、蒸、煮等设备的周围应留出足够的空间，以免因空间拥挤，来不及避让而被烫伤。

（2）在拿取温度较高的烤盘、铁锅或其他工具时，手上应垫上一层厚抹布。同时，双手要清洁无油腻，以防打滑，撤下热烫的烤盘、铁锅等工具应及时做降温处理，不得随意放置。

（3）在使用油锅或油炸炉，特别是当油温较高时，不能有水滴入油锅，否则热油飞溅，极易烫伤人。热油冷却时，应单独放置并设有一定的标志。

（4）在蒸笼内拿取食物时，首先应关闭气阀，打开笼盖，让蒸汽散发后再使用抹布拿取，以防被蒸汽灼伤。

（5）使用烤箱、蒸笼等加热设备时，应避免人体过分靠近炉体或灶体。

（6）在炉灶上操作时，应注意用具的摆放。炒锅、手勺、漏勺、铁筷等用具如果摆放不当，极易被炉灶上的火焰烤烫造成烫伤。

（7）烹制菜肴时，要掌握油温和正确的操作程序，防止油温过高、原料投入过多，油溢出锅沿流入炉膛使火焰加大，造成烧烫伤事故。

（8）在端离热油锅或热大锅菜时，要大声提醒其他员工注意或避开，避免碰撞。

（9）在清洗加热设备时，要先冷却后再进行。

（10）禁止在炉灶及热源区域打闹。

5. 火灾

厨房是最容易发生火灾事故的地方，引起火灾的原因主要有电器失火、烹调起火、抽烟失火、管道起火、加热设备起火以及其他人为因素造成的火灾等。为避免火灾的发生，需要采取以下预防措施：

（1）加大消防安全教育。定期或不定期地对厨房员工进行培训，并制定相应的消防安全管理制度。

（2）减少柴油等容易积累油污的燃料。高层建筑内厨房不应该使用瓶装液化石油气，煤气、天然气管道应从室外单独引入，不应该穿过客房或其他公共区域。厨房中的气瓶应集中在一起管理,距灯具等明火或高温表面要有足够的距离,以防高温烤爆气瓶,引起可燃气体泄漏,造成火灾。

(3) 使用安全的厨房设备。厨房中灶具应安装在不燃材料上,与可燃物有足够的距离,以防烤燃可燃物。对厨房内燃气、燃油的管道、接头、阀门必须定期检查,防止泄漏。如发生燃气、燃油泄漏,首先应关闭阀门,及时通风,并严禁使用任何明火和启动电源开关。

(4) 安全用电。厨房内使用的电器开关、插座等电器设备,以封闭式为佳,防止水从外面渗入,并应安装在远离煤气、液化气灶具的地方,以免开启时产生火花引起外泄的煤气和液化气燃烧。厨房内运行的各种机械设备不得超负荷用电,并应时刻注意在使用过程中防止电器设备和线路受潮。

(5) 勤处理厨房油污。厨房灶具旁的墙壁、抽油烟罩等容易污染处应天天清洗,油烟管道至少应每半年清洗一次。

(6) 配置灭火设施。厨房内应配备一些湿棉被和石棉毯,用来扑灭各类油锅火灾。另外,厨房内还应该配置一定量的 ABC 干粉灭火器设施,并放置在明显部位,以备急时所需。

项目小结

本项目有两个任务,任务一是厨房设计与布局,阐述了厨房设计的原则、厨房区域和部门的布局以及厨房作业区和工作岗位布局;任务二是厨房生产流程管理,阐述了原料初加工阶段的管理、菜肴生产作业管理、生产过程质量控制、厨房质量检查与质量监督、厨房卫生与安全管理。通过以上两个项目任务的学习,能够使学生掌握不同类型的厨房的设计、布局和管理的基础知识和方法,并能有所创新;真正认识到厨房产品质量的重要性,熟悉影响厨房产品质量的因素及厨房产品质量控制的方法,掌握标准菜谱的应用。

项目实训

一、知识训练

1. 简述厨房设计的原则。
2. 厨房在设计时需要注意的问题有哪些?
3. 厨房作业区有哪些?
4. 标准菜谱的含义及其设计的主要内容是什么?

二、能力训练

1. 上网查找相关知名酒店的厨房设计,并结合教材加以分析,总结该厨房设计中的优点与不足。

目的:使学生根据实例充分理解厨房设计与布局。

要求:结合酒店所在区域,对其厨房设计的优点和不足进行充分的分析。

2. 选择当地四星、五星级酒店,调查厨房的标准菜谱,并对其设计和内容进行比较分析。

目的:通过调查分析,使学生了解标准菜谱在实际中的应用情况。

要求:小组调查、提交报告,饭店选择本地四星及以上酒店。

三、案例实训

厨房管理两奇招　每月节省三万元

1. 奇招一:取消库房,货架改七层,增加立体空间,减少平面空间

我们金百万对厨房的空间进行了设计,优化厨房空间,取消了厨房的调料库房。我们对厨房砧板保鲜工作台上面的货架进行了完善,由原来传统的三层货架改为七层货架。在炒锅后面的荷台柜上方安装了二层吊架,用来存放原厨房库房的调料,方便厨房人员取用,减少了来回取调料的时间,使厨房的餐前准备工作更加充足,摆放更加整齐与清晰,员工工作起来更加顺畅。我们再也不用因每天到库房进行出库工作,导致厨房人少,造成出品速度过慢。因为调料就在厨房内部,员工取用调料更加便捷。

通过七层空间的应用,我们不但提升了空间利用率,减少了库存,而且库房人员也减少了,使我们企业的库存成本和人力成本都得到降低,从而提升了企业竞争力。

2. 奇招二:取消传菜,厨师上菜

现阶段人力成本上涨,减人增效成为后厨的当务之急。针对此现状,我们金百万在传统传菜流程上进行了大胆的尝试,另辟蹊径,将人力成本集中整合,取消传菜部,在没有增加厨房部编制的前提下,传菜工作由厨房荷台员工和厨房其他部门基层员工共同完成。

传菜人员采取人员轮换制度,各部门小工都要参与进来,工作时都要动起来。对其传菜的数量进行绩效激励,即按照厨房传菜人员每传一道菜发放相应的绩效工资进行激励,传菜越多赚得越多。具体到每道菜的传菜绩效分别为:水煮鱼系列菜品五角钱一道,鱼头类菜品三角钱一道,其他类别菜品一角钱一道。在传菜过程中,传菜人员保留菜品小票,晚上收档后进行数量统计。

传统的传菜方式有以下弊端:①店面使用人员较多,浪费人力,效率低。例如2000平方米的店面使用6名传菜生,这6名传菜人员每月费用为24000元,一年就是288000元,人员费用相对较高。②厨房部和传菜部分开管理,会出现沟通不畅、工作安排不合理等现象。如菜品出锅,传菜人员不能及时将菜品传送上桌,或者由于对菜品不是太了解,导致传菜过程中菜品造型被破坏。③催菜、退菜都需要传菜部来沟通,多了中间传话的环节,厨房不能在第一时间得到讯息,容易出现偏差,不利于管理,也容易发生厨房与传菜部人员相互推诿的现象。

经过整合后,传菜实行一帮一带的模式,每组炒锅指定一个荷台,由荷台负责本小组炒锅所出菜品的传菜工作,两个人的绩效相互挂钩。

每传一道菜,必须进行扫描,厨师长可以通过数据直观了解每道菜品的出菜速度,得到菜品从出锅到上桌所需要的时间。综合分析后,可根据现实情况优化厨房配置,调整人员配备,提高效率。

这次改革后,菜品的出锅、上菜速度成为厨师长绩效考核项目之一,菜品超时会影响厨师长的绩效,这就要求厨师长要时刻关注菜品,将菜品超时率严格控制在企业规定范围之内。

通过人员结构调整,传菜方面与以往对比效果非常明显,主要有以下六大优势:①减

少用人环节。取消传菜部后,2000平方米的店面减少传菜部6名员工。②人员费用减少。一个店面一年可减少288000元,间接地增加了企业的纯利润。③直线管理。传菜人员由厨师长直接管理,减少了管理环节。④沟通直接。炒锅师傅可直接与传菜人员沟通,省去了中间传话的过程。⑤提高菜品速度。打荷师傅对所指定的炒锅师傅的菜品速度负责,避免出现菜品超时现象。⑥菜品品质得到提升。打荷人员直接对师傅的菜品负责,会在传菜过程中对菜品仔细呵护,避免在传菜过程中菜品造型出现杂物变形现象,同时由于菜品传递快速,菜品温度也得到了保障。

(资料来源:http://www.canyin168.com/glyy/chu/cfzw/201411/62083.HTML,有节选。)

思考:

厨房管理用了哪些奇招,给酒店经营带来怎样的变化?

项目六　餐饮销售管理

知识目标：
(1) 了解和掌握餐饮产品的价格构成及餐饮产品的定价方法。
(2) 理解餐饮营销的内涵，掌握餐饮产品的营销策略。
(3) 掌握餐饮销售控制的方法及餐饮销售指标控制。

能力目标：
灵活运用所学理论知识，针对不同的餐饮产品进行定价并提出营销方案。

素质目标：
让学生掌握不同餐饮产品的定价方法与营销策略，并能针对各种类型的餐厅提出相应的营销策划方案，培养学生的实践能力与创新能力。

任务一　餐饮价格管理的认知
任务二　餐饮营销的认知
任务三　餐饮销售控制

> **案例导入**
>
> ### 游水活虾每斤1元
>
> 某饭店的餐厅一直很红火,但每天晚上8点以后的就餐客人较少。餐饮部为此专门开展了一次讨论。餐饮部经理要求大家畅所欲言,为提高餐饮部的经济效益献计献策。餐厅服务员小虞建议道:"我们能否推出几个特价菜来吸引客人的消费?"餐饮部经理听了以后对小虞说:"说具体点。"小虞继续道:"我们饭店的广东客人较多,他们的用餐时间一般较晚,我们不妨在晚上8点后推出几道他们爱吃的特价菜,如活虾之类。"餐饮部经理接受了小虞的建议。经与厨房研究,数天后,该饭店在大堂外的醒目位置悬挂了横幅,上面写道:"晚上八点以后本餐厅推出特价菜:游水活虾每斤1元,烤乳鸽每只1元,欢迎惠顾。"
>
> 一周后,餐饮部经理从财务报表中发现:客人的餐饮人均消费与以前基本持平,但总的餐饮营业收入比以前上升了30%,利润额比以前上涨了10%。餐饮部经理为小虞的建议拍手叫好,并给他发了一笔数额不少的奖金。
>
> (资料来源:http://wenku.baidu.com/view/1d404b59804d2b160b4cco6a.html?from=search。)
>
> **思考:**
> 餐饮部进行销售管理的意义何在?高水平的餐饮销售管理会给酒店带来哪些影响?

任务一 餐饮价格管理的认知

餐饮价格管理是餐饮销售管理的重要内容,是从事餐饮产品销售工作必须掌握的基础知识。了解餐饮产品的价格构成,掌握餐饮产品的定价方法,有利于餐饮产品销售工作的顺利进行,进而提高餐饮企业的经济效益。

一、餐饮产品价格的构成

(一)餐饮产品价格的含义

餐饮产品价格是指消费者为了满足其饮食需要所购买的餐饮产品的价格。同其他商品一样,餐饮产品的价格也是由市场供求关系决定的。

(二)餐饮产品价格的构成

价格是商品价值的货币表现形式,价格的高低受商品所含价值量的大小及市场供求关系的制约。一般情况,餐饮产品的价格通常由原料成本、费用、税金和利润四部分组成,即:

餐饮产品价格＝原料成本(含主料、辅料、调料)＋费用(含固定费用、变动费用)＋税金＋利润

遵照行业习惯,费用、税金、利润之和称为毛利,这样餐饮产品的价格就可以简化为:

餐饮产品价格＝原料成本＋毛利

二、餐饮产品定价的方法

(一)影响餐饮产品定价的因素

1. 经营成本

经营成本是餐饮产品定价的基础,只有产品的价格高于产品的成本时,餐饮企业才能营利。从经济学角度讲,餐饮企业的经营成本通常包括固定成本、可变成本两个部分,固定成本和变动成本即为餐饮产品的总成本。固定成本是指不随餐厅营业数量变动而变动的成本,如土地购买或租用的成本、房屋建筑的成本、设备器皿采购的成本等;变动成本是指会随着餐厅营业额数量变动而变动的成本,如食品原料的采购成本等。

2. 经营费用

除经营成本外,餐饮企业还涉及一些日常的开支,这些开支并不一定产生于生产一线,我们将此称作经营费用。酒店或餐饮企业的经营费用是指其日常经营的各项开支,包括水电燃料、采购运输费、固定资产折旧费、办公经费、员工工资奖金、设备设施维修费等。

3. 企业营销目标

企业处在不同的时期,会有不同的营销目标,如获得最大利润目标、保持或扩大市场占有率的目标等。针对不同的营销目标,餐饮企业应该采取不同的价格策略。例如,为了保持或扩大市场占有率,企业通常采取低价格策略,因为低价格容易被消费者接受。

4. 市场供求状况

产品的价格由价值决定,但也会随着市场供求关系的变化围绕价值上下波动。餐饮产品同样适合这一价值规律,餐饮产品推出市场后,餐饮企业应根据市场的供求状况适时地调整其价格:当供过于求时,企业应通过降价或其他价格手段来抢占市场;当供小于求时,可以适当提高产品的价格。

(二)餐饮产品的定价目标

餐饮定价目标是指餐饮企业在制定餐饮产品价格时所要达到的目标。餐饮企业的定价目标在市场营销活动中的地位体现为:一方面,定价目标必须符合企业的市场营销目标,与市场营销目标达到协调一致;另一方面,定价目标又是选择餐饮定价策略的依据。

1. 以企业的经营利润作为定价目标

利润是考核和分析餐饮企业市场营销工作好坏的一项综合性指标,是企业最主要的资金来源。餐饮产品定价往往要以企业的经营利润作为目标。管理人员根据利润目标,预测经营期内将涉及的各项经营成本与费用,然后计算出完成利润目标必须达到的收入指标。其计算公式为:

要求达到的收入指标(TR)＝目标利润＋食品饮料的原料成本＋经营费用＋营业税

例如,某餐厅要求达到的年目标利润为 250 万元,根据餐厅前几年的统计资料,得知餐厅原料成本占营业收入的 45%,营业税占 5%,餐厅的经营费用占 30%,餐饮部门分摊的企业管理费用占 5%。预计明年这些项目占营业收入的比例相差不大,那么明年本餐厅营业的收入指标为：
$$TR = 2500000 + 45\%TR + 5\%TR + 30\%TR + 5\%TR$$
$$TR = 2500000/(1 - 45\% - 5\% - 30\% - 5\%) = 16666666.7(元)$$

决定销售收入大小的有两个关键指标：一是座位周转率，二是宾客平均消费额。通过预测餐厅的座位周转率，就能预测出宾客的平均消费额，其计算公式为：

宾客平均消费额＝计划期餐饮收入指标/（座位数×座位周转率×每日餐数×期内天数）

如果上述餐厅有300个座位，预计每个餐位的座位周转率为1.3，餐厅每天供应午餐和晚餐，则宾客的平均消费额为：
$$16666666.7/(300 \times 1.3 \times 2 \times 365) = 58.54(元)$$

根据目标利润计算出宾客的平均消费额，还应与宾客的需求和宾客愿意支付的价格水平相协调。确定目标宾客平均消费额指标后，就可以根据各类菜品占营业收入的百分比来确定各类菜品的大概价格范围。

2. 以实现预期的投资收益率为目标

投资收益率是指预期的收益占投资额的百分比。实现预期的投资收益率是餐饮企业常常采用的一种产品定价目标。在这种定价目标的指导下，企业在制定餐饮产品价格时就必须考虑餐厅的投资总额，并要估算怎样的餐饮产品价格才能在预定期内收回投资并获得一定的利润。这样，在其他条件不变的情况下，餐饮产品价格的高低取决于餐饮企业确定的投资收益率的高低。那么，餐饮企业如何确定投资收益率呢？一般情况下，餐饮企业投资为银行借贷资金，预期的投资收益率要高于银行的贷款利率；投资为餐饮企业的自有资金，预期的投资收益率要高于银行存款利率；对于竞争对手较少的餐饮企业，预期的投资收益率肯定要定得高些，反之则应定得低些。

3. 注重销售的定价目标

在有些情况下，餐厅管理人员出于经营的需要，在定价时追求增加客源和菜品的销售量。例如，有的餐厅地点过于僻静或者刚开业，知名度较低，管理人员为了吸引客源，增强菜单的吸引力，往往在一段时间内将餐饮产品的价格定得较低，吸引消费者经常光顾，进而提高餐厅的知名度。此外，有一些餐厅在遇到激烈的市场竞争时，为了保持或扩大市场占有率，打击竞争对手，也有通过降低产品价格来增加客源的。这些企业虽然会因为低价而生意兴隆，但并不一定会得到理想的利润，有的企业甚至不能产生利润，赔本赚吆喝。

4. 刺激其他消费的定价目标

刺激其他消费的定价目标是指为实现餐饮企业的总体经营目标，将某一种或几种具有诱饵效应的餐饮产品价格定得很低，以此来刺激宾客对其他产品的购买。通常使用较多的诱饵产品并不是完整的餐饮产品，而是具有吸引力的菜品，以此吸引宾客增加对其他菜品或完整产品的消费。这种诱饵产品称为"亏损先导产品"。此外，有些星级酒店的餐厅为了实现企业的总体经营目标，会建议增加客房或其他产品的客源作为餐饮定价的目标。例如，在我国许多酒店中，餐饮部在定价时往往考虑企业的整体利益，以较低的餐饮价格来吸引会议、旅游团队以及公务宾客，以此来提高客房出租率，使企业的整体利润提高。

5. 以生存为目的的定价目标

以生存为目的的定价目标是指在市场不景气或竞争激烈的情况下，有些餐饮企业为了生存,在定价时只求保本,待市场需求回升或餐厅知名度提高以后再提升价格的一种定价目标。当餐饮收入与固定成本、变动成本和营业税之和相等时,企业能求得保本,保本点的餐饮营业收入等于固定成本除以贡献率(1－变动成本率－营业税率)。保本点的宾客平均消费额等于固定成本除以贡献率和宾客数之乘积:

$$保本点宾客平均消费额 = 固定成本 / [宾客数 \times (1 - 变动成本率 - 营业税率)]$$

例如,某餐厅每月的固定成本为200000元,餐饮变动成本率为40％,营业税率为5％,该餐厅有200个座位,每天供应午餐和晚餐,预计每餐座位的周转率能达到1.3。该餐厅要保本生存,宾客的平均消费要达到:

$$200000 / [200 \times 1.3 \times 2 \times 30 \times (1 - 40\％ - 5\％)] = 23.31(元)$$

(三) 餐饮产品的定价方法

1. 成本导向定价法

1) 成本加成定价法

成本加成定价法是一种常规的定价方法,是在产品单位成本的基础上加上固定百分比的利润来确定价格。其计算公式为:

$$单位餐饮产品价格 = \begin{cases} 单位餐饮产品成本 \times (1 + 加成率) \\ 单位餐饮产品成本 \times (1 + 预期利润率) \end{cases}$$

例如,某餐厅鱼香肉丝的成本为20元,预期利润率确定为60％,则鱼香肉丝的价格应该定为:

$$20 \times (1 + 60\％) = 32(元)$$

采用成本加成定价法简单易行,特别适合餐饮产品的定价。采用成本加成定价法定价,企业不必根据市场形势及需求变化频繁调整产品的价格,并且以成本作为产品定价的基础,对买卖双方都较为公平。但这种定价方法只考虑了产品中的成本因素,而忽略了市场需求、竞争和消费者心理等因素对价格的影响,很少有企业完全按照这种定价方法来定价,因此是一种较为理想化的定价方法。

2) 毛利率定价法

这是一种利用毛利在售价结构中所占的比率来计算价格的方法。这种定价方法在餐饮企业中使用最为广泛,餐饮产品的基本价格都是采用这种方法计算出来的。

(1) 毛利率的概念。

餐饮产品的毛利率是指餐饮产品毛利与产品售价或者餐饮产品毛利与产品成本之间的比率。

毛利与产品售价之间的比率,称为销售毛利率,亦称内扣毛利率。其计算公式为:

$$销售毛利率(内扣毛利率) = 毛利 / 销售价格$$

毛利与产品原料成本之间的比率,称为成本毛利率,亦称外加毛利率。其计算公式为:

$$成本毛利率(外加毛利率) = 毛利 / 原料成本$$

毛利率不仅反映着餐饮产品的毛利水平,还直接决定着餐饮企业的盈亏,关系着消费者的利益。在餐饮产品原料成本和相关费用不变的情况下,毛利率越高,餐饮产品的销售价格就越高,利润也越高;反之,毛利率越低,销售价格越低,利润也越低。

因为毛利率有销售毛利率(内扣毛利率)和成本毛利率(外加毛利率)两种计算方法,所以引用毛利率这个概念时,必须说明是内扣毛利率还是外加毛利率,以免引起误解。通常情况下,在餐饮行业内,除了另有说明外,毛利率一般指的是销售毛利率(内扣毛利率)。

(2) 以销售毛利率法制定餐饮产品的价格。

销售毛利率法是以餐饮产品销售价格为基础,根据餐饮企业所规定的销售毛利率(即毛利所占餐饮产品销售价格的百分比)和餐饮产品的成本来计算餐饮产品销售价格的一种定价方法。其计算公式为:

$$P=C+M$$

其中,P代表餐饮产品的价格,C代表餐饮产品的成本,M代表餐饮产品的毛利。

而餐饮产品的销售价格又等于其产品毛利除以其销售毛利率,即:

$$P=M/R_1$$

其中,P代表餐饮产品的价格,M代表餐饮产品的毛利,R_1代表餐饮产品的销售毛利率。两者组合,得:

$$C=P\times(1-R_1)$$

由此可以推理得出:

$$P=C/(1-R_1)$$

所以,餐饮产品的销售价格=餐饮产品的成本/(1-销售毛利率)

例如,某餐厅清蒸鲈鱼的销售价格为88元,其销售毛利率为60%,则这道清蒸鲈鱼的成本是:

$$C=P\times(1-R_1)=88\times(1-0.6)=35.2(元)$$

(3) 以成本毛利率法制定餐饮产品的价格。

成本毛利率法是以餐饮产品的成本为基础,根据餐饮企业所规定的成本毛利率(即毛利所占餐饮产品成本的百分比)和餐饮产品的成本来计算餐饮产品销售价格的一种方法。其计算公式为:

$$P=C+M$$

其中,P代表餐饮产品的价格,C代表餐饮产品的成本,M代表餐饮产品的毛利。

而餐饮产品的毛利又等于其产品成本乘以其成本毛利率,即:

$$M=C\times R_2$$

其中,C代表餐饮产品的成本,M代表餐饮产品的毛利,R_2代表餐饮产品的成本毛利率。两者组合,得:

$$P=C+C\times R_2$$

由此可以推理得出:

$$P=C\times(1+R_2)$$

所以,餐饮产品的销售价格=餐饮产品的成本×(1+成本毛利率)

例如,清蒸鲈鱼一份,其中鲈鱼一条约550克,单价为50元/斤,其余辅料、调料的成本为8元,假定这道菜的成本毛利率为90%。则这道清蒸鲈鱼的销售价格应该定为:

$$P=C\times(1+R_2)=(550/1000\times50+8)\times(1+90\%)=67.45(元)$$

2. 需求导向定价法

1) 理解价值定价法

所谓理解价值,又叫感受价值、认知价值,是消费者对商品的主观价值判断。通常餐饮产品消费者在购买餐饮产品之前,都会通过各种渠道了解一些关于餐饮产品的信息,从而对餐饮产品的价值产生认知和理解,并会由此产生一个对餐饮产品价格的预期。消费者对餐饮产品价值的理解会影响消费者的购买决策,只有当餐饮企业制定的餐饮产品价格符合消费者的理解价值并在其预期价格范围内时,他们才会接受这个价格。因此,餐饮企业在运用这一定价方法时要注意两方面的问题:首先,餐饮企业要运用各种市场调查手段收集相关信息,并根据以往经验,为制定一个与消费者认知价值相符合的价格提供客观证据。若餐饮企业对餐饮产品的定价过高,就会影响餐饮产品的销售;反之若定价较低,又会影响餐饮企业的利润。其次,餐饮企业还要运用各种市场宣传方法,改变消费者心目中固有的主观价值评价,从而认可企业制定的现行价值。

2) 需求差异定价法

需求差异定价法是指企业针对不同的消费者、不同的时间和地点为产品制定不同的价格。不同的消费者在不同的时间、地点有着不同的需求偏好,餐饮企业为了适应这种需求,往往根据不同的时间、地点和消费者的不同需要制定出不同的价格,如淡季价格、旺季价格、工作日价格、周末价格和节假日价格等。此外,餐饮产品使用的原料有其自然生长的规律,在不同的时间、地点,同一菜肴使用不同的原料,也会影响餐饮产品的价格。例如,江南水乡的清水大闸蟹唯有在西北风渐起的金秋十月享用,才是最佳的,此时的螃蟹自然价格高了。如若是阳澄湖的大闸蟹,那就更是身价百倍了。

3. 竞争导向定价法

1) 率先定价法

率先定价法是一种主动竞争的定价方法。是指餐饮企业采取率先定价的姿态,根据自身产品的实际情况以及与竞争对手产品的差异状况,制定出符合市场需求的价格,并能在竞争激烈的市场中获得良好经济效益的方法。在制定价格时,餐饮企业先将市场上竞争产品的价格与企业估算价格进行比较,分为高于、低于和一致等三个层次;其次,将本企业餐饮产品的质量、成本、服务等与竞争对手进行比较,分析造成价格差异的原因;最后,根据以上综合指标确定本企业餐饮产品的特色与优势,在此基础上确定本企业餐饮产品的价格。采用这种定价方法的餐饮企业,一般是在某个区域内具有较强的规模与实力,在竞争中处于主动地位,它所制定的价格会成为其他餐饮企业制定价格的基础。

2) 随行就市定价法

随行就市定价法是指餐饮企业以市场上同类产品的平均价格水平为基础,确定本企业餐饮产品价格的定价方法。这种定价方法通常是企业为了适应激烈的竞争环境,为了维持企业生存而采用的一种价格策略。在激烈的市场竞争中,生产同类产品的餐饮企业,若餐饮产品的定价高于竞争对手,市场销售额就可能减少;若餐饮产品的价格低于竞争对手,利润就会减少。而平均价格被消费者认为是合理的价格,消费者易于接受,又可以避免餐饮企业之间的价格竞争,使餐饮企业获得稳定的市场份额和合理的利润。实践表明,同类餐饮产品的价格都趋于实行随行就市的价格。

3）挑战定价法

挑战定价法是指具有充分实力的餐饮企业为抢夺市场份额，以明显较低的价格进入市场，这种方法针对价格较为敏感的消费者群体比较有成效。但如果竞争对手以更低的价格还击，将有可能引发市场上连锁的恶性价格战，甚至威胁到实力较弱的餐饮企业的未来生存。

（四）餐饮产品定价策略

1. 新产品定价策略

餐饮新产品定价是餐饮产品定价策略中一个非常重要的问题，它关系到餐饮新产品能否顺利地进入到目标市场，并为以后占领目标市场打下基础。

1）撇脂定价策略

撇脂定价策略是一种高价格策略，即在餐饮企业新开业或推出新近开发的新菜品、新服务模式时，将价格定得较高，以求在短期内获取较高的利润。这种价格策略犹如从鲜奶中撇取油脂，因此被称为撇脂定价策略。餐饮新产品刚上市，在市场上没有竞争对手或竞争对手很少时，餐饮企业把餐饮新产品的价格定得较高些是可行的，这可以满足那些求新、求异且对价格不是很敏感的消费者的需求，企业也能获得较好的利润。

这种定价策略的优点是，实行高价格策略，有利于餐饮企业在短期内取得较高利润，尽快收回投资；此外，这种定价策略降价空间较大，可以在竞争加剧时采取降价手段，既可以限制竞争者的加入，又符合消费者对价格从高到低的客观心理。缺点是餐饮新产品有可能因为高价抑制了消费需求，影响餐饮企业的市场开拓，导致销量低迷，不一定会带来高利润；同时，高价格必然会刺激更多的竞争者进入市场，必然导致餐饮新产品价格的下降，缩短餐饮新产品的高额利润时期。这种定价策略一般适用于具有独特技术、不易仿制、生产能力不能迅速扩大等特点的餐饮新产品。如新近开张的餐饮企业因其建筑装饰、设施设备等高额资金投入和豪华奢侈程度，以及餐饮企业新近研发的菜品的独特性和无法模仿替代性特点，在其开张入市之初，将其餐饮产品的价格制定得高高的，以吸引市场尤其是高端消费者的关注与关顾，以牟取高利润并缩短投资回报周期。

2）渗透定价策略

渗透定价策略是一种低价策略，即餐饮企业在新开业或推出新菜品时，以较低的价格吸引消费者，以便迅速占领目标市场或扩大市场份额的一种策略。此种定价策略是以市场竞争为导向的定价策略，通常适用于同类型餐饮企业云集、目标顾客群雷同、餐饮市场基本供过于求的买方市场。在这样的市场环境中，各餐饮企业往往绞尽脑汁、各显神通，想方设法地要从别的餐饮企业中争夺客源，因此往往会采用低价策略，利用企业相对雄厚的实力，不惜以微利或亏本的价格为企业的餐饮产品定价，以吸引更多的目标顾客到餐厅就餐，迅速抢占市场，扩大市场份额，并打击那些实力不足的企业，使得它们在短期内迅速流失客源，无法回笼资金、扩大生产与销售，最后陷入破产或专业的命运，从而达到"大鱼吃小鱼"的目的。到了那个时候，由于市场竞争对手的减少，餐饮企业可以再逐步回升价格，以提高经营利润。

此种定价策略的优点是，实行低价策略，有利于餐饮新产品迅速打开销路，扩大市场销售量，还可以阻止竞争对手的加入，减少餐饮企业的竞争压力。缺点是这种定价策略会导致投资回收期延长，餐饮新产品若不能迅速打开市场或遇到强劲的竞争对手，会遭受重大的损失。餐饮企业在制定价格策略时,既要考虑如何对竞争对手发起挑战、争夺客源,又要时时关注竞争对手的销售和经营动态,了解它们是否制定了新的价格优惠政策,是否推出了新的促销手段或开发了新菜品等等,做到知己知彼,有的放矢,才不至于陷入被动挨打的局面。

3) 满意定价策略

满意定价策略是一种折中价格策略,它是介于撇脂定价策略与渗透定价策略之间的一种价格策略,即餐饮企业所制定的餐饮新产品的价格比撇脂定价策略低,比渗透定价策略高,是餐饮企业与消费者都能接受的价格,因而被称为满意定价策略。

这种定价策略的优点是,有利于吸引消费者,促进餐饮新产品的销售,保证餐饮企业获得较为满意的利润。缺点是很难掌握买卖双方都感到满意的价格水平,难以适应复杂多变的消费者的需求或竞争激烈的市场营销环境。

2. 心理定价策略

心理定价策略是指餐饮企业运用心理学原理,根据不同类型的消费者在购买餐饮产品时的不同购买心理对餐饮产品进行定价,以刺激或诱导消费者的购买。

1) 尾数定价策略

尾数定价策略也称为非整数定价策略,即餐饮企业给餐饮产品制定一个以零头结尾的非整数价格,从而使消费者产生经过精确计算的最低价格的心理。尾数定价策略给消费者便宜感,例如,100元的菜品,定价为98元,使消费者产生一种实际价格偏低的心理错觉,以吸引消费者;同时,消费者会觉得餐饮企业定价认真,对消费者负责。例如,近几年越来越火爆的九毛九山西面馆,几乎其所有的菜品价格都带有一个尾数0.99元,这样的定价,每个菜品比整数都只少一分钱,但价格看起来更具有吸引力,并彰显出了餐厅的特色,使消费者产生一种跃跃欲试的消费心理。

○○○○○○○○○○○○○○○ 知识链接 ○○○○○○○○○○○○○○○

九毛九山西面馆

1995年10月25日,九毛九从海口市南航东路上的"山西面王"开始起步。2002年6月18日,九毛九走出海南,在黄埔大道西赛马场美食街开了在广州的第一家分店——马场店。自1995年创立至今,九毛九一直秉承"品味山西面粹,传承晋商文化"的理念,以山西特色面食为主线,融合各地餐饮文化精髓于一身,始终坚持走"高端品质,平民价格"的路线。作为中国手工面第一品牌,从单店经营到多店连锁,20年来,九毛九始终专注于一碗面,开业至今分店遍布全国,现有分店100多家。

(资料来源:http://www.jiumaojiu.com/ppgs.html。)

2) 声望定价策略

声望定价策略是指餐饮企业针对消费者"价高质必优"的心理,对在消费者心目中有较高信誉的餐饮产品制定较高的价格。餐饮企业采用声望定价策略,不仅可以使餐饮企业获得单位餐饮产品的最高利润,而且有利于提高餐饮企业的形象与声望,同时也满足了消费者购买餐饮产品提高社会地位的求名心理和炫耀心理。这种定价策略适用于在社会上知名的餐饮企业,一些著名的餐饮品牌企业,常常利用企业在餐饮市场上早已形成的良好声誉或口碑,利用其餐饮产品烹制和服务的独特性以及不可替代性,有意将其餐饮产品的价格定得比市场上其他餐饮企业产品的价格高一些,以形成其在目标顾客心目中高贵的形象和市场号召力。

3) 招徕定价策略

招徕价格策略是指餐饮企业有意将某种或某几种消费者喜爱的餐饮产品价格定得很低,甚至低于成本,以价格低廉迎合消费者的求廉心理而招徕消费者,借机带动和扩大其他餐饮产品的销售。如某些餐厅推出每日特价菜活动,以吸引消费者前来就餐。实际上,消费者在购买这些特价菜品时,往往会同时购买其他菜品。餐厅虽然在这一道菜品上失去了盈利的机会,但这些作为招徕消费者的菜品却大大地带动了餐厅其他菜品的销售,可以为餐饮企业带来更多的客源和经营利润。一般情况下,餐饮企业采取招徕定价策略应与相应的广告宣传相配合,且要保证降价能促使消费者产生购买动机与行为。此外,降价的品种和幅度要合理,降价不能降质。

知识链接

餐饮特价菜营销策略

1. 特价菜应成为"招牌菜"

特价菜要与本店的经营定位、客源目标、特色菜品等相连接,选取什么菜品作为特价菜时要能反映店内特色和厨师水平,使其成为本店营销的利器。比如一家海鲜店把一盘"醋熘土豆丝"作为特价菜,即使一元一盘,也未必能打动顾客,因为吃海鲜的顾客不会冲着你这盘土豆丝来消费的。这样的特价促销结果往往是不疼不痒。

2. 生意越好越该推特价菜

一家餐厅,生意冷清,就想用特价菜招徕顾客,在门口挂上某某菜品几元的"跳楼价",结果路过的顾客都是看一眼就走,没人敢进门。为什么?因为顾客认为他们是生意做不下去了,在搞清仓销售。

"让利当在有客时",顾客就餐心理也有时候是"买涨不买落"。也就是说,一个餐饮企业要在它红火的时候搞促销才会取得良好的效果,而不要等到没有客人时才想起促销,那样为时已晚,只会造成恶性循环。

3. 赋予特价菜内涵

尽管特价菜总是以低价为特征,但在特殊时机、特殊节日,赋予较高的文化内涵与吉祥祝愿,特价菜依然可以高价出售,这种逆向思维有时能收到特别的效果。比如一家餐厅的菜品"板栗烧粽子"很受顾客欢迎,这道菜也是这家店长期的特价菜,原价16元,特价销售8元。当端午节快到来的时候,这家店反而一改常态,按原价销售,但点这道菜的顾客仍然络绎不绝。这就是特殊含义、特殊节日带来的特殊效果。

4. 利用好特价标签

特价标签要标出原来的价格和现在的特价,以方便顾客比较两种价格,有效突出"特价",还可以写"特惠"字样,以增强顾客价格敏感度。比如可以制作特价POP,特

POP不要用花哨的形式。特价促销时必须使用"特别价格标示",内容应包括原价格、新价格、特价幅度、起止日期等信息。最重要的是必须让顾客能一目了然,一看就知道减价了多少,"一看即知"是特价POP的基本要求。

5. 促销成本代替广告成本

让点特价菜的顾客成为真正的体验者,并引导他们去传播,因为体验者更具有市场说服力和强大的口碑效应。这样,促销投入的成本将直接代替广告成本,甚至比广告成本低很多。

(资料来源:http://blog.sina.com.cn/s/blog_48dbd9310102es49.html。)

3. 折扣定价策略

折扣定价策略是餐饮企业针对目标顾客经常采用的定价策略,是指餐饮企业为了吸引消费者,扩大餐饮产品的销售,或为了加强与中间商的合作关系,在既定的餐饮产品价格的基础上,对消费者或中间商实行折扣优惠价格的一种策略。

1) 数量折扣策略

数量折扣策略是指餐饮企业为了鼓励消费者或中间商大量购买餐饮产品,对达到一定数量的给予一定价格折扣的优惠策略。一般来说,购买数量越多,价格折扣就越优惠。例如,有的餐饮企业会对常客实施累积进餐数量优惠政策,以吸引和留住这些回头客,并通过这些常客的口口相传,扩大企业的市场知名度和社会影响力。此外,餐饮企业也会对大批量就餐的客源,如会议、旅游团队、婚宴等给予相当的折扣优惠,以吸引这些客源的经常光顾。

2) 季节折扣策略

季节折扣策略是指餐饮企业在餐饮产品销售淡季时,为鼓励消费者购买餐饮产品而给予的一定价格折扣的优惠策略。在淡季时,餐饮企业客源不足,服务设施闲置,为了吸引消费者,餐饮企业可以通过制定低于旺季时的餐饮产品价格,刺激消费者的消费欲望。

3) 现金折扣策略

现金折扣策略是指餐饮企业为鼓励消费者或中间商以现金付款或按期付款而给予的一定价格折扣优惠策略。如某餐饮企业与某旅行社在交易合同中的付款方式上注明"2/10净价30",则表示付款期为30天,如买方在10天内付款,给予2%的折扣。餐饮企业采取现金折扣策略的目的是鼓励餐饮产品的购买者提前付款,加速餐饮企业的资金周转,从而有利于扩大再生产。

4. 促销定价策略

促销定价策略是指餐饮企业运用促销手段,通过部分产品的特价来吸引消费者,达到从整体上增加销量和扩大市场份额的定价策略。

1) 招徕定价策略

招徕定价策略实际上也是一种促销定价策略,前面在心理定价策略里面已经详细介绍,这里就不再赘述了。

2）特殊事件价格策略

特殊事件价格策略是指餐饮企业在某些节假日或特殊事件发生时，通过将餐饮产品进行适度降价来刺激消费的一种定价策略。随着社会经济的发展、人们收入水平的提高、消费观念的转变，越来越多的人在重大的节日来临之际，选择和家人、朋友等外出就餐，犒劳自己，享受生活。节假日消费已经越来越成为一种重要商机。目前我国主要的节假日消费，如春节期间的年夜饭、国庆中秋节的团圆饭、元旦新年家宴，以及西方的一些重大节日，如圣诞节、情人节等，已经成为各大餐饮企业争夺客源、扩大市场美誉的良机，与之相对应的节假日消费的定价策略也随之出台，如年夜饭全家宴套餐价、情人节情侣套餐价等。需要注意的是，采用这种策略的餐饮企业，一般也应事先借助各种媒体做好广告宣传，将特价信息传递给消费者。

知识链接

春节假期餐饮消费"一枝独秀"

2015年春节长假期间，杭城餐饮行业成为众多消费业态中的"一枝独秀"。记者从杭州市商务委员会了解到，羊年春节期间（2月17日—2月23日），杭城的楼外楼、知味观、太子楼、张生记等11家餐饮企业累计实现营业额3069.7万元，同比增长9.25%。

"除餐饮继续保持增长外，其他业态消费稳中趋降。"相关人士表示，据监测统计数据显示，春节期间纳入监测的商场、超市、家电通信、餐饮以及酒吧、KTV等47家企业累计销售45.65亿元，比去年下降2.5%。值得一提的是，本次降幅较马年春节有所收窄。

羊年春节期间，不少吃货发现，往年售价不菲的"天价"年夜饭和团圆宴早已难觅踪影，天价酒水也销声匿迹，而越发"接地气"，大众化餐饮正成行业主流。

"年夜饭、团圆饭一直是春节长假的餐饮消费的主角。"杭州市商务委员会监测数据显示，"春节长假期间，餐饮业总体销售情况较去年同期相比，客流量有所增加，销售额小幅上扬，但人均消费额下降的情况较明显。"

记者了解到，杭城春节期间知名餐厅、酒店的包厢预订基本爆满，大厅里等候翻桌的情况也较常见。为了吃上年夜饭，不少吃货提早出动。除夕当天，楼外楼大厅的等位长龙从下午3点开始，一直到晚上7点半才结束排队。累计消费人数约1600人次。因散客排队现象严重，餐厅临时开辟二楼露台区域，增设50余个餐位。据统计，除夕、初一两天，楼外楼客流量同比增长35%和46%。春节长假四天，楼外楼的人均消费基本与去年持平，总体销售额小幅增长，涨幅为1.11%。

春节期间，花中城继续热推"杭州民菜"，市区门店（除宴会厅、新花中城店）在中午时段的大厅位仍照常供应价廉物美的亲民菜品。毗邻景区的花中城藕香居，今年春节期间，照例供应25元/份的套餐，日销售份额3000余份。相关人士透露，"与去年同期的1000余份相比，增幅明显。"西湖春天（南山店）的年夜饭采用"零点"形式，人均消费在100~130元，相比去年的100~200元/人以上的消费额，出现明显下降。

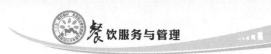

> 据商务部2月25日公布数据显示,羊年春节假期国内零售额增速同比降至11%,而上年同期该数字为13.3%。数据显示,羊年春节假期,国内零售业和餐饮业实现销售额6780亿元人民币(约合1470亿美元)。"未来餐饮业转型趋向大众化消费和个性化消费,餐饮消费渐归'新常态'。"中国烹饪协会认为,去年我国餐饮业理性发展,实现了稳中回升,主要归功于大众需求旺盛,带动了市场回升。
>
> 不仅如此,零售业商家在羊年春节假期的销售中,使用电子商务以及微信等在线平台推广产品,收到理想的效果。例如,老字号知味观选择与手机点餐APP合作,推出了"大牌餐厅年夜饭抢先预订",收效显著。
>
> (资料来源:http://zjnews.zjol.com.cn/system/2015/02/26/020522903.shtml。)

3) 产品捆绑价格策略

产品捆绑价格策略是指餐饮企业将几种餐饮产品捆绑到一起并以低于它们单价的总和的价格销售给消费者的定价策略。餐饮企业通常会把一些餐饮产品组合起来,以中等价位进行捆绑销售,例如现在大多数餐饮企业在不同的时间或季节推出的各种宴席套餐。使用价格捆绑策略,可以促使消费者购买本来不想购买的产品,但是整"捆"的产品或服务必须给消费者一种物超所值的感觉,捆绑价格必须具备足够的说服力来促使消费者下定决心,进而产生购买行为。

任务二 餐饮营销的认知

在餐饮企业的一系列经营活动中,市场营销是必不可少的。随着市场经济的快速发展,市场竞争日益加剧,餐饮企业必须树立市场营销观念,以市场为导向,以消费者的需求为中心,灵活运用各种餐饮营销策略,注重餐饮企业的整体形象与长远利益,如此方能使企业在日益激烈的市场竞争中站稳脚跟。

一、餐饮营销的概念

(一)市场营销的含义

市场营销是企业的一种经营活动,是在市场营销观念指导下产生的一种现代企业行为。市场营销是指以消费者为中心,以市场为导向,合理组合产品、定价、渠道和促销等因素,为促进商品或服务的销售与交换而开展的一系列经营活动。它既是一个动态的管理过程,又是一种促使消费者的潜在购买力转换为对产品的有效需求的管理功能。

(二)餐饮营销的含义

所谓餐饮营销,不仅是指单纯的餐饮推销、广告、公关等,它同时还包含餐饮经营者为使消费者满意并为实现餐饮企业经营目标而展开的一系列有计划有组织的、广泛的餐饮产品以及服务活动。它不仅仅是一些零碎的餐饮推销活动,更是一个完整的过程。餐饮市场营销包含以下几层意思:

（1）满足消费者需要是餐饮市场营销的起点和终点。
（2）实现交换是餐饮市场营销的核心。
（3）计划、组织整体营销活动是餐饮市场营销的保证。
（4）获得利益是餐饮市场营销的目的。

二、餐饮营销的意义

1. 了解市场需要，帮助餐饮企业寻找市场机会

市场机会是指消费者未能满足的需求，寻找市场机会就是寻找市场需求。随着社会经济的发展，我国居民的生活水平日益提高，人们的消费方式发生了一系列的转变，餐饮市场日益变幻莫测，餐饮消费者的多样性、层次性及其购买行为的复杂多变性，导致餐饮企业寻找市场机会非常难。这就要求餐饮企业的经营者要用"发现"的眼光来分析市场，充分调研了解消费者的市场需求。而餐饮营销基本工作的重点即在于分析消费者的各种消费需求，从市场需求和供给的差异中寻找市场；从对复杂人群不同需求的分析中，寻找企业经营的市场机会；从对广阔市场的缜密分析中，在市场环境的动态变化中寻找市场机会。

2. 满足消费者需要，实现餐饮企业的经营目标

餐饮企业的经营目的在于创造利润。随着市场竞争的加剧，单纯以创造利润为中心的经营方式早已不能适应现代市场的形势了，餐饮企业必须牢固树立市场营销观念，以市场为导向，以消费者为中心，强调以满足消费者需求为企业根本任务，更加注重顾客满意度，将创造利润的过程建立在满足消费者的需求之上。

3. 适应市场竞争需要，提高餐饮企业及其产品的竞争力

随着餐饮市场的进一步发展，餐饮市场的竞争会越来越激烈，餐饮企业只有通过市场营销调研，掌握餐饮市场需求变化、竞争者的发展状况，运用恰当的市场营销策略与市场营销促销手段，刺激消费者的消费欲望，提高餐饮企业及其产品的市场影响力与竞争力，扩大餐饮产品的销售量，提高企业的市场占有率，才能在激烈的市场竞争中位于不败之地。

三、餐饮营销策略

餐饮产品是一种"体验型"产品，消费者在购买前不能够完全预知产品质量，因此餐饮产品的市场营销是非常有必要的。餐饮企业要借助有效的营销方式或手段向市场提供餐饮产品的相关信息，让餐饮产品的潜在消费者在做出消费决策之前能够收集到足够的产品信息，进而促使消费者产生购买行为。

（一）餐饮促销策略

促销是指企业以人员或非人员推销的方式向目标顾客传递产品或服务信息，引发并刺激消费者的购买欲望和兴趣，使其产生购买行为的一系列活动。促销的方式主要有人员促销与非人员促销。人员促销是指企业运用推销人员向消费者推销商品或劳务的一种促销活动，此种促销策略主要适合于消费者数量较少、比较集中的情况。非人员促销是指企业通过一定的媒体传递产品或劳务等有关信息，以促使消费者产生购买欲望、发生购买

行为的一系列促销活动。非人员促销包括广告、公共关系和营业推广等促销形式,适合消费者数量多、比较分散的情况。

餐饮产品促销是指餐饮企业营销人员将有关餐饮企业及其产品的信息,通过各种方式和手段,传递给餐饮产品的潜在购买者,促使其了解、信赖并购买自己的产品,以达到扩大销售的目的。

1. 人员推销

人员推销是指推销人员通过面对面的洽谈,向顾客提供信息,引导顾客光顾本餐饮企业的促销方式。人员推销是世界上最古老的促销方式,在商品经济高度发达的现代社会,人员推销这种古老的促销形式重新焕发了青春,成为现代餐饮企业常用的一种促销形式。人员推销的主要目的是了解顾客对本企业产品信息的接收情况、反应、态度及市场需求情况,确定可以成为产品购买者的顾客类型,并准确选择和确定潜在顾客。此外,人员推销还可以尽可能地消除潜在顾客对产品及推销员的疑虑,说服顾客采取购买行动,成为产品的真正购买者。

在我国,虽然许多餐饮企业都设有销售部或市场营销部,但由于种种原因,人员推销往往被置于无足轻重的地位,致使推销人员的作用得不到充分的发挥。实则不然,人员推销是一种强有力的、独特的、可靠的促销手段,尤其是对于向餐厅的顾客提供信息,劝说顾客购买顾客不熟悉、价格昂贵的饭店产品和服务,如会议设施、多功能厅、宴会厅等时,人员推销更不失为一种行之有效的推销方式,其促销效果极其显著,可以完成许多其他促销手段无法实现的目标,具有许多其他促销手段无法替代的优点。首先,人员推销是直接面对顾客的促销,在推销过程中,信息的传递是双向的,餐饮企业的推销人员可以将企业的设施、服务与价格等信息及时、准确地传递给潜在顾客,并能将顾客的要求、意见、建议等市场信息及时地传递给企业,可以改进企业的工作。其次,人员推销可以加深顾客对餐饮产品及服务的了解,现场解答顾客的疑问,同时有助于获取反馈信息,调整企业的营销策略。再次,人员推销是面对面的推销,能够沟通思想与感情,建立友谊,增强顾客对餐饮企业的信任与理解,可以密切买卖双方的关系,有助于培育顾客对本餐饮企业的忠诚度,增加餐厅的回头客。此外,人员推销能做到因人而异和因地制宜,对不同顾客采取不同的推销方法以争取长期主顾。

但人员推销又是一种成本费用较高、销售面较小的一种推销方法,它需要投入大量的人力、物力、财力,销售成本高,并对销售人员的业务技能要求也较高。人员推销的成效直接取决于推销人员素质的高低,这就要求对推销人员不断地加强培训与锻炼,使其熟悉本企业的餐饮产品和服务,了解顾客的需求,树立良好的自我形象,掌握必要的推销技巧,善于推销,这是人员推销成功的关键。

"飞蟹小姐"

某酒店的中餐厅来了两位衣着讲究的男士,根据他们的要求,咨客把他们带到幽静角落的18号餐台。入座后,服务员小丁忙着为他们送上迎宾热茶、热毛巾,并热情地询问是否可以点菜。客人示意先要两杯X.O白兰地,过一会儿再点菜。小丁把酒送来后,在他们背后站了一会儿,仍不见他们有点菜的意图,就又上前询问。一位客人不耐烦地说:"请不要打扰我们,需要时我叫你,你再来。"小丁见状便退身去为其他客人服务了。

过了一会儿小丁正在忙着,一位服务员突然告诉小丁:"18号台的客人正找你呢。"小丁连忙走过去。"你怎么这么晚才来?"客人不高兴地说。小丁忙道"对不起",并微笑着问客人要点什么菜。根据客人点X.O酒的情况和他们的衣着、举止,小丁判断客人一定很有钱,便在他们看菜单的时候推介:"我们这里海鲜很有名,有鲍鱼、龙虾、飞蟹、象拔蚌……"

"好了,你说的这些菜我们天天吃,今天想要一些清淡的菜。有没有推荐的?""有,我们这里有凉拌海蜇、蘸酱海参、清蒸海胆……"小丁又积极推荐道。"不,不,我们不要海鲜,我们想要花生米、青椒土豆丝之类的菜。"客人摆着手说道。小丁心里纳闷,这么有身份的人怎么就点这样便宜的菜。于是,又为客人推荐了扒鱼腐、生菜乳鸽包、鼎湖上素等菜,但客人仍不同意。没办法,小丁只好按客人的意思点了几样简单的菜。进餐完毕时,客人把小丁叫来说:"你的微笑服务很好,但总想让我们吃龙虾、飞蟹,干脆就叫你飞蟹小姐吧!"客人的话使小丁十分尴尬。

(资料来源:http://wenku.baidu.com/view/1545536127284b73f242508d.html?from=search。)

案例分析:

服务人员在点菜前应该观察客人的衣着打扮和言谈举止,大致判断其消费水平,便于介绍菜品。但也须知道,人不可貌相,所以在点菜时如果不是熟悉的客人,知道其饮食消费习惯的话,介绍菜品应从中档价位开始;如果客人说希望推荐些好点的,就要心里有数,把推介菜品的档次往上调;如果客人表示不喜欢,或者沉默、说有没有别的之类,那就要介绍一些更加实惠大众化的菜式。总之,向不熟悉的顾客介绍菜品时切不可以一上来就推荐贵价菜,让人有被宰的感觉,如果是熟悉的顾客则应根据其平时的饮食爱好和消费习惯来推荐。此外,服务人员要明白,与顾客保持长远的良好关系才是让酒店财源不断的明智做法。

2. 广告促销

现代社会,"酒香不怕巷子深"的时代已经一去不复返了,商业广告已经高度发达,很多企业都愿意耗费大量的资金去打广告。人们把广告比作信息传播的使者、促销的催化剂、企业的"介绍信"、产品的"敲门砖",甚至有人认为在今后的社会,没有广告就没有产品,没有广告就没有效益,没有广告的企业将寸步难行。尤其是进入21世纪以来,社会高度快速发展,科技手段日新月异,信息资讯高度发达,人类已经步入了信息社会时代,越来越多的餐饮企业注意到了广告促销的重要性及其实际营销效果,愿意投入大量的人力、物力、财力在广告促销上。

1) 电视广告

电视作为一种大众传播媒体,已经深入到人们的日常生活之中。电视广告的特点是传播速度快、覆盖面广，表现手段丰富多彩，声像、文字、色彩、动感并用，是一种感染力极强的广告形式。但电视广告成本昂贵，制作起来费工、费时，同时还受时间、播放频道等因素的限制和影响，信息只能被动地单向沟通，稍纵即逝，不便于储存与查找。因此，电视广告目前还不是餐饮企业首选的广告促销媒介。

2）电台广告

电台广告是适用于对本地或周边地区的消费群体的一种餐饮广告形式。其优点有成本较低、效率较高、大众性强，而且现在的广播节目参与性很强，可以通过热线点播、邀请嘉宾对话、点歌台等形式，来刺激听众的参与，从而增强广告的效果。目前，有很多餐饮企业选择在电台广播上做广告，尤其喜欢选择在一些与"吃"有关的广播节目中做广告。但电台广播也存在着不少缺点，如：传播手段受技术的限制；只有声音，表达不直观，不具备可视性，信息稍纵即逝；单一口语化的信息不易对听众形成深刻印象，不易记忆。此外，听众几乎完全隶属于广播电台所事先安排的时间速度、播音速度，被动性较强。因此，餐饮企业在策划电台广告时，应注意不同的节目拥有不同的听众，不同的时间其广告吸引对象也不同。如针对年轻人的广告可以穿插在轻音乐等节目中，针对老年人和家庭主妇的广告应在白天播出。

3）报纸、杂志广告

报纸、杂志具有资料性，便于保存、剪贴、编辑，成本也较低。但此类促销广告传播速度和传播范围都慢于或小于电视、电台。例如，杂志广告周期长，发行量少，影响面较窄。此外，受文化程度的限制，报纸、杂志广告的形象性较差。例如，在报纸上做广告存在着广告表现力差、内容杂等缺陷。此类广告适合于做食品节、特别活动、小包价等餐饮广告，可以登载一些优惠券，让读者剪下来凭优惠券享受餐饮优惠服务。

4）户外广告

餐饮户外广告是指通过户外的道路指示牌、建筑物、交通工具、灯箱等所做的餐饮广告。例如，在商业中心区、主要交通路线两旁、车站、码头、机场、广场等行人聚集较多的地带所做的各种霓虹灯牌、灯箱广告、屋顶标牌、墙体广告、布告栏，高速公路等道路两旁的广告标牌，汽车、火车等交通工具内外车身上的广告，设置在餐饮设施现场的广告等，甚至广告衫、打火机等都可以成为广告的载体。户外广告的优点是灵活性强，鲜明、显目、显露的时间长，成本低，适合于做宣传餐饮产品、树立餐饮企业形象的广告，是目前大多数餐饮企业做广告的首选。但是要使户外广告有效，营销人员必须使它具有清晰、新奇独特、体现产品、反映餐厅地理位置等特点。

3. 营业推广

1）赠送促销

赠送促销是介绍、推销餐饮新产品最有效的方法。餐饮企业可以向顾客免费赠送菜品，或举办免费试吃活动，也可以选择购买某餐饮产品赠送其他餐饮产品的形式。例如，某些餐厅推出购买某餐饮产品送饮料的活动；有的餐厅为了推销新菜点，用餐车将菜点推到顾客桌边，让顾客先品尝，如喜欢可以点，如若不合口味可以再点其他菜点。

2）优惠券

优惠券是目前很多餐饮企业都选择的一种营业推广方式。优惠券可以通过散发餐饮宣传单或通过广告的形式发送到顾客手中，还可以向购买达到一定数量或金额的顾客赠送。顾客在进行餐饮消费时,出示优惠券,可以在特定的时间和地点享受到一定程度的优惠待遇。优惠券可以用来诱导顾客购买某餐饮新产品,也可以有效地刺激成熟期餐饮产品的销售。

3) 累计购买奖励

累计购买奖励是指顾客在购买某商品或服务累计达到一定量时,企业可以给予一定的现金或其他形式的奖励,这通常是创造和维持顾客忠诚度的一个有效手段。例如,有的餐厅向顾客提供一张卡片,每次就餐就在卡片上打孔,累计10次就餐就可以得到一次免费餐或其他形式的奖励,以此来开拓餐厅的回头客市场。

4) 现场展示推销

(1) 原料展示推销。为了展示和强调餐饮原料的"鲜"、"活"、"贵",一些餐厅在门口用水族箱养殖鲜活的鱼、虾、蟹等,由顾客自由挑选,厨师按顾客的要求加工烹调。由于是顾客亲自挑选原料,容易对质量产生满意感。有些餐厅陈列鲍、翅等八珍,以凸显餐厅档次,并通过介绍传统珍贵原料的知识和营养价值以吸引顾客。

(2) 成品陈列推销。是指餐厅将烹调装点好、造型精美的菜点展示在陈列柜里,以吸引顾客。顾客对餐饮产品近距离的直接观察,可以加快消费决策和点菜速度。此外,餐厅中陈列一些名酒,也会增加酒水的销售机会。

(3) 餐车推销。即服务员推着菜点车、点心车,巡回于座位之间向顾客推销。餐车推销的菜点多半是价格不太贵且放置后质量不易下降的冷菜、糕点类。顾客在就餐时,有时菜点得不够充足,但又担心再点菜等待时间过久,推车服务就方便了顾客。餐车推销是增加餐厅额外收入的有效措施。

(4) 现场烹饪推销。即餐厅厨师在顾客面前展示烹炒等技艺绝活,会使顾客产生兴趣,诱导顾客消费。这种形式能减少菜点加工后的放置时间,让顾客当场品尝,味道更加鲜美,还能利用食品烹调过程中散发出的香味和声音来刺激顾客的食欲。例如,许多餐厅让顾客自己选择材料,按顾客要求进行现场烹调。更能满足不同顾客不同口味的需要,不失为一种理想的促销方式。

(二) 餐饮营销新策略

1. 绿色营销

人类进入21世纪以来,生态环境进一步恶化,绿色资源日益衰竭,越来越多的人已经意识到了环境保护的重要性。营造绿色空间、赢得可持续发展,已成为人类的迫切需求。餐饮绿色营销的核心是建立在绿色技术、绿色市场和绿色经济的基础上,按照环保与生态原则来选择和确定营销组合的策略,其最终目的是在化解环境危机的过程中为餐厅获得商业机会,在实现餐厅利润和顾客满意的同时,达成餐厅与自然、社会的和谐相处、共存共荣。

(1) 开发绿色产品,扩大产品宣传。餐厅绿色产品的开发是餐厅绿色营销的关键。真正意义上的绿色产品,要求质量合格,而且从生产、使用到处理、处置均符合特定的环境保护要求,对生态环境无害或危害极小,具有节约资源等环境优势,并有利于资源再生。餐厅开发绿色产品,要做好以下几点:在产品设计时,考虑到产品、资源与能源的保护和利用;在生产与服务过程中,要采用无废、少废技术和清洁生产工艺,以有益于公众健康;在产品使用后,应考虑产品的易于回收和处理。此外,餐厅可以利用新闻媒体做好绿色产品的宣传工作,扩大环境保护的宣传力度,提高全民的环保意识。餐厅还可以开展各项专题活动,例如:让顾客在庭院中种植蔬菜瓜果,成熟后通知顾客来收;鼓励顾客美化环境,向顾客颁发绿色消费证书;制作绿色食品菜单,举办绿色食品节等。

(2) 利用绿色资源,绿化餐饮设施。利用绿色资源,对餐饮设施进行绿化,即高效利用水、电等能源,积极引入新型节水设备,采取多种节水措施,加强水资源的回收利用;积极采用节能新技术,有条件的餐饮企业可以使用可再利用的能源(太阳能供热装置、地热等)系统;餐厅污水排污、锅炉烟尘排放、废热气排放、厨房大气污染物排放、噪声控制到国家有关标准;洗浴与洗涤用品不能含磷,使用正确且用量适中,把对环境的影响降到最低;冰箱、空调、冷水机组等积极采用环保型设备用品;餐厅采用垃圾分类收集设备以便垃圾的回收利用,员工将垃圾按照细化的标准进行分类;装修装饰无污染,空气质量符合国家标准。

(3) 采用绿色标志,树立绿色形象。采用绿色标志是绿色营销的重要特点,绿色标志可以引导顾客参与环境保护活动,帮助他们选购产品。这是酒店市场重要的竞争因素,是衡量酒店环保生产的标准,是酒店通向市场的通行证。酒店形象是酒店重要的无形资产,树立酒店绿色形象,能为酒店赢得经济效益、社会效益和环境效益的统一。酒店可以把环保理念纳入产品和服务的广告活动中,通过强调酒店在环保方面的行动来改善和加强企业的绿色形象,更有效地推销绿色产品。例如,餐饮部针对顾客的不同需求生产不同的绿色食品套餐;在顾客活动区域以告示、宣传牌等形式鼓励并引导顾客进行绿色消费,使顾客关心绿色行动;不出售国家禁止销售的野生保护动物;制定绿色服务规范,倡导绿色消费,提供剩余食品打包服务、存酒等服务;不使用一次性发泡塑料餐具、一次性木制筷子,积极减少一次性毛巾的使用等。

(4) 培育绿色文化,营造绿色环境。绿色营销以绿色文化观念作为价值导向,绿色文化是绿色营销的支撑。随着绿色营销的开展,在绿色文化的建设中,酒店目标开始与环境目标融合,酒店管理理念、营销理念开始与绿色生态理念融合。餐饮企业最高管理者应任命专任(绿色代表)负责本企业的"创绿任务",餐厅应有绿色工作计划,明确环境目标和行动措施,健全有关公共安全、食品安全、节能降耗、环保的规章制度,并且不断更新和发展,同时管理者要定期检查目标的实现情况及规章制度的执行情况;培育绿色文化,营造绿色环境,需要全体员工的共同努力,餐厅有关公共安全、食品安全、环境保护的培训计划要全员参与,以提高员工的安全和环保意识;分管创建绿色酒店工作的负责人必须参加有关安全、环境问题的培训和教育。只有企业全体员工齐心协力,才能培育发展餐饮企业绿色文化,打造名副其实的绿色环境。

(5) 采用绿色营销,实施组合战略。酒店绿色营销组合包括四大策略。一是绿色产品策略。包括产品的绿色设计、绿色包装、绿色标志。二是绿色定价策略。酒店进行定价时要考虑到环境成本和社会责任定价。三是绿色分销策略。改进分销环境,确保产品和营销的绿色化;减少分销过程中的浪费,增加营销的绿色程度;改进运输工具,减少营销过程中的资源消耗;缩短供应渠道,减少资源使用量;开辟新的销售渠道。四是绿色传播策略。确定绿色营销传播目标;确定绿色营销传播资金;识别和确认目标受众;收集和整理营销信息;选择营销信息传播方法;选择营销信息传播渠道等。

知识链接

金陵饭店:中国"绿色饭店"的先行者

2006年11月,来自美国朗讯公司的李先生在最近一次入住南京金陵饭店时,发现沐浴的感觉较上周来有了很大的不同,莲蓬头喷出的水量适中、力道均匀,非常舒适宜人。李先生询问了客房服务员后才知道,饭店已对全部客房的沐浴系统进行了升级改造,选用了一种最新的喷淋系统并加装了节水装置,使用这种新型进口节水装置的节水率达到18%,一年可节水近2万立方,大大降低了水资源的浪费。李先生感叹道:"这真是一举两得,客人感觉好了,饭店又降低了成本。"

一、"绿色意识"带动节能降耗

从1999年开始,金陵饭店便开展了以"拥抱绿色生命,热爱金陵家园"为主题的系列环保活动,与宾客共同致力于保护自然资源、改善饭店环境,将生态理念融入日常的经营管理。同年,饭店成立了环保小组,组员来自饭店前后台各个岗位。环保小组通过开展丰富多彩的活动,倡导社会责任感,加强全体员工和宾客的绿色环保意识,培养"绿色"的生活习惯和消费观。

环保小组充分利用金陵网站、店报、橱窗等工具宣传年度主题环保活动,并通过定期举办员工"绿色环保书画摄影作品展"以进一步增强员工的环保意识。2006年,环保小组还开展了"拥抱绿色生命"金点子征集活动,员工们积极参与,当年就收到"金点子"近300条。环保小组精心设计的环保卡放在客房最醒目的位置,引导客人节约使用棉织品、日用消耗品。在环保小组的建议下,饭店降低了织物、餐具洗涤剂用量,并开始使用不含磷的洗浴、洗涤用品。

此外,金陵饭店长期以来把节约能源、降低能耗作为首要任务常抓不懈,对不符合绿色环保要求的设备设施坚决进行改造,提高设备运行效率。2005年,仅使用不含氟冰箱、变频空调就节约费用150万元,通过技术革新自制配件、修旧利废而节约设备维修费用20多万元。2006年,金陵饭店安装了中央空调节能控制系统和生活水泵变频恒压供水系统,一年节电40万度;客房新风系统开始采用热回收设备,一年节电11.4万度。

二、绿色食品引领美食风尚

自1983年开业以来,金陵饭店就一直大力推广绿色食品。推出的绿色食品均选用国家专门等级评定机构认证的无公害农产品、绿色农产品和有机农产品,这些产品均出自良好的生态环境。如深受宾客喜爱的"葱爆牛柳"采用的牛肉就来自山东郓城,"宫保鸡丁"所采用的鸡肉来自山东沂南,而广为称道的"东坡肉"、"金陵排骨"等所采用的猪肉来自苏州著名品牌产品"苏太猪"。连最常见的大米使用的都是来自淮北地区的有机大米,这种大米完全采用自然农耕法栽培,种植的土壤三年都没有碰到一点化学农药,用这种大米煮出的饭晶莹剔透,香润软糯,一直得到客人的赞赏。"金陵盐水鸭"则严格选用4斤重左右、生长在无污染环境中的麻鸭的鸭胚精制而成,这款招牌菜招待过无数政要名流,广受好评。除此之外,芋头来自江苏靖江,玉米来自江苏宜兴,鱼虾选自洪泽湖，羊肉则来自无污染的内蒙古大草原。饭店还根据不同的节气、节日适时推出不同的"厨师长特选"，要求餐饮服务人员和厨师学会做客人的"营养师"，前台的服务人员在为客人点餐的时候，都会根据客人的需求，为客人建议菜肴合理健康的搭配，减少浪费。

2008年，金陵饭店在位于近郊的溧水县春江新迪有机农业基地的50亩优质土地上，开始建设"金陵饭店有机蔬菜基地"。据市农林局有关负责人透露，打造自己的"有机蔬菜基地"在南京酒店业中还是首创。据金陵饭店负责人介绍，早在2000年初，金陵饭店在食品采购上就坚持选用国家专门评定机构认证的无公害农产品、绿色农产品和有机食品。但采购时遇到价格高、运输时间不确定，以及品种、数量有限，新鲜度低等问题。饭店最终决定在家门口——溧水县白马镇，与南京春江新迪有机农业有限公司"联姻"，创建自己的有机蔬菜培育基地。

（资料来源：周海，《金陵饭店：中国"绿色饭店"的先行者》，《饭店现代化》2007年第9期。）

2. 体验营销

"体验经济"是继农业、工业、商品、服务经济之后的一个新的经济时代。21世纪，随着生活水平的提高，人们消费观念和消费方式的变革，人类进入了体验经济时代，体验营销应运而生。美国哥伦比亚大学商学院教授施密特率先提出了体验营销（experiential marketing）的观念。施密特博士在《体验式营销》一书中指出，体验式营销是从顾客的情感、感官、思考、行动、关联五个方面的角度，重新定义、设计营销的方式。而这种方式则是在顾客消费时是理性与感性结合的前提下建立的。在这种前提下，顾客在进行消费时往往带有许多感性的成分，很容易受环境氛围的影响。甚至很多人在饮食上不太注重饮食的味道，而是非常注重进餐时的环境与氛围。他们要求进食的环境"场景化"、"情绪化"，从而能更好地满足他们的感性需求。

知识链接

星巴克体验式营销

星巴克咖啡确实非常美味，美味到要我们毫不犹豫地付出高出一杯同样的咖啡5倍甚至10倍的价格走进星巴克。实际上星巴克的咖啡也许没有雀巢咖啡更美味，甚至可能没有自己亲手泡的更合口味，那为什么人们还要排长队花这么高的价格去喝一杯并非十分美味的咖啡呢？因为去星巴克的人并不是去购买咖啡，而是去购买一种心情、一种愉悦的体验，这种愉悦的体验不要说10美元，就是20美元、50美元，甚至100美元，人们也可能愿意付出。因为一份好心情是无法用金钱来衡量的，尤其是在经济高度发达的地区。"星巴克"的成功就在于把自己定位为一间顾客至上的咖啡店，把满足顾客情感上的体验放在第一位，于是"星巴克"咖啡的香气弥漫了全球。

（资料来源：何丽萍，《餐饮服务与管理》，北京理工大学出版社2010年版。）

体验营销主要有以下几种形式：

（1）感官体验。即通过视觉、听觉、触觉与嗅觉建立感官上的体验。感官体验可以分为公司和产品的识别、引发消费者购买动机和增加产品的附加值等类型。以星巴克为例，它通过准确的选址定位，辅以高级设计团队的精心打造，将星巴克咖啡店与周围环境恰当地融合在一起，既凸显了自己独有的咖啡文化，又和谐地融入了周边环境。在触觉体验上，星巴克选择符合品牌特征的装饰，比如桌椅及柜子甚至地板都倾向使用木质材料，让消费者体验到高雅、稳重及温馨的感觉。

（2）情感体验。即触动顾客的内心情感，创造一种情感上的体验，其范围可以是一个温和、柔情的正面心情，如欢乐、自豪，甚至是强烈的激动情绪。情感体验的设计需要真正了解什么刺激可以引起某种情绪，以及如何能使顾客自然地受到感染，并融入这种情景中来。如星巴克，致力推动所谓的"第三好去处"，让忙于工作的现代人有个可以喘息的场所；而星巴克董事长霍华·萧兹在杂志专访中也曾经提到："星巴克就是现在生活中的绿洲，你可以一个人去，也可以跟朋友或家人一起去星巴克，喝一杯咖啡、听听店里的音乐、沉浸在店里优美的环境中，重新整理自己的思绪。星巴克就是家庭与办公室之外的'第三好去处'。"

（3）思维体验。即以创意的方式引起消费者的惊奇、兴趣以及对问题进行集中或分散的思考，为消费者创造认知和解决问题的体验。如星巴克为了教育中国的消费者如何饮用咖啡，采取的教育方式相当新颖和轻松，它常常通过自己的店面或到一些公司去开"咖啡教室"。

3. 假日营销

即节假日营销，是指在节日期间，利用消费者节日消费的心理，综合运用广告、公演、现场售卖等营销的手段，进行产品、品牌的推介活动，旨在提高产品销售力，提升品牌的形象。当今中国，假日经济日益火爆，促进了国民经济的进一步发展。节假日时间充裕，人们喜欢与亲朋好友外出聚会或度假，是酒店或餐饮企业经营举办促销活动的好时机。例如，春节、元宵节、"七夕"、中秋节、圣诞节、情人节等节日，都可以举办各种主题的促销活动，以吸引新老顾客的关顾。

（1）春节。春节是中华民族的传统节日，也是让在中国过年的外宾领略中国民族文化的节日。利用这个节日可以推销中国传统的饺子宴、汤圆宴，特别推广年糕、饺子等，同时举办守岁、喝春酒、谢神、戏曲表演等活动，丰富春节的生活。

（2）元宵节。农历正月十五，可在餐厅组织顾客看花灯、猜灯谜、舞狮子、扭秧歌等活动，让顾客参与到中国传统节日庆祝活动中去，还可以特别推销各式元宵。

（3）"七夕"。农历七月初七，是牛郎织女鹊桥相会的日子，是中国的情人节。长久以来，中国的年轻人都过于追赶潮流，热衷于过"洋节"，如西方的情人节，而忽视了本民族的传统文化。如果我们将"七夕"渲染一下，印制一些"七夕"故事或鹊桥相会的图片送给顾客，再在餐厅扎一座鹊桥，让男女顾客分别从两个门进入餐厅，在鹊桥上相会、拍照留念，再到餐厅享用特别晚餐，一定别有一番情趣。

（4）中秋节。农历八月十五，是全家团圆的日子。月到中秋分外明，这天晚上，可以在庭院或室内组织人们焚香拜月、临轩赏月，增加古筝、箫和民乐的演奏，推出精美月饼自助餐、亲人团聚套餐等，品尝鲜菱、藕饼等时令佳肴。

(5) 圣诞节。阳历 12 月 25 日,是西方第一大节日。人们穿着盛装,互赠礼品,尽情享受节日美食。这个节日是酒店或餐饮企业进行促销活动的大好时机,可以在餐厅里布置圣诞树和小鹿,让员工打扮成圣诞老人赠送礼品;借机推出圣诞特选美食,如火鸡、圣诞蛋糕、布丁、碎肉饼等;组织各种庆祝活动,如唱圣诞歌、举办化装舞会、进行抽奖活动等。圣诞活动可以持续好几天,酒店或餐饮企业可以以圣诞自助餐或套餐的形式来招徕客人,还可以用外卖的形式推销圣诞餐,以增加销量。

(6) 情人节。阳历 2 月 14 日,这是西方一个较浪漫的节日,近年来,越来越受中国年轻人的追捧。酒店或餐饮企业可以推出情人节套餐,还可以推销心形高级巧克力,展销各种情人节糕点,餐厅酒吧还可以为顾客调制情人鸡尾酒等饮品。此外,还可以举办情人节舞会或化装舞会,举行各种文艺活动、抒情音乐会等,同时提供卖花服务,为情人节增添气氛。

知识链接

餐饮营销策略之节假日餐饮消费营销

随着春节、清明节、端午节、中秋节、国庆节等国家法定节假日的施行以及餐饮消费观念的不断更新和进步,节假日餐饮消费已经成为餐饮行业消费的新热潮。无论是快餐餐饮还是酒店餐饮,餐饮经营管理者们都想分得"节假日餐饮"的一杯羹。然而,餐饮行业的竞争从来都是最为激烈的,要想在风起云涌的"节假日餐饮"市场中傲视群雄,餐饮经营管理者不仅要了解节假日餐饮消费的特点,还要通过分析不同的节假日的特性来制定和实施有针对性和营销特色的节假日餐饮营销策略。下面我们就一同来分享节假日餐饮营销的相关内容。

一、节假日餐饮消费的特点

1. 普通餐饮消费者的经济承受能力决定了——快餐餐饮消费更受欢迎

节日餐饮是以普通百姓为主体的市场。节假日餐饮消费的特点是餐饮消费人员多、流动量大。大多数消费者还是希望能够在价廉物美的餐厅用餐。便餐、小吃、排档、套餐、快餐、自助餐等形式是假日餐饮的主流,由于时间短、价位低,只要干净卫生、味美实惠,就会受到广大消费者认可。

今天,越来越多的平民百姓成为星级饭店的常客,大众喜爱的方便餐饮也已经成为星级饭店的主打品种。尽管节假日餐饮也有高档消费者,但已不占主导地位,与成群结队的大众餐饮消费者相比,确实是很小的一部分。普通餐饮消费者的经济承受力决定了中低档快餐餐饮食品经营将成为节假日餐饮消费的主导方向。

2. 消费者对餐饮就餐环境的要求——休闲式餐饮消费更受青睐

由于现代节假日餐饮消费观念的转变,一方面,人们不再仅仅是为了满足其生理需求,而更强调心理需求和审美取向。另一方面,人们也不像过去那样讲究排场,而是力求简单、自由的就餐方式,在进餐的环境氛围上也有新要求,或要求环境清净幽雅、温暖舒适,或要求环境气氛热烈。

选择餐厅,首选的是清洁、卫生、幽雅、方便,给人一种简单而舒适、恬静而温暖、休闲而热情的感受,人们需要的是给生活带来方便、带来乐趣。因此,在各种方便快捷的餐饮经营中,节假日餐饮消费者会更加青睐舒适、自由、无拘束的休闲式餐厅。

3. 餐饮消费观念的变化——追求绿色成为餐饮消费新时尚

随着社会经济的发展,人们不断追求新颖别致的餐饮消费方式。节假日餐饮消费活动也增加了越来越多的消费内容,人们更呼唤着安全与健康的食品,一种新型的健康消费观在节假日餐饮消费中应运而生。如今的假日消费者更注重和向往营养、卫生、方便、实惠、健康的食品。

如武汉某餐厅就针对以上的消费需求变化,在家宴品种上减少了鸡鸭鱼肉的比重,推出"神龙帝王花菇"等野菌系列佳肴与具有滋补营养功能的鲍、翅、参、肚系列菜肴搭配,受到顾客欢迎。所以,饭店、餐馆一定要根据人们新的饮食需求,开拓新的饮食空间。

二、节假日餐饮消费营销的思路

节假日的餐饮营销在全国各大饭店和餐饮企业已普遍开花,如春节前后和圣诞节的社会活动,各集团公司的宴请、情人节的套餐、端午节的粽子、中秋节的月饼等,使餐饮企业生意特别红火。

针对当前节假日经营特征以及不断变化的餐饮市场现状,不同的餐饮企业会制定出各自的餐饮营销策略,以迎接节假日餐饮经营的高潮。每个企业都有自身的优势和特色,在节假日餐饮营销策划过程中,企业都应根据自己的实际情况,充分发挥自身优势,只有制定和实施有特色的假日营销策略,才能在假日经营的激烈竞争中不断扩大市场份额。

广州某酒店餐饮企业的儿童节营销策划做了十多年,在广州形成了一个品牌,他们确定的主题是"我心中的××"。每年儿童节那天,针对社会报名的儿童,餐饮企业提供笔、彩、纸,要求儿童围绕主题画画,聘请专家到场当评委,设计一个颁奖典礼,培养未来客人。这个创意十分巧妙,每年吸引了一大批儿童,不仅树立了餐饮的品牌,而且也扩大了整个饭店的影响。

节假日市场的形成和发展,给餐饮业带来勃勃商机。如何抓住机遇,扩大假日经营的内涵和外延,如何遵循假日市场规律,是广大餐饮经营管理者必须研究的课题。

1. 根据不同的节假日特点制定不同的节假日餐饮营销策略

根据节假日的风格特色,饭店餐饮部门应尽量营造欢乐的节日气氛。从节假日特点看,春节、"五一"、"十一"这三个节假日也有不同特点。春节是传统的喜庆节日,"五一"、"十一"则是休闲假日,在经营时就要抓住这个特点。春节经营就要突出喜庆气氛,以抽奖、赠品等方式增加就餐的娱乐性,"五一"、"十一"要突出休闲气氛,从菜品、宴席的调整创新以及着力推广饮食文化服务来增加休闲性,以此来吸引消费。

2. 未雨绸缪,提前做好节假日餐饮营销的准备

节假日餐饮经营要提前做好准备,无论是营销准备(包括前期的宣传等),还是营业准备(包括人员、设备、材料等)都要充分。餐饮部门就要备足货源,开发多种多样的特

色菜单，按岗定员、落实任务，以保证做到万无一失。应该说，效益在假日，功夫在平时。餐饮经营靠的是平时工作积累，通过平时经常的培训，开展比、学、赶、帮、超的技术比武，提高自身经营实力和能力，企业就能面对节假日无往而不胜。

3. 开展节假日餐饮营销需要有餐饮经营的特色服务和产品

餐饮经营管理者要想进一步开拓节假日餐饮消费市场，就要在服务品质上下功夫。企业要对员工进行专门培训，深入细分市场，满足多元化的消费需求。特别是根据市民休闲消费需求增长特点，做足节假日餐饮消费的文章。

节假日期间，餐饮企业可开展特色营销，如推出传统名菜、名点，推出特色鲜明的创新菜点、宴席，推出一些名而不贵、特色突出的大众菜点，开发适应假日消费的套餐、便捷食品，推出具有本企业特色的婚庆、喜寿宴席等。另外，亲情营销、娱乐营销、文化营销也可在假日经营中发挥作用。如北京某餐饮企业在春节期间，推出特色菜、创新菜和不同特色的家宴。

4. 节假日餐饮营销需要营造出节日氛围

餐饮企业应注重为顾客营造节日气氛，如中国的传统节日，张灯结彩，突出不同节日的风格特色。总之，从店堂的陈设布置到服务员的迎宾祝福语、赠送节日礼品，再到为顾客提供多种便利服务，如旅游交通图、公交线路图、医药用品、针线刀剪等，节假日餐饮营销要从方方面面落实。同时设立公开监督电话，真正将顾客提升到"上帝"的位置。

三、节假日餐饮营销的注意点

在红红火火的节假日餐饮高潮下，也有一些问题是经营者必须引以为戒的：一些平时卫生条件较差或菜品不被消费者认可的企业在节日期间冷冷清清，而有些业务较好的企业由于员工节日期间劳动强度大，也出现了菜品质量、服务质量下降的情况。如何应对密集的就餐群体，为消费者提供更好的服务，抓住假日商机扩大企业影响、树立企业形象，这也是餐饮经营管理者应下力气考虑的问题。

在节假日经济商机到来之时，餐饮企业应坚持做到：决不火了商家，冷了顾客。如果商家抱着狠宰一把的心态，那假日市场终究会断送，而创造一个健康的餐饮营销环境对于节假日营销将有着长远意义。

节假日餐饮营销的目的在于鼓励餐饮消费。吸引客源、千方百计占领市场时，不要因为功利心太强而放弃了诚信经营。如若此时抬高价格，出现宰客现象，定会给企业带来长期的不良后果。另外，也要认识到节假日餐饮营销不是万能钥匙，完全指望在节假日中获取高额报酬的侥幸心理是不可取的。只有平时做足经营文章，维持餐饮企业良好形象，获得消费者认同，在节假日经济到来时才会有回报、有收获。

由于节假日经济的发展，我们切不可把节假日经济只当作短暂的经营机会，而应将其作为一个长期的发展机遇。随着我国经济发展速度和人们生活水平的提高，节假日假期只会越来越长，节假日餐饮消费额自然也会越来越大。可以预料，我国的节假日餐饮消费具有广阔的发展前景。

（资料来源：http://blog.sina.com.cn/s/blog_6a0869920100kz4e.html。）

4. 网络营销

21世纪,是信息的时代,社会科技不断进步,互联网的运用更加广泛,餐饮业也正由传统的营销方式逐渐转向网络营销。餐饮网络营销是指餐厅以互联网为传播手段,通过市场的循环营销传播,达到满足消费者需求和商家需求的过程。网络营销具有传统营销方式不具备的营销优势,它既可以使从生产者到消费者之间的价值交换更便利、更充分、更有效率,又可以使餐厅不受地理和时间因素的限制而扩大市场,更大程度地方便顾客,让顾客随时随地都能获得服务,还能满足顾客个性化的需求。此外,通过网络,餐厅可以大大增加原料和半成品供应的来源,并由此扩大原料挑选的余地和提高原料的质量,从而降低交易成本;通过网络营销,餐厅还可以进行资源共享、协同行动,最终实现与顾客更好的交流。

知识链接

中国餐饮增速放缓:未来互联网思维成重要影响因素

"中国餐饮市场近两年增速放缓,盈利能力明显下降。以上海为例,2013年上海餐饮企业平均利润率在3%~5%,今年上半年平均不足2.5%。而在此背景下,餐饮业的互联网化和信息化趋势正在加快。"中国饭店协会会长韩明在由中国饭店协会主办、上海市餐饮烹饪行业协会协办的第二届中国铁板烧高峰论坛暨首届中国西餐产业发展大会上指出,2015年,移动互联、互联网思维将成为影响行业发展的重要因素。

据百度发布上半年移动互联发展趋势报告中提到,移动客户端搜索半年增长了48%。大众点评网75%的流量来自移动端,移动端独立用户量约为9000万。未来餐饮企业将越来越线上线下融合,尤其是移动互联时代中社交媒体成为重要渠道。

如今,新技术的应用在很大程度上改变了传统的饭店业的经营。餐饮业一方面加强团购、会员卡、天猫商城、京东商城等传统电子商务渠道的开拓力度,另一方面加强手机订餐订房软件和微营销平台的开发,取得了良好的效果。同时,一批以新技术、智能化为卖点的饭店餐饮品牌也在市场中出现,取得了良好的反响。下一步,团购、微信微博营销、企业订餐软件应用、电商平台开店、移动支付等热度还将持续,将为餐饮业的经营开拓新的市场。而更多的餐饮企业将加强ERP、CRM等系统平台建设,强化企业管理,企业将借助科技的手段实现餐饮业向现代服务业转型。

(资料来源:http://info.hotel.hc360.com/2014/12/100906576975.shtml。)

目前,我国餐饮业的网络营销形式主要有以下几种:

(1)个别餐饮企业建立自己的网站,进行产品菜肴的介绍。这种各自为政的小而全的餐饮企业网站,在企业宣传等方面可以起到一定的作用,但仅仅只是停留在餐饮介绍上,不能进行网上交易,对餐饮企业原料成本的降低和市场拓展所起的作用并不大。

(2)由第三方建立的餐饮综合性网站。这一类网站以介绍饮食文化、营养保健知识、各大菜系、知名餐厅等为主要内容。如中国烹饪协会主办的饮食类权威网站,主要介绍中国各大菜系、名菜及名厨等,为全社会的餐饮提供多方位的服务。

(3) 大型连锁餐饮企业的电子商务。电子商务是目前各大型餐饮企业争相效仿的网络营销模式,从原料采购到网络营销,已经发展到比较成熟的阶段了。如必胜客餐厅的网站,有网上订餐、下载优惠券等活动。但此种模式由于人力、财力、物力问题,仅局限于大型的连锁餐饮企业。

(4) 餐饮电子商务。淘宝、天猫、京东等传统电商培养了广大用户的网购习惯,而移动互联网的发展则为以餐饮为代表的本地生活服务类企业带来了一场营销方式的革命。无论传统的大众点评、丁丁网等网络点评平台,还是美团、糯米等团购网,又或易淘食、生活半径等垂直平台,以及从2014年起开始兴起的饿了么、美团外卖、百度外卖等餐饮外卖平台或微信订餐等,无论是主动迎接还是被动参与,餐饮行业的电子商务营销手段从未如此丰富过。线上巨头投入巨资进行用户习惯培养和商家意识培育,O2O模式在餐饮行业的应用正在得以广泛的普及。据中国电子商务研究中心监测数据显示,2014年上半年中国网民在线订餐渗透率达20.1%,2014年上半年餐饮类团购成交额达166.6亿元。

具体餐饮电商营销方式包括如下几种类型:

(1) 点评类。顾客通过线上网站点评餐饮企业的产品和服务,传播口碑积累人气。纯粹的口碑营销需要一定的时间,因此此类网站一般也支持在线团购或打折券购买,实现线上营销和线下购买的衔接。国外以 Yelp 为代表,国内以大众点评为代表。

(2) 团购类。通过让利参与线上团购活动,餐饮企业能迅速实现有效的顾客导流和销售提升。但是团购网站往往要求较大让利幅度,加之需要支付的佣金等,也给餐饮企业带来较大的成本压力。此外,餐饮企业还面临着推出团购活动后,客流可能锐减的困境,因此需要综合权衡考虑。国外以 Groupon 为代表,国内以美团、大众点评、糯米网为代表。

(3) 外卖类。通过自行建立外卖点餐网站或手机应用程序,或者将自家产品在外卖网站在线销售并配送来提升餐饮企业销售业绩。这种方式参与门槛低、对经营面积要求不高,可以有效降低经营成本,餐饮企业可以自行安排配送,也可以委托网站来配送(配送费一般由顾客支付)。缺点是需求往往集中爆发、菜品质量和物流效率难以把控。餐饮企业自建的外卖网站以丽华快餐、肯德基、麦当劳等为代表,独立的外卖网站以饿了么、美团外卖、百度外卖为代表。

(4) 微信类。餐饮企业可以自行搭建微信订餐平台,或者加入独立的微信订餐平台,实现在线接单并配送。模式与上述外卖类似,只是营销平台和传播方式有变化,更多通过社交网络的方式实现营销传播。

○○○○○○○○○○○○○○○○○○○○ 知 识 链 接 ○○○○○○○○○○○○○○○○○○○○

移动互联时代餐饮微博营销技能

如今,微信覆盖了各个领域,给商家带来了诸多回报,但这时不能忘了还有微博营销,它给餐饮行业带来的巨大利润,跟其他营销渠道相比,利润是超乎几倍。当下是互联网的天下,善于运用餐饮网络营销是餐饮商家必须要掌握的一个重要技能。

一、餐饮行业的特性,注定了它非常适合做微博营销

1. 高分享性

吃喝玩乐,是大家高度愿意与粉丝、朋友分享的事情。很多人都养成了这样的习惯:别吃,我先发个微博;聚餐时,合影发微博。

2. 广泛性

餐饮服务是本地化服务,是人们最基本的生活消费之一。人们对餐饮类实用信息的需求十分广泛,每天都有人问:有什么好吃的推荐么?

3. 实时性

人们需要的餐饮方面的信息,往往是实时的、实用的信息,微博的传播速度最快,刚好满足实时的需要。

二、餐饮行业做微博营销的好处

1. 食客的口碑传播

食客在发微博时,在无形之中向他成千上万的粉丝宣传了你的餐厅。

2. 属于自己的广告平台

鼠标点一下,手机按一下,就可以向成千上万的粉丝派发你的广告。粉丝喜欢的话,还会转发,帮你再次广告。能做到这点的,现在只有微博了,而且还具有以下五大优点:

(1) 想发就发,不受时间地点控制。

(2) 广告发给喜欢自己的粉丝,精准有效。

(3) 可以用图片,还可以用视频。

(4) 粉丝越来越多,广告平台不断增值。

(5) 不需要印传单和人工派传单。

3. 食客交流的平台

餐厅放个微博大屏幕,食客可以随时与餐厅、与现场其他食客分享自己喜欢的美食。对于负面信息,我们可以直接在后台过滤,不会展示出来。

(1) 微博大屏幕好玩、有趣,可以成为餐厅的一大特色。

(2) 激发食客发微博,进行口碑传播。

4. 销售平台

(1) 微博开通预订系统,食客可以直接预订。

(2) 通过私信预订。

(3) 通过微博预订送精美小食,还可促进消费。

5. 自己的团购平台

(1) 根据产品情况,不受限制。

(2) 随时发起团购,没有排期。

(3) 折扣自己定,不伤品牌。

(4) 货款马上到账,没有账期。

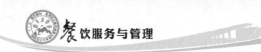

6. 自己的招聘平台

三、餐饮行业要如何做好微博营销

1. 做好微博形象设计

微博形象包括昵称、头像、简介、背景、活动模块……你的微博形象需要让人一眼了解你的特色是什么、在哪里、怎么定位等等。

2. 做好内容发布

餐饮的微博内容可以集中在美食介绍、新品上市、促销活动、与食客互动、品牌宣传这五大方面。

3. 负面信息监控

要全天监控,对负面信息全面掌握,并在 24 小时内处理,安慰不满的食客,通过真诚回复来感动食客。实践证明,对于食客的不满,及时的回复和有效的说明情况,可以提高满意度,食客仍会继续光顾。也有人认为不做微博营销就能避免负面评价。错!这样只会让负面信息泛滥,没有正面信息,没有处理,食客直接望而却步。

(资料来源:http://www.canyin168.com/glyy/yxch/yxgl/201501/62593.html。)

任务三 餐饮销售控制

餐饮销售控制涉及餐饮产品从生产到销售的全过程,是从控制角度保证餐饮产品最终变为餐饮商品的过程。这一过程的圆满实现,需要餐饮经营管理人员建立一个完整的餐饮销售体系,包括对点菜单的控制、对出菜检查过程的控制、对收银员的控制,以及相应的销售控制指标与销售报表的建立与考核。

一、餐饮销售控制方法

(一)点菜控制与管理

餐厅点菜是餐饮企业销售控制管理的第一个环节,而点菜单是餐厅向客人收取餐费的书面凭证,也是向厨房组织生产制定的订单,其作用非同小可,必须严加管理,以免跑账、漏账事故的发生,导致餐厅利润流失或发生营私舞弊现象。

通常情况,点菜单应包括以下内容(见表 6-1):点菜日期、客人桌号、服务员姓名及工号、客人人数等基本信息;客人所点菜品饮品名称、数量及价格。前者主要便于传菜、送菜辨识以及万一在服务和收入核算中发现问题时追查责任人;后者既是厨房生产的根据,又是餐厅向客人收款的凭证,也是企业统计和汇总经营数据的原始出处所在。

餐厅的点菜单一般有两联,其正副联采用不同颜色印制,但是应带有相同的菜单编号,其中一联交厨房组织生产,一联待客人用餐完毕后交收银结账统计之用。收银员在已付款的账单和存根上盖上"现金收讫"的字样,并将存根撕下交服务员保存,证明服务员已经将账单和餐费转交给收银员,此后若有短账问题,应该由收银员承担责任。交厨房的副联检查有无空号及差错。

表 6-1　餐厅普通点菜单式样

台号	客人数	服务员	日期	账单编号		
序号	品名		数量	金额		
1						
2						
3						
4						
5						
6						
7						
8						
食品				房号或编号		
饮料						
总计						
………						
食品	客人数	服务员	收银员签字	金额	日期	账单编号

　　餐饮企业的点菜单一般是专门定制,以防止有人利用其在市场上购买的普通账单来冒充餐厅的菜单向客人收取并私吞现金。餐厅服务员点菜时使用的笔也必须是特制的,若是星级饭店的不同餐厅,还应使用不同的定制点菜单和点菜笔,以增加仿冒的难度和避免相互混淆。

　　餐厅的点菜单均带有编号,餐厅服务员在开餐前会领取这些点菜单并签字记录其领取的点菜单编号的起始号码,从而确保服务员按照点菜单的编制程序给客人点菜结账付款;若在此期间,发生任何点菜单短缺或点菜单上菜品、饮品计价不正确的情形,管理人员可以方便地追查到相关的服务员。点菜单是餐厅向客人收取餐费的书面凭证,也是厨房组织生产制作的订单,其作用非同小可,必须严加管理,以免跑账、漏账等导致餐厅流失利润的营私舞弊现象的发生。

案例分析

这不是我的账单

　　将近八点,两位客人走进某饭店的餐厅,找了一个较安静的角落18号桌坐了下来,值台服务员上前为客人斟茶点菜,两位客人要了瓶啤酒,耐心地等着菜肴上桌。这时一个路过的服务员随手将一张单子放在了桌上,客人拿起单子一看,也是18号桌的账单,但不是自己点的菜肴,便叫来一个服务员对她说:"这不是我们的点菜单。"这个服务员看着单子上的18号桌,似乎也搞不清楚怎么回事。正在此时,为客人点菜的服务员又放了一份单子,客人拿起看了一下,正是自己所点的菜肴,便放在了桌上。客人吃完饭后,让服务员结账,账单拿来一看远远超出客人的预计,顿时感到奇怪,拿过账单仔细看了看,扯下其中的一页账单说:"我说过这不是我的,怎么又算在了我的头上。"服务员忙说:"请你稍等,我再核对一下。"服务员立刻将账单拿回结账台,过了一会儿,服务员过来对客人说:"对不起,是弄错了。"客人于是爽快地付了款,离开了餐厅。

(资料来源:http://www.zjhotels.org/Association/Detail?id=0558524a-67al-4ce7-8575-0c137a5ab818。)

案例分析:

本案例的情况在餐厅时有发生。这至少说明两个问题:一是员工的工作责任心不够,在接受客人点菜后,在连最基本的桌号都没有弄清楚的情况下,就随便将点菜单放在客人餐桌上,实在是不应该;二是餐厅的信息沟通存在很大的问题,当18号桌的客人声明点菜单不是他的时候,餐厅服务员漠视这样的信息,以致后来的结账差错。因此,该餐厅应加强对员工的培训,使之增强工作责任心;餐厅管理人员也应加强管理,对员工的工作进行经常性的监督和检查,以减少工作失误,提高顾客满意度。

(二)出菜控制与管理

一般情况,大型餐饮企业由于接待的就餐人数众多,为了确保其菜品供应的速度、质量、规格和次序,减少消费者等待的时间,常常在各厨房内部设置一名出菜控制员,其工作岗位安排在备餐间,即厨房和餐厅的连接处。该出菜控制员必须熟悉餐厅所有菜品的名称和价格、制作要求和规格质量,确保餐厅所有点菜单上的菜品能得到及时生产和供应、传菜送菜准时及合乎要求,确保厨房严格按照点菜单的副联生产制作菜品并对相关生产情况予以及时记录,对厨房的每份菜品的生产过程予以监督检查从而确保其生产制作的菜品数量、质量和规格,在每天营业结束时核对点菜单上的标号和价格,保管点菜单副联以供将来查账之用。

知识链接

厨房出菜速度控制制度

(1)厨房要严格制定每道菜式的操作说明书,并张贴公布。测试在正常情况下每款菜式的烹饪时间,让每个厨师和餐厅服务员都心中有数。

(2)餐厅根据不同菜肴的制作时间和客人的具体要求合理推荐安排菜式,对制作时间特别长的菜式要当面向客人说清。

(3)餐厅服务员在每次下单时,在点菜单上注明下单时间,送入厨房后立即在打钟机上打上入单时间。

(4)厨师每出一道菜都需用点菜单在打钟机上打上出菜时间。

(5)厨师长抽查每道菜的出菜时间,发现异常及时调查处理。

(6)餐厅需将客人的进餐情况向厨房反馈,配合控制出菜速度,以适应客人的需求。

(资料来源:http://www.shangxueba.com/jingyan/829196.html。)

(三)收银控制与管理

餐饮企业的收银管理是企业销售管理的一个最为重要的环节,本环节涉及两个方面的内容,即消费者餐费的收取和销售情况汇总的记录。对消费者餐费的收取包括对其现金的收取和记账账单的记录。一般来说,餐厅的现金收入和记账收入应该分别记录统计,在已经付款完毕的点菜单或账单上须盖上"现金收讫"的字样章,并将这些已经收款的单据上锁并由专人保管,以防其被人再次利用而私吞企业收入。

餐饮企业为其管理分析的必要,要求收银员必须按照点菜单编号登记记录餐厅每天销售的各项菜品的数目、光顾餐厅的客人人数以及其销售收入等等,从而确保准确反映点菜单据是否短缺编号、有否出现差错,以便对其菜品的销售状况进行控制。此外,餐饮企业通过对现金收入和记账收入的分别汇总,可以控制并掌握其现金收入的情况和流向,了解其重要记账客人的来源和消费状况,及时准确反映餐厅吸引消费者和促销的能力。(见表 6-2)

表 6-2 餐厅销售汇总表式样

点菜单编号	服务员工号	客人数	销售额	现金销售额	记账销售额	备注
总计						

客人平均消费额:　　　　　　　　　　　　收银员:

二、餐饮销售指标控制

餐饮销售额是指餐饮产品和服务的销售总价值。销售额一般会以货币形式来表示。影响餐饮销售总额高低的主要控制指标有以下几个:

(一)平均消费额

平均消费额是指平均每位客人每餐支付的费用。餐饮企业的管理人员一般十分重视客人的平均消费额。这个数据之所以重要,是因为它可以反映出菜单的定价是否过高或过低,了解服务员是否努力推销高价菜、宴会和酒水饮料等餐饮产品或服务。通常,餐厅要求每天都分别计算食品的平均消费额和饮料的平均消费额,其计算公式为:

$$平均消费额 = 总销售额 / 就餐客人数$$

管理人员应经常注意平均消费额的高低,如果连续一段时间平均消费额都过低,就必须检查食品饮料的生产、服务、推销或定价有无问题。

(二)每座位销售量

每座位销售量是以平均每座位产生的销售额除以平均每座位服务的客人数来表示的,其计算公式是:

$$每座位销售额 = 总销售额 / 座位数$$

每座位销售额可用于比较相同档次、不同餐饮企业经营状况的好坏。

(三) 平均每座位服务的客人数

平均每座位服务的客人数常常被称作座位周转率,它以一段时间的就餐人数除以座位数而得。其计算公式为：

座位周转率＝某段时间的就餐人数/(座位数×餐数×天数)

例如,餐厅 A 有 220 个座位,一年的就餐人数为 32 万人次,而 B 餐厅的座位数为 180 个,一年的就餐人数为 21 万人次,两个餐厅每天都供应两餐。它们的座位周转率分别为：

A 餐厅座位周转率＝320000/(220×2×365)＝1.99

B 餐厅座位周转率＝210000/(180×2×365)＝1.60

(四) 每位服务员的销售量

此销售量也有两种指标：一是以每位服务员服务的客人人数来表示,它反映服务员的工作效率,为管理人员配备员工、安排工作班次提供依据,也是对员工成绩进行评估的基础。当然,该数据要有一定的时间范围才有意义,因为服务员每天、每餐、每小时服务的客人人数不同,不同餐别每位服务员能够服务的客人人数也会不同,不同餐厅的服务员能够服务的客人人数也不同,如高档餐厅的服务员不如快餐厅服务员服务的人数多。二是用销售额来表示。每位服务员服务客人的平均消费额是用服务员在某段时间中推销产生的总销售额除以服务客人人数而得。例如某餐厅在月末对服务员工作成绩进行比较时,应采用下列销售数据：

	服务员甲	服务员乙
服务客人数	2150 人	2002 人
产生销售额	54896 元	58934 元
客人平均消费额	25.53 元	29.44 元

上述数据明显地反映了,服务员甲无论在服务客人数和产生的销售额方面都超过服务员乙,说明他在积极主动接待客人方面以及工作量上都比服务员乙更为出色。但是他服务的客人平均消费额比乙服务员少 3.91 元,说明服务员甲在推销高价菜、劝导客人追加菜和饮料酒水的销售方面不如服务员乙。餐厅的管理人员服务员甲指明努力方向,提高甲服务员在餐饮销售方面的潜力。

(五) 时段销售量

某时段(各月份、各天、每天不同的钟点)的销售数据对人员配备、餐饮推销和确定餐厅最佳营业时间特别重要。时段销售量也可以用两种形式表示：一是一段时间内所服务的客人数,二是一段时间内产生的销售额。

例如,某咖啡厅下午 3:00—6:00 所服务的客人数为 40 位,产生的销售额为 1000 元,而在晚上 6:00—9:00 所服务的人数为 250 位,产生的销售额为 7000 元。很明显,在这两个不同时间段应配备不同人数的员工。又如某餐厅原来在午夜 12:00 停业,但在夜晚 10:00—12:00 期间只产生 200 元的销售额,经过计算发现,两个小时营业时间的费用和成本反而超过了餐厅的营业收入。因此,餐厅决定提前停业。

(六) 销售额指标

销售额是显示餐厅经营好坏的重要销售指标。一段时间的销售额指标可以通过下面的公式来计划：

一段时间的销售额指标＝餐厅座位数×预计平均每餐座位周转率×
平均每位客人消费额指标×每天餐数×天数

各餐每位客人的平均消费额相差较大,故确定销售额计划往往要分餐进行。例如,某餐厅有180个餐位,计划下一年晚餐每位客人的平均消费指标为42元,晚餐平均座位周转率指标为1.78,那么餐厅计划下一年晚餐的销售指标为：

$$180 \times 1.78 \times 30 \times 1 \times 365 = 3508380(元)$$

项目小结

本项目有四个任务,任务一是餐饮价格管理的认知,阐述了餐饮产品价格的构成及餐饮产品的定价目标、定价方法与定价策略;任务二是餐饮营销的认知,阐述了餐饮营销的意义与餐饮营销策略;任务三是餐饮销售控制,阐述了餐饮销售控制的方法及餐饮销售控制的几个主要指标。通过以上三个项目任务的学习,能够使学生充分了解和掌握餐饮产品价格的构成与影响因素,并能灵活运用所学知识,针对不同类型的餐饮产品提出针对性的营销方案。

项目实训

一、知识训练

1．影响餐饮产品定价的因素有哪些？

2．某餐厅有一道名为"糖醋里脊"的菜肴,其原材料成本为18元,该菜肴规定的销售毛利率为60%。请计算糖醋里脊的销售价格。

3．餐饮企业常用的定价策略和定价方法有哪些？

4．简述餐饮销售控制方法。

二、能力训练

1．将学生分成小组,选择本地四星、五星级酒店或大型连锁餐饮企业,进行实地走访与调查,了解其餐饮产品价格信息、定价目标及定价方法,分析其餐饮产品定价过程中存在的问题,有针对性地提出一些建议。

目的：让学生根据餐饮产品价格的实际情况,了解并掌握餐饮产品定价的原理与定价方法。

要求：小组调查,针对所调查企业餐饮产品的价格进行充分分析,对该企业的餐饮产品进行分类,针对各类型的餐饮产品提出切实可行的定价策略。

2．将学生分成小组,选择本地四星、五星级酒店或大型连锁餐饮企业进行实地走访与调查,对其餐厅一周内的销售状况进行统计分析,并根据调查结果,草拟一份餐饮营销策划书。

目的：通过调查走访,使学生了解餐饮营销策划书的基本写作程序与技巧。

要求：小组调查,提交一份餐饮营销方案。

三、案例实训

是鱼太大还是推销提成的吸引力大

王先生带着客户到某星级酒店的中餐厅去吃烤鸭,这里的北京烤鸭很有名气,客人坐满了餐厅。由于没有预订,咨客先将王先生一行引到休息室等了一会儿,才能安排他们到一张客人预订却未到的餐桌前。大家入座后,王先生一下子就为8个人点了很多菜,除烤鸭外还有十几道菜,其中有一道是"清蒸鲟鱼"。由于餐厅近日推出了推销海鲜提成的方法,服务员小张高兴得没问客人要多大的鱼,就通知厨师去加工了。

不一会儿,一道道菜就陆续上桌了。客人们喝着酒水,品尝着鲜美的菜肴和烤鸭,颇为惬意。吃到最后,桌上仍有不少菜,但大家却已酒足饭饱。突然,同桌的小谢想起还有一道"清蒸鲟鱼"没有上桌,就赶忙催服务员快点上。鱼端上来了,大家都愣住了!"好大的一条鱼啊!足足有3斤多重,这怎么吃得下呢?""小姐,谁让你做这么大一条鱼啊!我们根本吃不下。""可您也没说要多大的鱼呀?"服务员小张反问道。"你们在点菜时应该问清客人要多大的鱼,加工前还应该让我们看一看呀。这条鱼太大,我们不要了,请退掉!"王先生毫不退让。"先生,实在对不起,如果这条鱼您不要的话,餐厅就要扣我的钱了,请您务必包涵一下吧!"小张的口气软下来。"这个菜的钱我们不能付,不行的话就请找你们经理来。"双方僵持不下。

处理结果:

(1) 小张将鱼撤回厨房,并向主管汇报情况,将鱼从客人账单中划掉。

(2) 小张和经理向客人道歉,希望取得客人的谅解。

(3) 经理代表餐厅向客人赠送果盘或打折以表歉意。

(4) 撤掉的鱼由小张赔偿。并以此事作为教训,餐厅培训全体员工,务求所有员工提高顾客意识。

思考:

1. 服务人员为客人进行点菜服务时有哪些注意事项?
2. 当客人对服务提出质疑时,服务人员应该如何应对?

参考文献

[1] 许莲,高金芳.餐饮实务[M].南京:南京大学出版社,2015.
[2] 王天佑.饭店餐饮管理[M].3版.北京:北京交通大学出版社,2015.
[3] 赵子余.餐饮业经营与管理[M].2版.北京:中国劳动社会保障出版社,2015.
[4] 刘红专,贾治华.餐饮服务与管理[M].桂林:广西师范大学出版社,2015.
[5] 翁莉,陈凡.餐饮服务实务[M].大连:大连理工大学出版社,2015.
[6] 张丽丽,吴展齐.餐饮空间设计[M].南京:南京大学出版社,2015.
[7] 赵海咏.餐饮服务与管理[M].成都:西南交通大学出版社,2015.
[8] 张数坤.酒店餐饮服务与管理[M].重庆:重庆大学出版社,2008.
[9] 沈涛,彭涛.菜单设计.[M].北京:科学出版社,2010.
[10] 樊平,李琦.餐厅服务与管理[M].3版.北京:高等教育出版社,2012.
[11] 张水芳,王焕宇.餐饮服务与管理[M].北京:旅游教育出版社,2012.
[12] 余炳炎.饭店餐饮管埋[M].北京:旅游教育出版社,2004.
[13] 杨新乐.餐厅服务与管理[M].北京:中国商业出版社,2012.
[14] 周静波.餐饮服务实务[M].上海:上海交通大学出版社,2011.
[15] 刘秀珍,陈的非.餐饮服务与管理[M].上海:中国轻工业出版社,2011.
[16] 舒伯阳.旅游市场营销[M].北京:清华大学出版社,2009.
[17] 宋宁.旅游市场营销[M].青岛:中国海洋大学出版社,2011.
[18] 吕红环,吕孝虎.餐饮经营与管理[M].杭州:浙江大学出版社,2011.
[19] 陈静,谢红勇.餐饮服务与管理.[M].上海:上海交通大学出版社,2011.
[20] 陆朋.餐饮服务与管理[M].北京:中国物质出版社,2009.
[21] 李勇平.餐饮服务与管理[M].4版.大连:东北财经大学出版社,2010.
[22] 马开良.餐饮服务与经营管理[M].北京:旅游教育出版社,2010.
[23] 何丽萍.餐饮与管理.[M].北京:北京理工大学出版社,2010.
[24] 董全,陈宗道.餐饮企业必读[M].北京:化学工业出版社,2009.
[25] 邓英,马丽涛.餐饮服务实训——项目课程教材[M].北京:电子工业出版社,2009.
[26] 李晓东.餐厅服务实训教程[M].北京:旅游教育出版社,2009.

[27] 张野.酒楼饭馆规范化管理全书[M].北京:人民邮电出版社,2008.
[28] 李祥睿.西餐工艺[M].北京:中国纺织出版社,2008.
[29] 贾海芝.餐饮服务基本功实训[M].北京:清华大学出版社,2008.
[30] 靳涛.旅游市场营销[M].北京:冶金工业出版社,2008.
[31] 张树坤.酒店餐饮服务与管理[M].重庆:重庆大学出版社,2008.
[32] 林德荣.餐饮经营管理策略[M].北京:清华大学出版社,2007.
[33] 刘德光,陈凯,许杭军.旅游业营销[M].北京:清华大学出版社,2005.
[34] 余炳炎.饭店餐饮管理[M].北京:旅游教育出版社,2004.
[35] 蔡晓娟.菜单设计[M].广州:南方日报出版社,2002.

教学支持说明

高等职业教育旅游大类专业示范院校"十三五"规划教材为华中科技大学出版社在湖北区域组建的高等职业教育教材。

为了改善教学效果,提高教材的使用效率,满足高校授课教师的教学需求,本套教材备有与纸质教材配套的教学课件(PPT电子教案)和拓展资源(案例库、习题库视频等)。

为保证本教学课件及相关教学资料仅为教材使用者所得,我们将向使用本套教材的高校授课教师和学生免费赠送教学课件或者相关教学资料,烦请授课教师和学生通过电话、邮件或加入旅游专家俱乐部QQ群等方式与我们联系,获取"教学课件资源申请表"文档并认真准确填写后发给我们,我们的联系方式如下:

地址:湖北省武汉市珞喻路1037号华中科技大学出版社有限责任公司营销中心

邮编:430074

电话:027-81321902

传真:027-81321917

E-mail:yingxiaoke2007@163.com

旅游专家俱乐部 QQ 群号:306110199

旅游专家俱乐部 QQ 群二维码:

群名称:旅游专家俱乐部
群　号:306110199

教学课件资源申请表

填表时间：_____年___月___日

1. 以下内容请教师按实际情况写，★为必填项。
2. 学生根据个人情况如实填写，相关内容可以酌情调整提交。

★姓名		★性别	□男 □女	出生年月		★职务		
						★职称	□教授 □副教授 □讲师 □助教	
★学校				★院/系				
★教研室				★专业				
★办公电话			家庭电话			★移动电话		
★E-mail（请填写清晰）						★QQ号/微信号		
★联系地址						★邮编		
★现在主授课程情况		学生人数		教材所属出版社		教材满意度		
课程一						□满意 □一般 □不满意		
课程二						□满意 □一般 □不满意		
课程三						□满意 □一般 □不满意		
其 他						□满意 □一般 □不满意		

教 材 出 版 信 息				
方向一		□准备写 □写作中 □已成稿 □已出版待修订 □有讲义			
方向二		□准备写 □写作中 □已成稿 □已出版待修订 □有讲义			
方向三		□准备写 □写作中 □已成稿 □已出版待修订 □有讲义			

请教师认真填写表格下列内容，提供索取课件配套教材的相关信息，我社根据每位教师/学生填表信息的完整性、授课情况与索取课件的相关性，以及教材使用的情况赠送教材的配套课件及相关教学资源。

ISBN（书号）	书名	作者	索取课件简要说明	学生人数（如选作教材）
			□教学 □参考	
			□教学 □参考	

★您对与课件配套的纸质教材的意见和建议，希望提供哪些配套教学资源：